今注本二十四史

晋書

九

志〔七〕

唐 房玄齡等 撰

梁滿倉 主持校注

中国社会科学出版社

晉書　卷二六

志第十六

食貨

昔者先王量地以制邑，度地以居民，因三才以節其務，[1]敬四序以成其業，[2]觀其謠俗而正其紀綱。[3]勖農桑之本，[4]通魚鹽之利，登良山而采符玉，泛瀛海而罩珠璣。日中爲市，總天下之隸，[5]先諸布帛，繼以貨泉，貿遷有無，各得其所。《周禮》，[6]正月始和，乃布教於象魏。[7]若乃一夫之士，十畝之宅，三日之傜，九均之賦，施陽禮以興其讓，[8]命春社以勖其耕。[9]天之所貴者人也，明之所求者學也，治《經》入官，則君子之道焉。《詩》曰："三之日於耜，四之日舉趾。"[10]是以農官澤虞，[11]各有攸次；父兄之習，不玩而成；[12]十五從務，始勝衣服；鄉無游手，邑不廢時；所謂厥初生民，各從其事者也。是以太公通市井之貨，以致齊國之强；鴟夷善廢斂之居，[13]以盛中陶之業。[14]昔在金天，[15]勤於民事，命春扈以耕稼，[16]召夏扈以耘鋤，秋扈所以收斂，冬鳸於焉蓋藏。《書》曰："曆象日、月、星辰，[17]敬授民時。"《傳》曰："禹稷躬稼而有天下。"[18]若乃九土既敷，[19]四民承範，東吴有齒角之饒，西蜀有丹沙之富，[20]兖豫漆絲之廥，[21]燕齊怪石之府，秦邠旄羽，[22]迴帶琅玕，[23]荆郢桂林，旁通竹箭，江干橘柚，河外舟車，[24]遼西旃罽之鄉，[25]葱右蒲梢之駿，[26]殖物怪錯，於何不有。若乃上法星象，下料無外，因天地之利，而總山海之饒，百畝之田，十一而税，九年躬稼，而有三年之蓄，可以長孺齒，[27]可以養耆年。[28]因乎人民，用之邦國，宫室有度，旗章有序，朝聘自其儀，宴饗由其制，家殷國阜，遠至邇安。救水旱之灾，䘏寰瀛之弊，[29]然後王之常膳，乃間笙鏞。[30]商周之興，用此道也。辛紂暴虐，玩其經費，金鏤傾宫，廣延百里，玉飾鹿臺，[31]崇高千仞，宫中九市，各有女司。厚賦以實鹿臺之錢，[32]大斂以增鉅橋之粟，[33]多發妖冶以充傾宫之麗，廣收珍玩以備沙丘之游。懸肉成林，積醪爲沼，使男女裸體相逐於其間，伏詣酒池中牛飲者三千餘人，宫中以錦綺爲席，綾紈爲薦。[34]及周王誅紂，肅拜殷墟，乃盡振鹿財，並頒橋粟，上天降休，殷人大喜。王赧云季，[35]徙都西周，九鼎淪没，二南堙盡，[36]貸於百姓，無以償之，乃上層臺以避其責，周人謂王所居爲逃責臺者也。昔周姬公制以六典，[37]職方陳其九貢，[38]頒財内府，永爲不刊。[39]及刑政陵夷，菁茅罕至，[40]魯侯初踐畝之税，[41]秦君收太半之入，[42]前王之範，靡有孑遺。史臣曰：班固爲《殖貨志》，[43]自三代至王莽之誅，綱羅前載，其文詳悉。

［1］三才：指天地人。

［2］四序：指春夏秋冬四時序。

［3］紀綱：法度綱常。

［4］勖：勉勵。《尚書・泰誓中》："勖哉夫子，罔或無畏。"孔安國傳："勖，勉也。"

［5］總天下之隸：匯集天下物品。隸，隸屬於市肆的物品。

［6］《周禮》：亦稱《周官經》《周官》，儒家經典之一，古文經學家認爲是周公所作，今文經學家認爲出於戰國或爲西漢劉歆僞造。東漢鄭玄爲其作注，唐賈公彦爲之作疏，清人孫詒讓撰《周禮正義》博采衆説，資料豐富。關於其成書年代，今人有戰國説、秦代説和漢代説。

［7］象魏：古代分佈於宫門外兩邊的一對建築，亦稱"闕"或"觀"。《周禮・天官・太宰》："正月之吉，始和，布治於邦國都鄙，乃縣治象之法於象魏，使萬民觀治象，挾日而斂之。"鄭玄注引鄭司農曰："象魏，闕也。"賈公彦疏："鄭司農云'象魏，闕也'者，周公謂之象魏，雉門之外，兩觀闕高魏魏然，孔子謂之觀。"

［8］陽禮：即鄉射飲酒之禮。《周禮・地官・大司徒》："二曰以陽禮教讓，則民不争。"鄭玄注："陽禮，謂鄉射飲酒之禮也。"

［9］春社：古代祭祀土神之禮，於春耕前舉行。《禮記・明堂位》："是故，夏礿、秋嘗、冬烝、春社、秋省，而遂大蠟，天子之祭也。"鄭玄注："春田祭社。"

［10］三之日於耜，四之日舉趾：語出《詩・豳風・七月》。意爲三月修理農具，四月開始耕種。

［11］農官澤虞：管理農業湖泊的官員。

［12］不玩而成：不用研習就可做成。

［13］鴟夷善廢斂之居：范蠡善於散發積聚財物。鴟夷，范蠡的

外號。

[14]中陶之業：商業上的成功。史載范蠡幫助越王復國後，變名易姓，適齊爲鴟夷子皮，到陶地。陶地天下之中，諸侯四通，貨物所交易也。范蠡乃治産積居。"十九年之中三致千金，再分散與貧交疏昆弟。"事見《史記》卷一二九《貨殖列傳》。

[15]金天：即金天氏，少昊的稱號。《左傳・昭公元年》："昔金天氏有裔子曰昧，爲玄冥師。"杜預注："金天氏，帝少昊。"

[16]春鳸（hù）：金天氏負責春季農業生産的官員。蔡邕《獨斷》："春鳸氏農正，趣民耕種。"

[17]曆：原本作"歷"，"歷"與"曆"爲古今字，現改爲今字。

[18]稷：即后稷，周先祖，虞舜命爲農官，教民耕稼，稱爲"后稷"。

[19]九土既敷：九州既分。敷，區分，分開。

[20]丹沙：沙，殿本作"砂"。

[21]旝（kuài）：積聚，儲藏。

[22]秦邠旄羽：秦豳地區的牦牛尾和雉羽。邠，即豳，姬周祖先公劉曾遷居於此。在今陝西省彬州市。

[23]琅玕：玉石。

[24]舟車：車，原本、宋本作"草"，殿本作"車"，據殿本改。

[25]遼西：郡名，治所在陽樂縣（今河北省盧龍縣東南）。旃罽：氈、毯一類毛織品。

[26]葱右蒲梢之駿：西域地區的駿馬。蒲梢，駿馬名。《史記》卷二四《樂書》："後伐大宛，得千里馬，馬名蒲梢。"裴駰集解引應劭曰："大宛舊有天馬種，蹋石汗血，汗從前肩膊出如血，號一日千里。"

[27]長孺齒：養育童孩。

[28]養耆年：孝養老人。

［29］寰瀛：天下。

［30］笙鏞：古代樂器。《尚書·益稷》："笙鏞以間，鳥獸蹌蹌。"孔穎達疏："吹笙擊鐘，更迭而作。"孫星衍注引鄭玄曰："東方之樂謂之笙。笙，生也，東方生長之方，故名樂爲笙也。西方之樂謂之庸。庸，功也，西方物熟有成功。亦謂之頌，頌亦是頌其成也。"

［31］鹿臺：殷紂王所建，用以貯藏珠玉錢帛。位於今河南省淇縣朝歌鎮南。《尚書·武成》："散鹿臺之財，發鉅橋之粟。"孔穎達疏："《新序》云：鹿臺，其大三里，其高千尺。"

［32］錢：此指殷商的錢幣。中國歷代錢幣品種極多。《通典》卷八、九《食貨》對歷代錢幣有記述。其中，記述周代之前錢幣："自神農列鄽於國，以聚貨帛，日中爲市，以交有無。虞夏商之幣，金爲三品，或黄或白，或赤或錢，或布或刀，或龜貝。（凡貨金錢布帛之用，夏殷以前，其詳靡記。）"

［33］鉅橋：商紂王所建糧倉名。位於今河北省曲周縣東北。《史記》卷三《殷本紀》："厚賦税以實鹿臺之錢，而盈鉅橋之粟。"裴駰集解引服虔曰："鉅橋，倉名。許慎曰鉅鹿水之大橋也，有漕粟也。"

［34］薦：坐席。

［35］王赧：即周赧王，在位時值戰國，依附西周武公，處列强之間，深受兼併之害。相傳他因欠民債，逃避於臺上，周人名其臺曰"逃債臺"。

［36］二南：指周公、召公所管轄的地區，亦指整個西周。

［37］六典：周代治國六法。《周禮·天官·大宰》："大宰之職，掌建邦之六典，以佐王治邦國：一曰治典，以經邦國，以治官府，以紀萬民；二曰教典，以安邦國，以教官府，以擾萬民；三曰禮典，以和邦國，以統百官，以諧萬民；四曰政典，以平邦國，以正百官，以均萬民；五曰刑典，以詰邦國，以刑百官，以糾萬民；六曰事典，以富邦國，以任百官，以生萬民。"

[38]職方陳其九貢：執掌貢品之官公佈要徵收的九種貢品。《周禮・天官・大宰》："以九貢致邦國之用，一曰祀貢，二曰嬪貢，三曰器貢，四曰幣貢，五曰材貢，六曰貨貢，七曰服貢，八曰斿貢，九曰物貢。"

[39]不刊：不改變。

[40]菁茅：古代祭祀時用以縮酒的一種香草。《尚書・禹貢》："苞匭菁茅。"孔安國傳："匭，匣也。菁以爲葅，茅以縮酒。"陸德明釋文引鄭玄曰："茅有毛刺曰菁茅。"《穀梁傳・僖公四年》："菁茅之貢不至，故周室不祭。"

[41]初踐畝之税：鲁宣公十五年（前594），鲁國开始按田畝徵收赋税。

[42]太半：大半。

[43]班固：東漢扶風安陵（今陕西省咸陽市東北）人，字孟堅，班彪子。任蘭臺令史，奉命撰寫東漢以來的史事，寫成《漢書》。和帝時隨竇憲出擊匈奴。後因竇憲失勢，受牽連而被捕入獄，死於獄中。　《殖貨志》：中華本校勘記："《斠注》：當作'食貨志'。"

光武寬仁，龔行天討，王莽之後，赤眉新敗，雖復三暉乃眷，[1]而九服蕭條，及得隴望蜀，[2]黎民安堵，自此始行五銖之錢，田租三十税一，民有產子者復以三年之算。[3]顯宗即位，[4]天下安寧，民無横徭，歲比登稔。永平五年作常滿倉，[5]立粟市於城東，粟斛直錢三十。[6]草樹殷阜，牛羊彌望，作貢尤輕，[7]府廩還積，奸回不用，禮義專行。於時東方既明，百官詣闕，戚里侯家，自相馳騖，車如流水，馬若龍飛，[8]照映軒廡，光華前載。傳曰"三統之元，有陰陽之九焉"，[9]蓋天地之恒數也。安帝永初三年，天下水旱，人民相食。帝以鴻陂之地假與貧民。[10]以用度不足，三公又奏請令吏民入錢穀得爲關内侯云。桓帝永興元年，郡國少半遭蝗，河泛數千里，流人十餘萬户，所在廩給乏。[11]建寧永和之初，西羌反叛，二十餘年兵連師老，軍旅之費三百二十餘億，府帑空虛，延及内郡。冲質短祚，[12]桓靈不軌。[13]中平二年，南宫灾，延及北闕。於是復收天下田畝十錢，用營宫宇。帝出自侯門，居貧即位，常曰："桓帝不能作家，曾無私蓄。"故於西園造萬金堂，[14]以爲私藏。復寄小黄門私錢，[15]家至巨億。於是懸鴻都之榜，[16]開賣官之路，公卿以降，悉有等差。廷尉崔烈入錢五百萬以買司徒，[17]刺史二千石遷除，皆責助治宫室錢，大郡至二千萬錢，不畢者或至自殺。獻帝作五銖錢，而有四道連於邊緣。有識者尤之曰："豈京師破壞，此錢四出也。"

[1]三暉乃眷：春天般的關懷。三暉，三春之暉。乃眷，關懷。

[2]得隴望蜀：典出《後漢書》卷一七《岑彭傳》，光武帝劉秀敕岑彭書有云："兩城若下，便可將兵南擊蜀虜。人苦不知足，既平隴，復望蜀。"

[3]復以三年之算：免除三年的賦税。算，漢代的一種丁口税。

[4]顯宗：東漢明帝，名劉莊，原名劉陽，字子麗。光武帝劉秀第四子。中元二年（57）即位。在位期間尊儒倡學，求佛法，輕徭薄賦，社會安定，經濟發展，有"明章之治"美譽。

[5]常滿倉：中華本校勘記："《通典》一二、《通志》六二作'常平倉'。"《通典》卷一二《食貨》："漢宣帝時，歲數豐穰，穀至石五錢，農人少利。大司農中丞耿壽昌請令邊郡皆築倉，以穀賤

時增其價而糴以利農，穀貴時減價而糶，名曰‘常平倉’，人便之。上乃下詔賜壽昌爵關内侯。元帝即位，罷之。

“後漢明帝永平五年，作常平倉。

“晋武帝欲平一江表，時穀賤而布帛貴，帝欲立平糴法，用布帛市穀，以爲糧儲。議者謂軍資尚少，不宜以貴易賤。泰始二年，帝乃下詔曰：‘古人權量國用，取赢散滯，有輕重平糴之法。此事久廢，希習其宜，而官蓄未廣。言者異同，未能達通其制。更令國寶散於穰歲而上不收，貧人困於荒年而國無備，豪人富商挾輕資，蘊重積，以管其利，故農夫苦其業而末作不可禁也。今宜通糴，主者平議，具爲條制。’然事未行，至四年，乃立常平倉，豐則糴，儉則糶，以利百姓。”

[6]三十：三，殿本作“二”。

[7]作貢尤輕：賦税特别輕。貢，田賦。《孟子·滕文公上》：“夏後氏五十而貢。”趙岐注：“民耕五十畝，貢上五畝。”

[8]龍飛：殿本乙作“飛龍”。

[9]三統之元，有陰陽之九焉：漢代《三統曆》以四千六百一十七歲爲一元，前一百零六年爲初入元的陽九，前三百七十四年爲初入元的陰九。見《漢書》卷二一《律曆志上》。

[10]鴻陂：即鴻池，位於今河南省洛陽市東。《後漢書》卷五《安帝紀》載，永初三年（109）三月，“詔以鴻池假與貧民”。

[11]所在廪給乏：乏，殿本作“迨”。

[12]冲質短祚：東漢冲帝劉炳，二歲時即帝位，六個月後身亡。質帝劉纘，八歲即位，九歲被殺。二人均爲短祚皇帝。

[13]桓靈不軌：東漢桓帝劉志，在位期間先是外戚專政，然後宦官專權，黨錮之禍發生，政治日益黑暗。東漢靈帝劉宏，在位時宦官專政，黨禁再起，賣官鬻爵，民不聊生。所以説“桓靈不軌”。

[14]西園：即漢代的上林苑。

[15]小黄門：官名，亦稱黄門，宦官。名義上屬少府，位次於中常侍，高於中黄門。掌收受尚書奏事、宣傳詔命，並負責宫廷内

外以及皇帝與後宫的聯絡。

［16］懸鴻都之榜：東漢靈帝在鴻都門設學校，於此開鴻都門榜賣官爵，公卿州郡下至黄綬各有差。

［17］廷尉：官名，中央最高司法審判機構長官，負責會審朝中有罪文武大臣，覆核審决郡國疑獄等。三品。《通典》卷二五《職官》："今大理者，亦舜攝帝位，皋繇作士，正五刑，周秋官之任。（《韓詩外傳》曰：'晋文公使李離爲大理，過聽殺人，自拘於廷，遂伏劍死。君子曰忠與仁。'《新序》曰：'楚昭王時，石奢爲理，有殺人者，奢追之，則其父也。奢曰："以父成政，不孝；不行君法，非忠。"遂刎頸而死於廷。'又《家語》曰：'季羔爲衛士師，刖人之足。俄而衛有亂，季羔逃，刖者守門，謂羔曰："彼者缺。"羔曰："君子不隧。"又曰："此有室。"季羔入焉。既罷，羔問曰："吾親刖子之足，而逃我，何也？"刖者曰："曩者，君理人以法令，先君後臣，欲臣之免也，臣知之。臨當論刑，君愀然不樂，見於顔色，臣又知之。君豈私臣哉！天生君子，其道固然，此臣之所脱君也。"孔子聞之曰："善哉！爲吏者用法，一思仁恕則樹德，如嚴暴則樹怨，公以行之，其子羔乎？"'）秦爲廷尉，漢因之，掌刑辟，凡獄必質之朝廷，與衆共之之義也。兵獄同制，故曰廷尉。（此應劭注也。顔師古曰：'廷，平也。理獄貴平，故以爲號。'）景帝中六年，更名大理；武帝建元四年，復爲廷尉；哀帝元壽二年，復爲大理。（《漢書》云：張釋之字季，爲廷尉。文帝出，嘗有人從渭橋下走，乘輿馬驚，捕之，屬廷尉。釋之奏其犯蹕，當罰金。上怒，釋之曰：'法者，所與天下公共也。且以其時而立誅之則已，今既下廷尉，廷尉，天下之平也。今一傾，而天下用法皆爲之輕重，民安所措其手足乎？'後又有盗高廟座前玉環者，文帝欲族之，釋之奏當棄市。上大怒，釋之曰：'法如是也。今盗宗廟器而族之，如令愚民取長陵一抔土，陛下何以加其法乎？'衆皆呼爲張廷尉。又張湯爲廷尉，决大獄，欲傅古義，乃請博士弟子理《尚書》《春秋》，補廷尉史，平亭疑法。奏讞疑事，必先爲上分別其

源，以揚主之明，言此自天子意，非由有司也。奏事有善則讓曰：‘監、掾、史某所爲也。’亭者，平也，均也。又杜周爲廷尉，而善伺上所欲。客有讓周曰：‘君爲天下決平，不循三尺法，專以人主意旨爲獄，獄者固如是乎？’周曰：‘三尺安出哉？前主所是者著爲律，後主所是者疏爲令。當時爲是，何古之法乎？’三尺者，以三尺竹簡書法律也。又于定國爲廷尉，朝廷稱之曰：‘張釋之爲廷尉，天下無冤民；于定國爲廷尉，民自以爲不冤。’王莽時，改大理爲作士矣。）後漢廷尉卿，凡郡國讞疑，（讞，質也。）皆處當以報。（傅賢爲廷尉，每冬至斷獄，遲迴流涕。又盛吉爲廷尉，每冬至節，罪囚當斷，夜省坐狀，其妻執燭，吉持丹筆，夫妻相向垂淚。又楊賜爲廷尉，乃嘆曰：‘昔“三后成功，惟殷於民”，而皋繇不與焉。’蓋吝之也，遂以世非法家，固辭。《漢官儀》曰：‘光武時有疑獄，見廷尉，曹史張禹所問輒對，處當詳理，於是策免廷尉，以禹代之。雖越次而授，亦足以厲其臣節。’）皆以世家爲之，而郭氏尤盛。（郭躬爲廷尉。躬家世掌法，務在寬平，乃條諸重文可從輕者四十一事奏之，事皆施行，著於令。）建安中，復爲大理。（鍾繇以大理爲相國。）魏黄初元年，改爲廷尉。（鍾毓字稚叔，爲廷尉，聽君父亡没，臣子得爲理謗；及士爲侯，其妻不復改嫁，毓所制也。）歷代皆爲廷尉。”

《唐六典》卷一八《大理寺》：“卿一人，從三品；（《尚書》云：‘帝曰：“咎繇，汝作士，五刑有服。”’孔安國注曰：‘士，理官也。’《周官》爲司寇。《韓詩外傳》云：‘晋文公使李離爲理。’理，謂察理刑獄也。《史記·天官書》：‘斗魁四星，貴人之牢，曰大理。’《漢書·百官表》云：‘廷尉，秦官，掌刑辟，有正、左右監。景帝更名大理，秩中二千石。武帝復爲廷尉。宣帝置左、右廷尉平，哀帝復爲大理。王莽改曰“作士”。’後漢復爲廷尉。魏初爲大理，後復爲廷尉，置律博士。晋置丞、主簿、明法、掾。歷宋、齊，皆爲廷尉。梁爲秋卿，班第十一。陳因之。後魏置少卿、司直。北齊及隋爲大理寺，隋置評事，皇朝因之。龍朔二年改爲詳刑寺正卿，咸亨元年復爲大理。光宅元年改爲司刑寺，神龍元年復故。兩漢卿秩中二千石，魏、晋、宋、齊、梁、陳俱第三品。後魏第二品上，太和以後降爲第三品。隋正第三品，皇朝降爲從三品。）少卿二人，從四品上。（後魏置，爲第三品上；太和以後，降爲第四品上。北齊第四品，隋因之。皇朝置二人，降爲從四品上。）大理卿之職，掌邦國折獄詳刑之事。”　崔烈：東漢涿郡安平（今河北省安平縣）人，歷任郡守、九卿，用五百萬錢買得司徒官職，又升遷太尉。因此有“銅臭”之名，聲譽大減。後死於董卓之亂。

及董卓尋戈，[1]火焚宫室，乃劫鑾駕，西幸長安，悉壞五銖錢，更鑄小錢，盡取長安及洛陽銅人飛廉之屬，[2]以充鼓鑄。又錢無輪郭，文章不便。時人以爲秦始皇見長人於臨洮，[3]乃鑄銅人。卓，臨洮人也，興毁不同，凶訛相類。及卓誅死，李傕、郭汜自相攻伐，[4]於長安城中以爲戰地。是時穀一斛五十萬，豆麥二十萬，人相食啖，白骨盈積，殘骸餘肉，臭穢道路。帝使侍御史侯汶出太倉米豆，[5]爲饑民作糜，經日頒布而死者愈多。帝於是始疑有司盗其糧廩，乃親於御前自加臨給，饑者人皆泣曰：“今始得耳！”帝東歸也，李傕、郭汜等追敗乘輿於曹陽，[6]夜潛渡河，六宫皆步。初出營欄，后手持縑數匹，董承使符節令孫徽以刃脅奪之，[7]殺旁侍者，血濺后服。既至安邑，[8]御衣穿敗，唯以野棗園菜以爲糇糧。[9]自此長安城中盡空，並皆四散，二三年間，關中無復行人。[10]建安元年，車駕至洛陽，宫闈蕩滌，百官披荆棘而居焉。州郡各擁强兵，而委輸不至，尚書郎官自出采稆，[11]或不能自反，死於墟巷。

[1]董卓：東漢末隴西臨洮（今甘肅省岷縣）人，字仲穎。本爲凉州豪强，靈帝時任中郎將、前將軍、并州牧等職。應何進之招進京殺宦官，進京後專權，廢少帝立獻帝。因受關東諸侯討伐，焚燒洛陽宫室，遷獻帝於長安。後爲部將吕布所殺。

[2]飛廉：洛陽飛廉觀内銅鑄的神獸，漢武帝時所鑄。

[3]臨洮：縣名，治所在今甘肅省岷縣。

[4]李傕：東漢北地（今寧夏回族自治區吴忠市西南）人，字稚然。董卓部將。董卓死後，率部叛亂，攻陷長安，燒殺搶掠。後被段煨討殺。　郭汜：東漢末張掖（今甘肅省張掖市）人，董卓部將。董卓死後與李傕共同叛亂，後被其將伍習所殺。

[5]侍御史：官名，簡稱御史、侍御。御史臺屬官，曹魏時分掌治書、課第等八曹，尚書、符節等三臺。西晋時分掌吏、課第、直事、印、中都督、外都督、媒、符節、水、中壘、軍營、法、算十三曹。六品。《通典》卷二四《職官》:“侍御史，於周爲柱下史，老聃嘗爲之。秦時，張蒼爲御史，主柱下方書，亦其任也。又云蒼爲柱下御史，明習天下圖書計籍。(見《史記》。如淳曰:‘方，板也，謂書事在板上也。秦以上置柱下史，蒼爲御史，主柱下事。或曰主四方文書也。’又《職官録》曰:‘秦改御史爲柱下史。’）一名柱後史，謂以鐵爲柱，言其審固不橈也。(一云冠法冠，一名柱後惠文，以鐵爲柱也。法冠者，《秦事》云:‘始皇滅楚，以其君冠賜御史，亦名獬豸冠。獬豸，獸名，一角，以觸不直也，故執法者冠之。’）亦爲侍御史。漢因之，凡十五員。（又《漢舊儀》曰：漢‘御史員四十五人，皆六百石。其十五人衣絳，給事殿中，爲侍御史，宿廬在石渠門外，二人尚璽，四人持書給事，二人侍前，中丞一人領。餘三十人留寺，理百官事’。）侍御史，御史大夫自調更告入歸官，比丞相掾史，史白録。(白録，著録而已。）惠帝初，遣御史監三輔郡，其後又置監御史。(《漢官儀》曰:‘侍御史出督州郡盜賊，運漕軍糧，言督軍糧侍御史。至後漢，復有護漕都尉官，建武七年省。’晋太元六年，又置督運御史官。）其舉郡國孝廉第四

科云：‘有能按章覆問，文中御史。’（嚴延年遷侍御史，劾霍光專廢立。）武帝時，侍御史又有綉衣直指者，出討奸猾，理大獄，而不常置。（直指而行，無苟私也。衣以綉者，尊寵之也。江充拜直指綉衣使，督三輔盗賊，禁察逾侈。時近臣多奢僭，充皆舉劾，請没入車馬，令身侍北軍擊匈奴，奏可。貴戚惶恐，見上叩頭，願得入錢贖罪。又王賀字翁孺，武帝時爲綉衣御史，逐捕群盗，皆縱而不誅。暴勝之亦爲之。至後漢，譙玄爲綉衣御史，持節，分行天下，觀覽風俗，所至專行誅賞。沈約云：‘綉衣御史，光武省，順帝復置，魏罷之。’）後漢亦有侍御史員，察舉非法，受公卿群吏奏事，有違失舉劾之。凡郊廟之祠及大朝會、大封拜，則二人監威儀，有違失則劾奏。以公府掾屬高第補之，或故牧守、議郎、郎中爲之，唯德所在。初上稱守，滿歲拜真，出劇爲刺史、二千石，平遷補縣令。見中丞，執板揖。順帝復絶他選，專用宰士，有三缺，三府各一，舉劾案章，事無大小，尚書受成而已，威烈赫奕，莫之敢犯。真御史守中丞、持書，服其冠紱，上事言守，關移稱真。又按二漢侍御史所掌凡有五曹：一曰令曹，（掌律令。）二曰印曹，（掌刻印。）三曰供曹，（掌齋祀。）四曰尉馬曹，（掌厩馬。）五曰乘曹，（掌車駕。）豹尾之内，便爲禁省。（後漢桓典爲侍御史，執政無所避，常乘驄馬，京都畏之，爲之語曰：‘行行且止，避驄馬御史。’又張綱爲侍御史，順帝漢安時，遣八使按行風俗，唯綱最年少官卑，餘皆宿儒重位，同日受命，各之所部。綱獨埋其車輪於洛陽都亭，曰：‘豺狼當路，安問狐狸！’遂奏大將軍梁冀兄弟罪惡。又陳翔字子麟，拜侍御史，正旦朝賀，大將軍梁冀威儀不整，翔奏請收冀理罪，時人奇之。又楊秉字叔節，拜侍御史，京師咸稱有宰相之才。）魏置御史八人。當大會殿中，御史簪白筆，側陛而坐。帝問左右：‘此何官？何主？’辛毗曰：‘此謂御史，舊時簪筆以奏不法。當如今者，直備位，但毦筆耳。’晋侍御史九人，頗用郡守爲之，（《山公啓事》曰：‘舊侍御史頗用郡守，今散二千石有才能尚少者可用不？’詔使八座詳之。毦音餌。）品同持書，而有十三曹。（十三曹者，謂吏曹、課第曹、直事曹、印曹、中都督曹、外都督曹、媒曹、符節曹、水曹、中壘曹、營軍曹、法曹、筭曹。及江左初，省課第曹，置庫曹，掌厩牧馬牛市租。後分庫曹，置左庫、外左庫二曹。）宋代多併諸曹，凡十御史焉。自漢以來，皆朝服法冠。（晋武庫失火，尚書郭彰與侍御史劉暾典知修復。彰以后親輕傲，以功程之閒呵暾曰：‘我不能截卿角耶？’以御史著法冠，有兩角故也。暾厲色曰：‘天子法冠，而欲截角！’命紙筆奏之。暾音他昆反。）”

《唐六典》卷一三《御史臺》：“侍御史四人，從六品下。（《周官·宗伯》屬官御史，‘掌邦國都鄙及萬民之治令，以贊冢宰。凡治之者，受法令焉’。以其在殿柱之間，亦謂之柱下史。秦改爲侍御史。《史記》：‘張蒼自秦時爲御史，主柱下方書。’即其任也。冠法冠，一名‘柱後惠文’，以鐵爲柱，言其審固不撓也。法冠者，《秦事》云：‘始皇滅楚，以其君冠賜御史。’亦名獬豸冠，以獬豸獸主觸不直，故執憲者以爲冠。漢因秦，置侍御史，秩六百石，員十五人。惠帝三年，相國奏遣御史監三輔不法事，有：辭訟者，盗賊者，鑄僞錢者，獄不直者，繇賦不平者，吏不廉者，吏苛刻者，逾侈及弩力十石以上者，非所當服者，凡九條。監者每二歲一更，常十一月奏事，三月還監焉。侍御史有綉衣直指，出討奸猾，治大獄；武帝制，不常置。後漢皆公府掾屬高第者爲之，所掌有五曹：曰令曹，掌律令；印曹，掌刻印；供曹，掌齋祠之事；尉馬曹，掌厩馬之事；乘曹，掌護駕。魏置八人，品第六，所掌凡八部，有持書曹、課第曹，其餘則史闕云。晋置九人，所掌有十三曹，曰：吏曹，課第曹，直事曹，印曹，中都督曹，外都督曹，媒曹，符節曹，水曹，中壘曹，營軍曹，法曹，算曹。東晋初，省課第曹，置庫曹；後又分庫曹爲外左庫曹、内左庫曹焉。……）侍御史掌糾舉百僚，推鞫獄訟。”

［6］曹陽：曹水北岸。曹水，一名好陽澗，位於今河南省靈寶市東，北流入黄河。

[7]董承：東漢河間（今河北省獻縣東南）人，獻帝之舅。建安五年（200）奉獻帝密詔，與偏將軍王服等人密謀誅殺曹操，事泄被殺。　符節令：官名，掌管皇帝印璽、銅虎符、竹使符。

[8]安邑：縣名，治所在今山西省夏縣西北禹王城。

[9]糇糧：乾糧。

[10]關中：地區名，函谷關以西秦國故地，包括今河南省靈寶市以西及陝西省、甘肅省東部和四川省部分地區。

[11]尚書郎官：官名，即尚書郎。東漢之制，取孝廉中有才能者入尚書臺，在皇帝左右處理政務，初入臺稱守尚書郎中，滿一年稱尚書郎，滿三年稱侍郎。魏晋以後尚書各曹有侍郎、郎中等官，綜理職務，通稱爲尚書郎。六品。《唐六典》卷一《尚書都省》："左司郎中一人，右司郎中一人，並從五品上。(尚書郎，漢初置四人：一人主匈奴單于營部，一人主羌夷吏民，一人主户口墾田，一人主財帛委輸。光武分尚書爲六曹郎，合三十四郎，而史闕曹名。魏有殿中、吏部、駕部、金部、虞曹、比部、南主客、祠部、度支、庫部、農部、水部、儀曹、三公、倉部、民曹、二千石、中兵、外兵、别兵、都兵、考功、定課、都官、騎兵，凡二十五曹郎。晋氏又加直事、屯田、起部、車部、左士、右士、運曹，其民曹、中兵、外兵分爲左、右，主客又分爲左、右、南、北，無農部、定課、考功，凡三十五曹，置郎二十三人，更相統攝。東晋置殿中、祠部、吏部、儀曹、三公、比部、金部、倉部、度支、都官、左民、駕部、庫部、中兵、外兵十五曹。宋高祖加騎兵、主客、起部、水部，合爲十九曹。元嘉以後，又增删定、功論二曹，而省騎兵，凡二十曹郎。……)"　采稆（lǚ）：稆，原本、宋本、殿本作"梠"。稆，一種自生的穀物。梠，音lǚ，指屋檐，又指芋。中華本作"稆"，據改。

魏武之初，九州雲擾，攻城掠地，保此懷民，軍旅之資，權時調給。於時袁紹軍人皆資椹棗，[1]袁術戰士取給嬴蒲。[2]魏武於是乃募良民屯田許下，[3]又於州郡列置田官，歲有數千萬斛，以充兵戎之用。及初平袁氏，以定鄴都，[4]令收田租畝粟四升，户絹二匹而綿二斤，餘皆不得擅興，藏强賦弱。文帝黄初二年，以穀貴，始罷五銖錢。於時天下未并，戎車歲動，孔子曰“加之以師旅，因之以饑饉”，此言兵凶之謀而沴氣應之也。[5]於時三方之人，[6]志相吞滅，戰勝攻取，耕夫釋耒，江淮之鄉，尤缺儲峙。吴上大將軍陸遜抗疏請令諸將各廣其田。[7]權報曰：[8]“甚善。今孤父子親自受田，車中八牛，以爲四耦。雖未及古人，亦欲與衆均勞也。”有吴之務農重穀，始於此焉。魏明帝不恭，淫於宫籞，[9]百僚編於手役，[10]天下失其躬稼。此後關東遇水，[11]民亡産業，而興師遼陽，[12]坐甲江甸，皆以國乏經用，[13]胡可勝言。[14]

[1]袁紹：東漢汝南汝陽（今河南省商水縣西北）人，字本初。出身世家大族，靈帝時歷任侍御史、虎賁中郎將等職。董卓進京，廢少帝立獻帝，袁紹不滿董卓專横，起兵討伐，並任討董聯盟盟主。後據有青、冀、幽、并四州。與曹操决戰於官渡，兵敗，病死。

[2]袁術：東漢汝南汝陽（今河南省商水縣西北）人，字公路，袁紹從弟。歷任河南尹、虎賁中郎將等職。董卓之亂後，割據南陽。後爲袁紹、曹操打敗，退據揚州，自稱揚州刺史、徐州牧。建安二年（197）稱帝，後被迫去帝號。　嬴（luǒ）蒲：中華本校勘記：“《魏志·武帝紀》注引《魏書》‘袁術在江淮，取給蒲嬴’，即此。‘蒲嬴’又見《夏小正》及《吴語》，疑此誤倒。”蒲嬴，蚌

蛤之類的生物。

［3］屯田：古代屯田始自漢代。《通典》卷二《食貨》載："漢昭帝始元二年，詔發習戰射士詣朔方，調（徒釣反。）故吏將（子亮反。）屯田張掖郡。（調，發選之也。故吏，前爲官職者。令其部率習戰射士於張掖爲屯田。）

"孝宣帝神爵元年，遣後將軍趙充國將兵擊先零羌。充國以擊虜殄滅爲期，乃欲罷騎兵屯田，以待其弊。奏曰：'臣所將吏士馬牛食，月用糧穀十九萬九千六百三十斛，鹽千六百九十三斛，茭藁二十五萬二百八十六石。（石，百二十斤。）難久不解，徭役不息。又恐他夷卒有不虞之變。且羌虜易以計破，難用兵碎也，故臣愚心以爲擊之不便。計度臨羌東至浩亹，（浩，音告、音門。即金城郡廣武縣地。臨羌在今西平郡也。）羌虜故田及公田，民所未墾，可二千頃以上。願罷騎兵，留弛刑應募，及淮陽、汝南步兵與吏私從者，合凡萬二百八十一人，用穀月二萬七千三百六十三斛，鹽三百八斛，分屯要害處。冰解漕下，繕鄉亭，浚溝渠，（漕下，以水運木而下也。繕，補也。）理湟陿。（湟，音皇。陿，音陝。）以西道橋七十所，令可至鮮水左右。田事出，賦人二十畝。（田事出，謂至春人出營田也。賦謂班與之。）至四月草生，發郡騎及屬國胡騎伉健各千，倅馬什二，就草，（倅，副也。什二者，千騎則與副馬二百匹也。）爲田者游兵。以充入金城郡，益積蓄，省大費。今大司農所轉穀至者，足支萬人一歲食。謹上田處及器用簿，唯陛下裁許之。'上報曰：'如將軍之計。'充國又奏曰：'今留步士萬人屯田，地勢平易，臣愚以爲屯田內有亡費之利，外有守禦之備。騎兵雖罷，虜見萬人留田爲必禽之具，其土崩歸德，宜不久矣。'詔罷兵，獨充國留屯田，大獲地利。明年遂破先零。

"魏武既破黃巾，欲經略四方，而苦軍食不足。羽林監潁川棗祗建置屯田，於是以任峻爲典農中郎將，募百姓屯田於許下，（今潁川郡許昌縣也。）得穀百萬斛。郡國例置田官，數年之中，所在積粟，倉廪皆滿。

“廢帝齊王芳正始四年，司馬宣王督諸軍伐吴，時欲廣田畜穀，爲滅賊資。乃使鄧艾行陳、項以東至壽春。（自今淮陽郡項城縣以東至壽春郡。）艾以爲田良水少，不足以盡地利，宜開河渠，可以大積軍糧，又通漕運之道，乃著《濟河論》以喻其指。又以爲：‘昔破黄巾，因爲屯田，積穀於許都以制四方。今三隅已定，事在淮南，每大軍征舉，運兵過半，功費巨億，以爲大役。陳、蔡之間，土下田良，可省許昌左右諸稻田，并水東下。令淮北屯二萬人，淮南三萬人，十二分休，常有四萬人且田且守。水豐，常收三倍於西，計除衆費，歲完五百萬斛以爲軍資。六七年間，可積三千萬斛於淮上，此則十萬之衆五年之食也。以此乘吴，無往而不克矣。’宣王善之，皆如艾計。遂北臨淮水，自鍾離而南，横石以西，盡沘水（沘，旁脂反。）四百餘里，五里置一營，營六十人，且田且守。兼循廣淮陽、百尺二渠，上引河流，下通淮、潁。大理諸陂於潁南北，穿渠三百餘里，溉田二萬頃，淮南、淮北皆相連接。自壽春到京師，農官兵田，鷄犬之聲，阡陌相屬。每東南有事，大軍興衆，泛舟而下，達於江淮，資食有儲，而無水害，艾所建也。

“晋羊祜爲征南大將軍，鎮襄陽。吴石城守去襄陽七百餘里，每爲邊害，祜患之，竟以詭計令吴罷守。於是戍邏減半，分以墾田八百餘頃，大獲其利。祜之始至也，軍無百日之糧，及至季年，有十年之積。

“太康元年平吴之後，當陽侯杜元凱在荆州，（今襄陽郡。）修邵信臣遺迹，（邵信臣所作鉗盧陂、六門堰，並今南陽郡穰縣界，時爲荆州所統。）激用滍（音蚩。）淯（音育。）諸水以浸原田萬餘頃，分疆刊石，使有定分，公私同利。衆庶賴之，號曰‘杜父’。舊水道唯沔、漢達江陵千數百里，北無通路。又巴丘湖，沅湘之會，表裏山川，實爲險固，荆蠻之所恃也。預乃開楊口，起夏水達巴陵千餘里，（夏水、楊口在今江陵縣界。巴陵即今郡。）内瀉長江之險，外通零、桂之漕。（零陵、桂陽並郡。）南土歌之曰：‘後世無叛由杜翁，孰識智名與勇功。’

“東晉元帝督課農功，二千石長吏以入穀多少爲殿最。其非宿衛要任，皆令赴農，使軍各自佃作，即以爲廩。大興中，三吴大饑，後軍將軍應詹上表曰：‘魏武帝用棗祗、韓浩之議，廣建屯田，又於征伐之中，分帶甲之士，隨宜開墾，故下不甚勞，大功克舉。間者流人奔東吴，東吴今儉，皆已還返。江西良田，曠廢來久，火耕水耨，爲功差易。宜簡流人，興復農官，功勞報賞，皆如魏氏故事。一年中與百姓，二年分税，三年計賦税以使之。公私兼濟，則倉庾盈億，可計日而待之。’

“穆帝升平初，荀羡爲北部都尉，鎮下邳，（今臨淮郡縣。）屯田於東陽之石鱉，（亦在今臨淮郡界。）公私利之。”

[4]鄴都：縣名，曹魏五都之一。治所在今河北省臨漳縣西南。

[5]沴（lì）氣：不和諧之氣。

[6]三方之人：指魏、蜀、吴三方。

[7]上大將軍：官名，位在大將軍之上。三國孫吴所置。　陸遜：三國時吴郡吴縣（今江蘇省蘇州市）人，本名議，字伯言，孫策女婿。早年爲孫權幕僚，後歷任屯田都尉、定威校尉等職。吴蜀夷陵之戰中任大都督，大敗蜀軍於猇亭，因功加拜輔國將軍，領荆州牧。後見孫權寵魯王孫霸，疏太子，便上書勸諫，反被孫權斥責，憤恚而死。

[8]權：即孫權。

[9]淫於宫籞（yù）：沉溺於園囿宫殿的修建。籞，園囿。《漢書》卷八《宣帝紀》：“又詔池籞未御幸者假與貧民。”顔師古注：“蘇林曰：‘折竹以繩綿連禁禦，使人不得往來，律名爲籞。’……應劭曰：‘池者，陂池也；籞者，禁苑也。’”

[10]百僚編於手役：各種徒隸被組織到勞役工程中。百僚，各種官奴、徒隸。

[11]關東：地區名，指函谷關或潼關以東地區。

[12]遼陽：遼水之南。

[13]皆以國乏經用：乏，原本、宋本作“之”，殿本作“乏”，

據殿本改。

[14]胡可勝言：説不過來。

世祖武皇帝太康元年，既平孫皓，納百萬而罄三吴之資，接千年而總西蜀之用，韜干戈於府庫，破舟船於江壑，河濱海岸，三丘八藪，耒耨之所不至者，人皆受焉。農祥晨正，[1]平秩東作，[2]荷銛贏糧，有同雲布。若夫因天而資五緯，[3]因地而興五才，[4]世屬升平，物流倉府，宮闈增飾，服玩相輝，於是王君夫、武子、石崇等更相誇尚，[5]輿服鼎俎之盛，連衡帝室，布金埒之泉，[6]粉珊瑚之樹。[7]物盛則衰，固其宜也。永寧之初，洛中尚有錦帛四百萬，珠寶金銀百餘斛。惠后北征，[8]蕩陰反駕，[9]寒桃在御，[10]隻鷄以給，[11]其布衾兩幅，囊錢三千，以爲車駕之資焉。懷帝爲劉曜所圍，[12]王師累敗，府帑既竭，百官飢甚，比屋不見火烟，飢人自相啖食。愍皇西宅，餒饉弘多，斗米二金，死人太半。[13]劉曜陳兵，内外斷絶，十豑之麴，屑而供帝，君臣相顧，莫不揮涕。元后渡江，軍事草創，蠻陬賧布，[14]不有恒準，中府所儲，數四千匹。於時石勒勇鋭，[15]挻亂淮南，帝懼其侵逼，甚患之，乃詔方鎮云，有斬石勒首者，賞布千匹云。

[1]農祥晨正：指立春之日。《國語·周語上》："農祥晨正，日月底於天廟，土乃脉發。"韋昭注："農祥，房星也。晨正，謂立春之日，晨中於午也。"

[2]平秩東作：春耕之日，按照耕種的次序耕種。《尚書·堯

典》："寅賓出日，平秩東作。"孔安國傳："歲起於東而始就耕，謂之東作。東方之官敬匯出日，平均次序東作之事，以務農也。"

[3]五緯：金、木、水、火、土五星。《周禮·春官·大宗伯》："以實柴祀日月星辰。"鄭玄注："星謂五緯，辰謂日月。"賈公彦疏："五緯，即五星：東方歲星，南方熒惑，西方太白，北方辰星，中央鎮星。言緯者，二十八宿隨天左轉爲經，五星右旋爲緯。"

[4]五才：金、木、水、火、土五種物質。《左傳·襄公二十七年》："天生五材，民並用之，廢一不可。"杜預注："五材，金、木、水、火、土也。"才，殿本作"材"。

[5]王君夫：即王愷，字君夫，本書卷九三有傳。　武子：即王濟，字武子，本書卷四二有傳。　石崇：字季倫，本書卷三三有傳。

[6]布金埒之泉：本書《王濟傳》：王濟"性豪侈，麗服玉食。時洛京地甚貴，濟買地爲馬埒，編錢滿之，時人謂爲'金溝'"。

[7]粉珊瑚之樹：本書《石崇傳》：石崇王愷斗富，王愷有珊瑚樹，高二尺許，枝柯扶疏，世所罕比。"愷以示崇，崇便以鐵如意擊之，應手而碎。愷既惋惜，又以爲嫉己之寶，聲色方厲。崇曰：'不足多恨，今還卿。'乃命左右悉取珊瑚樹，有高三四尺者六七株，條幹絶俗，光彩曜日，如愷比者甚衆。"

[8]惠后北征：惠帝永興元年（304）七月，王戎、司馬越等挾惠帝北征司馬穎。事見本書《惠帝紀》。

[9]蕩陰反駕：王戎、司馬越等人挾惠帝北征司馬穎，大敗，惠帝受傷。事見本書《惠帝紀》。

[10]寒桃在御：惠帝北征司馬穎失敗，被司馬穎部將石超所俘。在石超軍中"餒甚，超進水，左右奉秋桃"。事見本書《惠帝紀》。

[11]隻鷄以給：司馬穎後來被王浚打敗，帶着惠帝單車敗走洛陽，一路上狼狽不堪。到獲嘉，"市粗米飯，盛以瓦盆，帝啖兩盂。

有老父獻蒸鷄，帝受之”。事見本書《惠帝紀》。

[12]劉曜：字永明，本書卷一〇三有載記。

[13]死人太半：殿本作“死者大半”。

[14]蠻陬賧布：南方少数民族聚居地向朝廷輸纳布帛。

[15]石勒：字世龍，本書卷一〇四有載記。

漢自董卓之亂，百姓流離，穀石至五十餘萬，人多相食。魏武既破黄巾，欲經略四方，而苦軍食不足，羽林監潁川棗祗建置屯田議。[1]魏武乃令曰：“夫定國之術在於强兵足食，秦人以急農兼天下，孝武以屯田定西域，[2]此先世之良式也。”於是以任峻爲典農中郎將，[3]募百姓屯田許下，得穀百萬斛。郡國列置田官，數年之中，所在積粟，倉廪皆滿。祗死，魏武後追思其功，封爵其子。建安初，關中百姓流入荆州者十餘萬家，及聞本土安寧，皆企望思歸，而無以自業。於是衛覬議爲：[4]“鹽者國之大寶，[5]自喪亂以來放散，今宜如舊，置使者監賣，以其直益市犁牛，百姓歸者以供給之。勤耕積粟，以豐殖關中，遠者聞之，必多競還。”於是魏武遣謁者僕射監鹽官，[6]移司隸校尉居弘農。[7]流人果還，關中豐實。既而又以沛國劉馥爲揚州刺史，[8]鎮合肥，[9]廣屯田，修芍陂、[10]茹陂、[11]七門、[12]吴塘諸堨，[13]以溉稻田，公私有蓄，歷代爲利。賈逵之爲豫州，[14]南與吴接，修守戰之具，堨汝水，造新陂，又通運渠二百餘里，[15]所謂賈侯渠者也。當黄初中，四方郡守墾田又加，以故國用不匱。時濟北顔斐爲京兆太守，[16]京兆自馬超之亂，[17]百姓不專農殖，乃無車牛。

斐又課百姓，令閑月取車材，轉相教匠。其無牛者令養猪，投貴賣以買牛。始者皆以爲煩，一二年中編户皆有車牛，於田役省贍，京兆遂以豐沃。鄭渾爲沛郡太守，[18]郡居下濕，水澇爲患，百姓飢乏。渾於蕭、相二縣興陂堨，[19]開稻田，郡人皆不以爲便。渾以爲終有經久之利，遂躬帥百姓興功，一冬皆成。比年大收，頃畝歲增，租入倍常，郡中賴其利，刻石頌之，號曰鄭陂。魏明帝世徐邈爲凉州，[20]土地少雨，常苦乏穀。邈上修武威、酒泉鹽池，[21]以收虜穀。又廣開水田，募貧民佃之，家家豐足，倉庫盈溢。及度支州界軍用之餘，[22]以市金錦犬馬，[23]通供中國之費。西域人入貢，財貨流通，皆邈之功也。其後皇甫隆爲敦煌太守，[24]敦煌俗不作耬犂，[25]及不知用水，人牛功力既費，而收穀更少。隆到，乃教作耬犂，又教使灌溉。[26]歲終率計，所省庸力過半，得穀加五，西方以豐。

[1]羽林監：官名，東漢置羽林左右監，三國魏不分左右，祇置一監，領營兵，掌宿衛。五品。　潁川：郡名，治所在許昌縣（今河南省許昌市東）。　棗祗：東漢末潁川長社（今河南省長葛市東）人，本姓棘。曹操任之爲東阿令，後爲羽林監、屯田都尉。

[2]西域：古代對玉門關以西地區的總稱。狹義西域指玉門關以西、葱嶺以東地區，廣義則指通過狹義西域所能到達的地區。

[3]任峻：東漢末河南中牟（今河南省中牟縣東）人，字伯達。率宗族數百人隨曹操起兵，任騎都尉。曹操屯田，任峻任典農中郎將，甚有功績。以功封都亭侯，遷長水校尉。　典農中郎將：官名，簡稱典農，掌管屯田事務、管理所部吏民，相當於郡守。六品。

[4]衛覬：三國時河東安邑（今山西省夏縣西北）人，字伯儒，以才學著稱。歷任曹魏尚書、侍中。好古文，善鳥篆、隸草。

[5]鹽者國之大寶：鹽是古代國家重要的商品，歷代王朝重視鹽的生産和經營管理。《通典》卷一〇《食貨》載先秦至東漢末統治者對鹽的管理："管子曰：'海王之國，（海王者，言以負海之利而王其業。王音于况反。）謹正鹽筴。（正，税也。音征。）十口之家，十人食鹽，百口之家，百人食鹽。終月大男食鹽五升少半，（少半，猶劣薄也。）大女食鹽三升少半，吾子食鹽二升少半，（吾子，謂小男小女也。）此其大曆也。（曆，數。）鹽百升而釜，（鹽十二兩七銖一黍十分之一爲升，當米六合四勺也。百升之鹽，七十六斤十二兩十九銖二纍爲釜，當米六斗四升。）今鹽之重，升加分强，釜五十也；（分强，半强也。今使鹽官税其鹽之重，每一斗加半合爲强而取之，則一釜之鹽，得五十合而謂之强。）升加一强，釜百也；升加二强，釜二百也。鍾二千，（十釜之鹽，七百六十八斤爲鍾，當米六斛四斗是。）十鍾二萬，百鍾二十萬，千鍾二百萬。萬乘之國，人數開口千萬也。（舉其大數而言之也。開口，謂大男大女之所食鹽也。）禺筴之商，日二百萬，（禺讀爲偶。偶，對也。商，計也。對其大男大女食鹽者之口數而立筴，以計所税之鹽，一日計二百萬，合爲二百鍾。）十日二千萬，一月六千萬，萬乘之國，正九百萬也。（萬乘之國，大男大女食鹽者千萬人，而税之，鹽一日二百鍾，十日二千鍾，一月六千鍾也。今又施其税數，以千萬人如九百萬人之數，則所税之鹽一日百八十鍾，十日千八百鍾，一月五千四百鍾。）月人三十錢之籍，爲錢三千萬。（又變其五千四百鍾之鹽而籍其錢，計一月每人人籍錢三十，凡千萬人，爲錢三萬萬矣。以此籍之數而比其常籍，則當一國而有三千萬人矣。）今吾非籍之諸君吾子，而有二國之籍者六千萬。（諸君，謂老男老女也。六十以上爲老男，五十以上爲老女也。既不籍於老男老女，又不籍於小男小女，乃能以千萬人而當三千萬人者，蓋鹽官之利耳。鹽官之利既然，則鐵官之利可知也。鹽官之利當一國而三千萬人，鐵官

之利當一國而三千萬人焉，故能有二國之籍者六千萬人耳。其常籍人之數，猶在此外。）使君施令曰：吾將籍於諸君吾子，則必囂號，令天給之鹽筴，則百倍歸於上，人無以避此者，數也。今鐵官之數曰：一女必有一鍼一刀，若其事立。（若猶然後。）耕者必有一耒一耜一銚，若其事立。（大鋤謂之銚，羊昭反。）行服連（輦名，所以載作器，人挽者。）軺（羊昭反。）輂（居玉反。）者，（大車駕馬。）必有一斤一鋸一錐一鑿，若其事立。不爾而成事者，天下無有。今鍼之重加一也，三十鍼一人之籍。（鍼之重，每十分加一分，爲强而取之，則一女之籍得三十鍼也矣。）刀之重加六，五六三十，五刀一人之籍也。（刀之重，每十分加六分，以爲强而取之，五六爲三十也，則一女之籍得五刀。）耜鐵之重加七，三耜鐵一人之籍也。（耜鐵之重，每十分加七分，以爲强而取之，則一農之籍得三耜鐵也。）其餘輕重皆准此而行，（其器彌重，其加彌多。）然則舉臂勝（音升）事，無不服籍者。'

"桓公曰：'然則國無山海不王乎？'

"管子曰：'因人之山海，假之名有海之國，（雖無海而假名有海，則亦雖無山而假名有山。）售鹽於吾國。（彼國有鹽而糶於吾國爲售耳。）釜十五吾受而官出之以百，（受，取也。假令彼鹽平價釜當十錢者，吾又加五錢而取之，所以來之也。既得彼鹽，則令吾國鹽官又出而糶之，釜以百錢也。）我未與其本事也，（與，用也。本事，本鹽也。）受人之事，以重相推，（以重相推，謂加五錢之類也。推猶度也。）此人用之數也。（彼人所有而皆爲我用也。）'

"又曰：'齊有渠展之鹽，（渠展，齊地，泲水所流入海之處，可煮鹽之所也，故曰渠展之鹽。）請君伐菹薪，（草枯曰菹。釆居反。）煮水爲鹽，（煮海水。）正（音征。）而積之。十月始正，至於正月，成三萬六千鍾，下令曰：孟春既至，農事且起，大夫無得繕冢墓，理宫室，立臺榭，築墻垣。北海之衆無得聚庸（庸，功也。）而煮鹽。（北海之衆，謂北海煮鹽之人。本意禁人煮鹽，下令託以農事，慮有妨奪，先自大夫起，欲人不知其機，斯爲權術。）

此則坐長十倍，以令糶之。梁、趙、宋、衛、濮陽彼盡餽食之國，（本國自無鹽，遠餽而食）。無鹽則腫，守圉之國，（圉與禦同，古通用。）用鹽獨甚。’桓公乃使糶之，得成金萬斤。

“漢孝武中年，大興征伐，財用匱竭，於是大農上鹽鐵丞孔僅、東郭咸陽言：‘山海，天地之藏，皆宜屬少府，陛下弗私，以屬大農佐賦。願募民自給費，因官器作煮鹽，官與牢盆。（牢，價直也，今世人言雇手牢。牢盆，煮鹽盆也。）浮食奇民欲擅管山海之貨，（若人執倉庫之管籥。）以致富羡，（羡，饒也。）役利細民。其沮事之議，（沮，才據反。）不可勝聽。敢私鑄鐵器煮鹽者，鈦左趾，（鈦音徒計反，足鉗也。）没其器物。郡不出鐵者置小鐵官，（鑄故鐵。）使屬在所縣。’使僅、咸陽乘傳，舉行天下鹽鐵，（舉，皆也。普天之下皆行之。）作官府，（主煮鑄及出納。）除故鹽鐵家富者爲吏，吏益多賈人矣。

“卜式爲御史大夫，（元鼎六年。）見郡國多不便縣官作鐵器苦惡，（謂作鐵器民患苦其不好。）價貴，或强令民買之，而船有算，商者少，物貴，乃因孔僅言船算事。上不説。

“又董仲舒説上曰：‘今鹽鐵之利二十倍於古，人必病之。’

“孝昭元始六年，令郡國舉賢良文學之士，問以民所疾苦，教化之要。皆對曰：‘願罷鹽鐵酒榷均輸官，無與天下争利，示以儉節，然後教化可興。’

“御史大夫桑弘羊難（詰難議者之言。）以爲：‘此國家大業，所以制四夷、安邊足用之本。往者豪强之家，得管山海之利，采石鼓鑄煮鹽，一家聚衆或至千餘人。大抵盡放流之人，遠去鄉里，棄墳墓，依倚大家，相聚深山窮澤之中，成奸僞之業。家人有寶器，尚猶柙而藏之，况天地之山海乎？夫權利之處，必在山澤，非豪人不能通其利。異時鹽鐵未籠，布衣有朐邴，人君有吴王，專山澤之饒，薄賦其人，贍窮乏以成私威，積而逆節之心作。今縱人於權利，罷鹽鐵以資强暴，遂其貪心，衆邪群聚，私門成黨，則强禦日以不制，而并兼之徒奸形成矣。鹽鐵之利，佐百姓之急，奉軍旅之

費，不可廢也。’

“文學曰：‘人庶藏於家，諸侯藏於國，天子藏於海内，是以王者不蓄，下藏於人，遠浮利，務民之義。義禮立則人化上。若是，雖湯武生存於代，無所容其慮。工商之事，歐冶之任，何奸之能成？三桓專魯，六卿分晋，不以鹽冶。故權利深者不在山海，在朝廷；一家害百家，在蕭墻，不在朐邴。’

“大夫曰：‘山海有禁而人不傾，貴賤有平而人不疑，縣官設衡立準而人得其所，雖使五尺童子適市，莫之能欺。今罷之，則豪人擅其用而專其利也。’

“文學曰：‘山海者，財用之寶路也；鐵器者，農夫之死士也。死士用則仇讎滅，田野闢而五穀熟；寶路開則百姓贍而人用給，人用給則富國，而教之以禮，禮行則道有讓，而人懷敦朴以相接而莫相利也。夫秦、楚、燕、齊，士力不同，剛柔異氣，巨小之用，倨勾之宜，黨殊俗異，各有所便。縣官籠而一之，則鐵器失其宜而農人失其便，器用不便則農夫罷於野而草萊不闢，草萊不闢則人困乏也。’

“大夫曰：‘昔商君理秦也，設百倍之利，收山澤之税，國富人强，蓄積有餘，是以征伐敵國，攘地斥境，不賦百姓，軍師以贍。故利用不竭而人不知，地盡西河而人不苦。今鹽鐵之利，所以佐百姓之急，奉軍旅之費，務於積蓄，以備乏絶，所給甚衆，有益於用，無害於人。’

“文學曰：‘昔文帝之時，無鹽鐵之利而人富，當今有之而百姓困乏，未見利之所利而見其所害。且利非從天來，不由地出，所出於人間，而爲之百倍，此計之失者也。夫李梅實多者，來年爲之衰，新穀熟，舊穀爲之虧。自天地不能滿盈，而况於人乎？故利於彼者，必耗於此，猶陰陽之不並曜，晝夜之代長短也。商鞅峭（七叫反）法長利，秦人不聊生，相與哭孝公，其後秦日以危。利蓄而怨積，地廣而禍擱，惡在利用不竭乎？’

“於是丞相奏曰：賢良文學不明縣官事，猥以鹽鐵爲不便，宜罷郡國榷酤，關内鐵官。奏可。於是利復流下，庶人休息。

“孝元時，嘗罷鹽鐵官，三年而復之。

“後漢章帝時，尚書張林上言：‘鹽，食之急者，雖貴，人不得不須，官可自鬻。’

“獻帝建安初，關中百姓流入荆州者十餘萬家。（荆州，今襄陽南。）及聞本土安寧，皆企願思歸，而無以自業。於是衛覬議以爲：‘鹽者，國之大寶，自喪亂以來，放散，今宜如舊置使者監賣，以其直益市犂牛，百姓歸者以供給之。勸耕積粟，以豐殖關中。遠者聞之，必多競還。’魏武於是遣謁者僕射監鹽官，移司隸校尉居弘農，流人果還，關中豐實。”

［6］謁者僕射：官名，謁者臺長官，名義上屬光禄勛。統領諸謁者，掌朝會司儀，傳達策書，護衛皇帝出行。五品。《通典》卷二一《職官》：“秦置謁者。漢因之，掌儐贊受事，員七十人，選孝廉年未五十，威容嚴恪，能儐贊者爲之。（燕太子使荆軻劫始皇，變起兩楹之間，其後謁者持匕首刺腋。漢高帝偃武行文，故易之以版。）有僕射，冠高山冠。（言其矜莊賓遠，故以高山爲號。終軍爲謁者，使行郡國，建節出東關。關吏識之，曰：‘此棄繻生。’）後漢謁者僕射爲謁者臺率，主謁者。銅印青綬。天子出，掌奉引。（謁者僕射見尚書令，對揖無敬。謁者見，執板拜。）謁者三十人。（《漢官儀》又曰三十五人。）謁者初上官，稱曰灌謁者，滿歲稱給事。（胡廣云：‘灌者，明、章二帝服勤園陵，謁者灌柏，後遂假兹名焉。’馬融曰：‘灌者，習所職也。’應奉曰：‘高帝承秦，禮儀多闕。灌嬰服事七年，號大謁者。後人掌之，以姓灌章，列於漢書也。’雷義爲灌謁者，使持節督郡國，行風俗，太守令長留者凡七十人。）和帝代，陳郡何熙爲謁者僕射，贊拜殿中，音動左右。然則又掌唱贊。（《漢舊儀》曰：‘謁者缺，選郎中美鬚眉、大音者以補之。功次當遷，欲留增秩者許之。’）二漢隸光禄勛。（後漢又有黎陽謁者，光武以幽、并兵騎定天下，故於黎陽立營，以謁者監之。兵騎千人，復除甚重，謁者任輕，多放情態。順帝改用府掾有

清名威重者，遷超牧守焉。）魏置僕射，掌大拜授及百官班次，統謁者十人。及晋武，省僕射，以謁者併蘭臺。江左復置僕射，後又省。”

[7]司隸校尉：官名，三國魏時先治弘農，後治河南，轄司州所屬河南、河東、河内、弘農、平陽五郡。掌監察京師，糾察京都百官。西晋沿置。三品。《通典》卷三二《職官》：“司隸，周官也，掌五隸之法，辨其物而掌其政令，（五隸，謂罪隸、四翟之隸也。物謂衣服、兵器之屬。）帥其民而捕盗賊。

“漢武帝征和四年，初置司隸校尉，持節，從中都官徒千二百人，（中都官，京師諸官府。）捕巫蠱，督大奸猾。（督謂察視之。）後罷其兵。察三輔、三河、弘農。（《晋志》曰：‘漢武帝初置十三州刺史各一人。又置司隸校尉，察三輔、三河、弘農七郡。’）元帝初元四年，去節，後諸葛豐爲司隸又加節，尋復去之。司隸去節，自豐始也。（諸葛豐爲司隸，無所回避，京師語曰：‘間何闊，逢諸葛。’言間者何久闊不相見，以逢諸葛故也。侍中許章以外屬貴幸，賓客犯法，與章相連。豐欲劾奏，適逢章出，豐駐車舉節招章曰：‘下！’欲收之。章馳去，豐奔車逐之，章突入殿得免。因此成帝遂收豐節。）成帝元延四年省。綏和二年，哀帝復置，但爲司隸，（除校尉字。）冠進賢冠，屬大司空，比司直。司隸掌察皇太子以下，行馬内事皆主之。專道而行，專席而坐。初除，皆謁兩府。（兩府謂丞相、御史也。惟涓勛初爲司隸，不肯謁丞相、御史大夫，後爲翟方進奏免。又《漢書》曰：‘鮑宣字子都。明經，爲司隸。丞相孔光行園陵，官屬行馳道中，宣使斂止丞相掾史，没入其車馬，摧辱宰相。事下御史中丞，官欲捕，從事閉門不納。宣坐閉拒使者，大不敬，下獄。博士弟子王咸舉幡太學下，曰：“欲救鮑司隸者，會此下。”諸生會者千餘人。朝日，遮丞相孔光自言，丞相車不得行。宣罪減死一等。’《列異記》曰：‘自宣至子永孫昱，俱爲司隸校尉，其爲公皆復乘驄馬。京師歌之曰：“鮑氏驄，三入司隸再入公。馬雖疲，行步工。”’又王駿爲司隸校尉，奏免丞相匡衡。又蓋寬饒爲司隸，亦無所回避。）

“後漢復爲司隸校尉，所部河南尹、河内、右扶風、左馮翊、京兆尹、河東、弘農凡七郡，治河南洛陽。（《北齊書》曰：‘後漢凡皇族不得典三河，蓋忌其親而惜形迹之地。’）無所不糾，唯不察三公。（後漢江馮上言‘宜令司隸校尉督察三公’，陳元議以爲不宜使有司省察公輔，乃止。）廷議處九卿上，朝賀處公卿下。（鮑永爲司隸，鮑恢爲都官從事，並不避强禦。詔策曰：‘貴戚且當斂手，以避二鮑。’鮑永子昱，復爲司隸，初拜，使封胡降檄。光武遣問昱曰：‘有所怪否？’對曰：‘臣聞故事，通官文書不著姓，又當司徒露布，怪使司隸下書而著姓也。’上曰：‘吾欲令天下知忠臣之子復爲司隸。’又中常侍王甫、曹節等用事，尚書令陽球常唾手拊髀曰：‘當令陽球作司隸，此輩敢爾。’後及拜司隸，球列車騎導從，當入司隸府，雒陽賊捕掾皆故墨綬公府掾孝廉也，邀見道側。球怒曰：‘雒陽都邑，吏當得熊虎敢搏噬者，乃用鼷鼠當校尉車耶？不足污鞭杖，且舉撲之。’於是威風振烈。明日詣闕謝恩，遂表劾王甫，自臨考，父子皆死於杖下，乃磔甫屍，署曰‘賊臣王甫’。於是權門股慄，皆雀目鼠步。曹節見甫屍，乃收淚入言球罪。帝徙爲衛尉。球叩頭曰：‘願假臣一月，必令豺狼鴟鴞悉伏其辜。’又，李膺字元禮，拜司隸校尉。張讓弟朔爲野王令，貪殘無道，畏膺而逃藏讓舍柱中。膺率將吏破柱取朔，付獄殺之。讓訴冤於帝，帝召讓膺。膺曰：‘昔仲尼爲魯司寇，七日而誅少正卯。今臣到官已積旬，懼以淹流爲督，不意獲速疾之罪。乞留五日，克殄元惡。’帝謂讓曰：‘汝弟之罪也。’自是宦官屏氣，休沐不敢復出。帝問其故，並叩頭泣曰：‘畏李司隸。’）凡司隸屬官，有從事史十二人。其都官從事史，至爲雄劇，主察百官之犯法者。（胡騰字子升，辟荆州部南陽從事，遇桓帝南巡至南陽，千騎萬乘，呼召求索，不可堪。騰奏曰：‘天子無外，乘輿所在，即爲京師。請荆州刺史比司隸，臣比都官從事，南陽守比河南尹，宛令比雒陽令。’許之。於是大將軍亡馬，西曹掾召騰。騰乃作都官從事鵠頭召掾，掾乃覺，膝行辭謝，由是不敢輒有呼召。）

“魏晋司隸與二漢同。（劉聰僭號，置左右司隸。）司隸於端門外坐，在諸卿上，絶席。其入殿，按本品秩在諸卿下，不絶席。（魏鍾會爲司隸，雖在外司，時政損益，當世與奪，無不必綜。《晋諸公贊》云：劉毅字仲雄，爲司隸，奏太尉何曾、尚書劉寔父子及羊琇、張佗等所犯狼藉。司郡守令事相連及觀風投印綬者甚衆，皆以爲毅能繼諸葛豐、蓋寬饒。）初以司隸官屬制置如州儀，而俗稱之司州。（見《太康記》。）及魏晋，乃以京輔所部定名，置司州，以司隸校尉統之。及東晋渡江，罷司隸校尉官，變其職爲揚州刺史。”　弘農：郡名，治所在弘農縣（今河南省靈寶市）。

[8]沛國：三國魏治所在沛縣（今江蘇省沛縣），西晋時治所在相縣（今安徽省濉溪縣西北）。　劉馥：東漢末沛國相（今安徽濉溪縣西北）人，字元穎。任曹操司徒掾屬，後出任揚州刺史。在任召流民，廣屯田，興學校，修水利，甚有政績。　揚州：三國魏、吴各置揚州，魏治所在壽春縣（今安徽省壽縣），吴治所在建業縣（今江蘇省南京市）。西晋統一後復合，治所在建鄴縣（今江蘇省南京市）。

[9]合肥：縣名，治所在今安徽省合肥市西。

[10]芍陂：又名龍泉陂，位於今安徽省壽縣南。

[11]茹陂：位於今河南省固始縣東南。

[12]七門：即七門堰，位於今安徽省舒城縣西南七門山下。

[13]吴塘：即吴塘陂，位於今安徽省潛山市西。

[14]賈逵：三國時河東襄陵（今山西省臨汾市東南）人，字梁道。歷任澠池令、弘農太守、丞相主簿、諫議大夫、豫州刺史等職。在豫州興修水利惠民，死後吏民追思之，爲刻石立祠。　豫州：古九州之一。西漢武帝十三部刺史之一。三國魏治安城縣（今河南省正陽縣東北南汝河西南岸），西晋移治陳縣（今河南省周口市淮陽區）。東晋咸和中僑置豫州，治所先後在蕪湖、牛渚、姑孰、壽春等地。下僑置襄城、淮南、晋熙等郡。

［15］通運渠：又稱賈侯渠，位於今河南省周口市淮陽區西北，後與其他水道錯雜，北魏時已經不可辨認。　二百餘里：二，殿本作“三”。

［16］濟北：郡國名，治所在盧子城（今山東省平陰縣舊東阿東北）。　顏斐：字文林。有才學。丞相召爲太子洗馬，黄初初轉爲黄門侍郎，後爲京兆太守。在任勸課農桑，興學化俗，百姓大利。死後民衆爲之立碑懷念。　京兆太守：官名，即京兆尹。京畿地方行政長官，職掌如郡守，但地位高於郡守。三品。

［17］馬超：三國時扶風茂陵（今陝西省興平市東北）人，字孟起，馬騰之子。被曹操任命爲偏將軍，統馬騰之衆。後舉兵反曹，自稱征西將軍。由於被曹魏楊阜打擊，投奔漢中張魯，旋又投奔劉備。

［18］鄭渾：三國時河南開封（今河南省開封市西南）人，字文公。東漢末避亂投豫章太守華歆，後歸曹操。歷任下蔡長、邵陵令、左馮翊、京兆尹等職。在任勸農養生，興修水利，百姓財足用饒。　沛郡：治所在沛縣（今江蘇省沛縣）。

［19］蕭：蕭縣，治所在今安徽省蕭縣西北。　相：相縣，治所在今安徽省濉溪縣西北。

［20］徐邈：三國時燕國薊縣（今北京市西南）人，字景山。曹操時任丞相軍謀掾、隴西太守。曹丕時任潁川典農中郎將、撫軍大將軍軍師。明帝時任凉州刺史。在任務農積穀，立學明訓，進善黜惡，威信四布，使西域塞而復通。　凉州：東漢治所在隴縣（今甘肅省張家川回族自治縣），三國魏移治姑臧縣（今甘肅省武威市）。

［21］武威：郡名，治所在姑臧縣（今甘肅省武威市）。　酒泉：郡名，西漢武帝置，治所在福禄縣（今甘肅省酒泉市）。

［22］度支：規劃計算支出。《禮記・王制》：“五穀皆入，然後制國用。”鄭玄注：“制國用，如今度支經用。”

［23］金錦犬馬：犬，宋本作“大”。

［24］敦煌：郡名，治所在敦煌縣（今甘肅省敦煌市西）。

［25］俗不作耬犁：作，殿本作“使”。

［26］灌溉：即水利興農。中國古代農業經濟十分注重水利灌溉。《通典》卷二《食貨》載先秦至東晋“水利田”：“魏文侯使李悝作盡地力之教，以爲地方百里，提封九萬頃，除山澤邑居參分去一，爲田六百萬畝。理田勤謹則畝益三斗，不勤則損亦如之。地方百里之增減，輒爲粟百八十萬石。必雜五種，以備災害。力耕數耘，收穫如寇盜之至。（謂促遽之甚，恐爲風雨損之。）還廬樹桑，（還，遶也。）菜茹有畦，瓜瓠果蓏，（木實曰果，草實曰蓏。茹，所食之菜。畦，區也。）殖於疆埸。至曾孫襄王，以史起爲鄴令，起進曰：‘魏氏之行田也以百畝，（賦田之法，一夫百畝。）鄴獨二百畝，是田惡也。漳水在其旁，西門豹爲鄴令不知用，是不知也。’於是，遂引漳水溉鄴，以富魏之河内。民歌之曰：‘鄴有賢令兮爲史公，决漳水兮灌鄴旁，終古瀉鹵兮生稻粱。’（瀉鹵，即斥鹵也，鹵，鹹苦也，謂鹹鹵之地。《史記》云西門豹引漳水溉鄴，誤。）

“其後，韓聞秦之好興事，欲疲之，無令東伐。乃使水工鄭國間説秦，令鑿涇水，自仲山西抵瓠口爲渠，並（蒲浪反。）北山，東注洛，三百餘里，欲以溉田。中作而覺，秦欲殺國，國曰：‘始臣爲間，然渠成亦秦之利也。’秦以爲然，卒使就渠。渠就，用注填閼之水，溉澤鹵之地四萬餘頃，收皆畝一鍾。於是關中爲沃野，無凶年，命曰鄭國渠。（閼讀與淤同。）

“秦平天下，以李冰爲蜀守，冰壅江水作堋，（部用反。）穿二江成都中，雙過郡下，以通舟船，因以溉灌諸郡，於是蜀沃野千里，號爲陸海。

“漢文帝以文翁爲蜀郡太守，穿煎湔口，（湔，羊朱反。）溉灌繁田千七百頃，人獲其饒。

“武帝元光中，大司農鄭當時言：‘引渭穿渠，起長安，並南山下，至河三百餘里。渠下民田萬餘頃，又可得以溉田，益肥關中之地，得穀。’天子以爲然，令齊水工徐伯表，（巡行表記之。）悉發卒數萬人穿漕渠，三歲而通。渠下民頗得以溉田矣。

“其後，河東守番係請‘穿渠引汾溉皮氏、汾陰下，引河溉汾陰、蒲阪下，（皮氏，今龍門縣地，屬絳郡。汾陰，今寶鼎縣地。蒲阪，今河東縣地。並屬河東郡。）度可得五千頃。五千頃故盡河壖棄地，民茭牧其中耳，今溉田之，度可得穀二百萬石以上’。天子以爲然，發卒數萬人作渠田。數歲，河移徙，渠不利，則田者不能償種。久之，河東渠田廢，與越人，令少府以爲稍入。（時越人有徙者，以田與之，其租税入少府也。稍，漸也。其入未多，故謂之稍。）

“其後莊熊羆言：‘臨晋民（即今馮翊縣也。）願穿洛以溉重泉以東萬餘頃（重泉在今馮翊郡界，今有乾坑，即熊羆之所穿渠。）故惡地。誠得水，可令畝十石。’於是爲發卒萬餘人穿渠，自徵（音懲）引洛水至商顔下。（徵在馮翊，即今郡之澄城縣。商顔，今馮翊縣界。）岸善崩，（洛水岸。）乃鑿井，深者四十餘丈。往往爲井，井下相通行水。水頽以絶商顔，（下流曰頽。）東至山嶺十餘里間。井渠之開自此始。穿渠得龍骨，故名曰龍首渠。作之十餘歲，渠頗通，猶未得其饒。

“是時，用事者争言水利。朔方、西河、河西、酒泉皆引河及川谷以溉田。而關中輔渠、靈軹引諸水，汝南、九江引淮，東海引鉅定，（澤名。）泰山下引汶水，皆穿渠爲溉田，各萬餘頃。佗小渠陂山通道，不可勝言。

“自鄭國渠起，至元鼎六年，百三十六歲，而倪寬爲左内史，奏請穿鑿六輔渠，（在鄭國渠之裏，今尚謂之輔渠，亦曰六渠。）以益溉鄭國傍高仰之田。（素不得鄭國之溉灌者。仰謂上向。）帝曰：‘農，天下之本也。泉流灌寖，所以育五穀也。左、右内史地，名山川原甚衆，細民未知其利，故爲通溝瀆，畜陂澤，所以備旱也。今内史稻田租挈重，不與郡同，（租挈，收田租之約令。郡謂四方諸郡。）其議減。令吏民勉農，盡地利，平繇行水，勿使失時。’（平繇者，均齊渠堰之力役，謂俱得水之利。）

“後十六歲，趙中大夫白公（此時無公爵，蓋相呼尊老之稱也。）復奏穿渠，引涇水，首起谷口，尾入櫟（音藥。）陽，（谷口，今雲陽縣治谷是。）注渭中，袤二百里，溉田四千五百餘頃，因名曰白渠。民得其饒，歌之曰：‘田於何所？池陽、谷口。鄭國在前，白渠起後。（鄭國興於秦時，故云前也。）舉鍤爲雲，决渠爲雨。（鍤，鍬。）涇水一石，其泥數斗。且溉且糞，長我禾黍。（水停淤泥，可以當糞。）衣食京師，億萬之口。’言此兩渠饒也。

“元帝建昭中，邵信臣爲南陽太守，於穰縣理南六十里造鉗盧陂，累石爲隄，傍開六石門以節水勢。澤中有鉗盧王池，因以爲名。用廣溉灌，歲歲增多，至三萬頃，人得其利。及後漢杜詩爲太守，復修其業。時歌之曰：‘前有邵父，後有杜母。’

“後漢章帝建初中，王景爲廬江太守。郡部安豐縣有楚孫叔敖所起芍陂，先是荒廢，景重修之，境内豐給。（其陂徑百里，灌田萬頃。芍音鵲。今壽春郡安豐縣界。）

“順帝永和五年，馬臻爲會稽太守，始立鏡湖，築塘周迴三百十里，灌田九千餘頃，至今人獲其利。

“晋武帝咸寧元年，詔曰：‘今年霖雨過差，又有蟲灾。潁川、襄城，自春以來，略不下種，深以爲慮。主者何以爲百姓計。’當陽侯杜元凱上疏曰：‘臣輒思惟，今者水灾，東南特劇，非但五穀不收，居業并損。下田所在渟污，高地皆多墝埆，百姓困窮，方在來年。雖詔書切告長吏二千石爲之設計，而不廓開大制，定其趣舍之宜，恐徒文具，所益蓋薄。當今秋夏蔬食之時，而百姓已有不贍，前至冬春，野無青草，則必指仰官穀，以爲生命。此乃一方之大事，不可不早爲思慮。臣愚謂既以水爲田，當恃魚菜螺蚌，而洪波泛濫，貧弱者終不能得。今者宜大壞兗及荆河州東界（兗州東界，今濟陽、濟陰、東平、魯郡之間。荆河州東界，今汝南、汝陰、譙郡之間也。）諸陂，隨其所歸而宣導之。令饑者盡得水産之饒，百姓不出境界之内，朝暮野食，此目下日給之益也。水去之後，填淤之田，畝收數鍾。至春大種五穀，五穀必豐，此又明年之益也。’杜君又言：‘諸欲修水田者，皆以火耕水耨爲便，非不爾也。然此施於新田草萊，與百姓居相絶離者耳。往者東南草創人稀，故得火田之利。頃來户口日增，而陂堰歲決，良田變生蒲葦，人居沮澤之際，水陸失宜，放牧絶種，樹木立枯，皆陂之害也。陂多則土薄水淺，潦不下潤。故每有水雨，輒復横流，延及陸田。言者不思其故，因云此土不可陸種。臣計漢之户口，以驗今之陂處，皆陸業也。其或有舊堰，則堅完修固，非今所謂當爲人害也。臣見尚書胡威啓宜壞陂，其言懇至。臣又見宋漢侯相應遵上便宜，求壞泗陂，徙運道。時下都督度支共處當，各據所見，不從遵言。臣按遵上事，運道東詣壽春，有舊渠，可不由泗陂出。泗陂在彼地界，壞地凡萬三千餘頃，傷敗成業。遵縣領應佃二千六百口，可謂至少，而猶患地狹，不足肆力，此皆水之爲害也。當所共恤，而都督度支方復執異，非所見之難，直以不同害理也。人心所見既不同，利害之情又有異，軍家之與郡縣，士大夫之與百姓，其意莫有同者，此皆偏其利以忘其害，此理之所以未盡，而事之所以多患也。臣又按，荆河州界中度支所領佃者，州郡大軍雜士，凡用水田七千五百餘頃耳。計三年之儲，不過二萬餘頃。以常理言之，無爲多積無用之水。况於今者水潦瓫溢，大爲灾害，臣以爲宜發明詔，敕刺史二千石，漢氏舊堰及山谷私家小陂，皆當修繕以積水。其諸魏氏以來所造立及諸因雨决溢蒲葦馬腸陂之類，皆决瀝之。長吏二千石躬先勸功，諸食力之人並一時附功令，比及水凍，得粗枯涸。其所修功實之人，皆以俾之。其舊陂堰溝渠當有所補塞者，比尋求微迹，一如漢時故事，早爲部分列上，須冬閒東南休兵交代，各留一月以佐之。夫川瀆有常流，地形有定體，漢氏居人衆多，猶以無患，今因其所患而宣瀉之，跡古事以明近，大理昭然，可坐論而得。臣不勝愚意，甞竊謂最是今日之實益也。’朝廷從之。

“東晋張闓（音開。）爲晋陵内史，時所部四縣並以旱失田，闓乃立曲阿新豐塘，（今丹陽郡丹陽縣界。）溉田八百餘頃，每歲豐稔。葛洪爲其頌，乃徵入拜大司農。”

嘉平四年，[1]關中饑，宣帝表徙冀州農夫五千人佃上邽，[2]興京兆、天水、南安鹽池，[3]以益軍實。青龍元年，開成國渠，自陳倉至槐里築臨晋陂，[4]引汧洛溉舄鹵之地三千餘頃，[5]國以充實焉。正始四年，宣帝又督諸軍伐吴將諸葛恪，[6]焚其積聚，恪棄城遁走。帝因欲廣田積穀，爲兼并之計，乃使鄧艾行陳、項以東，[7]至壽春地。[8]艾以爲田良水少，不足以盡地利，宜開河渠，可以大積軍糧，又通運漕之道。[9]乃著《濟河論》以喻其指。又以爲昔破黄巾，因爲屯田，積穀許都，以制四方。今三隅已定，事在淮南。每大軍征舉，運兵過半，功費巨億，以爲大役。陳蔡之間，土下田良，可省許昌左右諸稻田，并水東下。令淮北二萬人、淮南三萬人分休，且佃且守。水豐，常收三倍於西，計除衆費，歲完五百萬斛以爲軍資。六七年間，可積三千萬斛於淮上，[10]此則十萬之衆五年食也。以此乘敵，無不克矣。宣帝善之，皆如艾計施行。遂北臨淮水，自鍾離而南横石以西，[11]盡泚水四百餘里，[12]五里置一營，營六十人，且佃且守。兼修廣淮陽、百尺二渠，上引河流，下通淮潁，大治諸陂於潁南、潁北，穿渠三百餘里，溉田二萬頃，淮南、淮北皆相連接。自壽春到京師，農官兵田，鷄犬之聲，阡陌相屬。每東南有事，大軍出征，泛舟而下，達於江淮，資食有儲，而無水害，艾所建也。

[1]嘉平四年：中華本校勘記："嘉平四年，司馬懿已死。《五行志》上云，太和四年八月大霖雨，歲以凶饑。此'嘉平'乃'太和'之誤。"

[2]冀州：三國魏治所在信都縣（今河北省衡水市冀州區），西晋移治房子縣（今河北省高邑縣西南）。　上邽：縣名，治所在今甘肅省天水市。

[3]天水：郡名，東漢及三國魏治冀縣（今甘肅省甘谷縣東南），西晋治所在上邽縣（今甘肅省天水市）。　南安：郡名，治所在獂道縣（今甘肅省隴西縣東南）。

[4]陳倉：縣名，治所在今陝西省寶鷄市東渭水北岸。　槐里：縣名，治所在今陝西省興平市東南。　臨晋陂：修築於臨晋縣的陂塘。臨晋縣治所在今陝西省大荔縣東南。

[5]汧：汧水，即今千河，源出陝西省隴縣西北六盤山，東南流至寶鷄市西入渭河。　洛：洛水，即今洛河，源出陝西省藍田縣，流經河南注入黄河。　舄（xì）鹵之地：貧瘠的鹽城地。

[6]諸葛恪：三國時琅邪陽都（今山東省沂南縣南）人，字元遜，諸葛瑾長子，少有才名。歷任孫吴騎都尉、撫越將軍、領丹楊太守、威北將軍、大將軍等職。孫權卒後，輔立孫亮，拜太傅，改善國政，頗得人心。建興二年（253）伐魏失敗，損兵折將，國内怨聲載道。後爲孫峻所殺。

[7]鄧艾：三國時義陽棘陽（今河南省南陽市南）人，字士載。歷任典農綱紀、尚書郎、討寇將軍、汝南太守、兗州刺史等職。平蜀漢有功，官至太尉。後爲鍾會所誣，以檻車徵回京師，中途爲衛瓘所殺。　陳：縣名，治所在今河南省周口市淮陽區。　項：縣名，治所在今河南省沈丘縣。

[8]壽春：縣名，治所在今安徽省壽縣東南。

[9]運漕之道：運輸貨物的水道。運漕即漕運。《通典》卷一〇《食貨》記載先秦至晋漕運説："管子曰：'粟行三百里，則國無一年之積；粟行四百里，則國無二年之積；粟行五百里，則衆有飢色。'孫武曰：'千里饋糧，士有飢色。食敵一鍾，當吾二十鍾。'是言粟不可推移，則糴之者無利，糶之處受害。（按：《禹貢》：'百里賦納總，二百里納銍，三百里納秸服，四百里納粟，五百里米。'

則物重而粗者爲近賦，物輕而精者爲遠賦。若數千百里漕運，其費百倍。）

“秦欲攻匈奴，運糧，使天下飛芻輓粟，（運載芻藁，令疾至，故曰飛芻也。輓粟，謂引車船也。音晚。）起於黄、腄、（直瑞反，又音誰。）琅琊負海之郡，轉輸北河，（黄、腄二縣，並在東萊。言自東萊及琅琊緣海諸郡，皆令轉輸至北河也。黄即今黄縣，腄即今文登縣，並今東牟郡縣。琅琊，今高密琅琊郡地。北河，今朔方之北河也。）率三十鍾而致一石。（六斛四斗爲鍾。計其道路所費，凡用百九十二斛乃得一石。）

“漢興，高皇帝時，漕轉山東之粟，以給中都官，歲不過數十萬石。（謂京師之官府。）

“孝文時，賈誼上疏曰：‘天子都長安，而以淮南東道爲奉地，鐖道數千，不輕致輸，郡或乃越諸侯而遠調均發徵，至無狀也。古者天子之地方千里，中之而爲都，輸將繇使，其遠者不在五百里而至。公侯地百里，中之而爲都，輸將繇使，遠者不在五十里而至。輸者不苦其繇，繇者不傷其費，故遠方人安。及秦，不能分人寸地，欲自有之，輸將起海上而來，一錢之賦，數十錢之費，不輕而致也。上之所得甚少，而人之苦甚多也。’帝不能用。

“孝武建元中，通西南夷，作者數萬人，千里負擔餽糧，率十餘鍾致一石。其後東滅朝鮮，置滄海郡，人徒之費，擬西南夷。又衛青擊匈奴，取河南地，（今朔方之地。）復興十餘萬人築衛朔方，轉漕甚遠，自山東咸被其勞。

“元光中，大司農鄭當時言於帝曰：‘異時關東運粟漕水從渭中上，度六月而罷，而渭水道九百餘里，時有難處。引渭穿渠，起長安，傍南山下，至河三百餘里，徑，易漕，度可三月罷，此損漕省卒。’天子以爲然，發卒穿漕渠以漕運，大便利。

“其後番係言：‘漕從山東西，歲百餘萬石，更底柱之險，敗亡甚多而亦頗費。穿渠引汾，溉皮氏、汾陰下，引河溉汾陰、蒲阪下，（皮氏，今絳郡龍門縣。汾陰、蒲阪，今河東郡寶鼎、河東二縣。）度可得五千頃。故盡河壖棄地，（壖，而緣反，謂緣河邊地。）度可得穀二百萬石以上。穀從渭上，與關中無異，而底柱之東，可無復漕。’天子又以爲然，渠田數歲，河移徙，渠不到，田者不能償種。久之，河東渠田廢。（語在《田制》上篇。）

“其後人有上書，欲通褒斜道（褒、斜，二水名。褒水東流南入沔，今漢中郡褒城縣。斜水北流入渭，今武功縣及扶風郡。）及漕，事下御史大夫張湯。湯聞其事，因言‘抵蜀從故道，多阪迴遠，今穿褒斜道，少阪，近四百里。而褒水通沔，斜水通渭，皆可以行船漕。漕從南陽上沔入褒，褒絕水至斜，間百餘里，以車轉，從斜入渭。如此漢中之穀可致，山東從沔無限，便於底柱之漕。且褒、斜材木竹箭之饒，擬於巴蜀。’天子然之，拜湯子昂爲漢中守，發數萬人作褒斜道五百餘里。道果便近，而水多湍石，不可漕。

“孝宣即位，百姓安土，歲數豐穰，穀石五錢，農人少利。時耿壽昌以善爲算，能商功利，得幸於上。（商，度也。）五鳳中，奏言：‘故事，歲漕關東穀四百萬斛以給京師，用卒六萬人。宜糴三輔、弘農、河東、上黨、太原等郡穀，（三輔，今京兆、扶風、馮翊郡地。弘農，今陝郡地。河東，今河東絳郡、平陽郡地。上黨，今高平、上黨、樂平、平陽、燕城。太原，今太原、西河郡地。）足供京師，可以省關東漕卒過半。’天子從其計。御史大夫蕭望之奏言：‘壽昌欲近糴漕關内之穀，築倉理船，費直二萬萬餘，（萬萬，億也。）有動衆之功，恐生旱氣，人被其災。壽昌習於商功分銖之事，其深計遠慮，誠未足任，宜且如故。’帝不聽，漕事果便。

“魏齊王正始二年，司馬宣王使鄧艾行陳、項以東至壽春。（自今淮陽郡以至於今壽春郡。）艾以爲‘田良水少，不足以盡地利，宜開河渠，可以大積軍糧，又通運漕之道’。宣王從之，乃開廣漕渠，東南有事，興衆泛舟而下，達於江淮。資食有儲而無水害，艾所建也。（語在《屯田》篇。蜀相諸葛孔明出軍至祁山，今扶風縣，始以木牛運。其後又出斜谷，以流馬運。按《亮集》，督軍麗力、杜叡、滿元、胡忠推意作一脚木牛，其法方腹曲頭，一脚四足，頭入領中，舌着於腹。載多而行少，宜住，可大用，不可小使。特行者數十里，群行者二十里。曲者爲牛頭，雙者爲牛脚，横者爲牛領，轉者爲牛足，覆者爲牛背，方者爲牛腹，垂者爲牛舌，曲者爲牛肋，刻者爲牛齒，立者爲牛角，細者爲牛鞅，攝者爲牛鞦鞧。牛御雙轅，人行六尺，牛行四步。載一歲糧，日行二十里，而人不大勞，牛不飲食。……）

“晋武帝泰始十年，鑿陕南山，决河東注洛，以通運漕。雖有此詔，竟未成功。懷帝永嘉元年，修千金堨於許昌，以通運。（堨，烏割反，擁也。）成帝咸和六年，以海賊寇抄，運漕不繼，發王公以下千餘丁，各運米六斛。穆帝時，頻有大軍，糧運不繼，制王公以下十三户共借一人，助度支運。”

[10]淮上：上，殿本作“北”。

[11]鍾離：縣名，治所今安徽省鳳陽縣東北。

[12]沘（bǐ）水：即今淠河，位於今安徽省中部，淮河支流。沘，原本、宋本、殿本作“泚”，據中華本改。

及晋受命，武帝欲平一江表。時穀賤而布帛貴，帝欲立平糴法，[1]用布帛市穀，以爲糧儲。議者謂軍資尚少，不宜以貴易賤。泰始二年，帝乃下詔曰：“夫百姓年豐則用奢，[2]凶荒則窮匱，是相報之理也。故古人權量國用，取羸散滯，[3]有輕重平糴之法。理財鈞施，惠而不費，政之善者也。然此事久廢，[4]天下希習其宜。加以官蓄未廣，言者異同，財貨未能達通其制。更令國寶散於穰歲而上不收，貧弱困於荒年而國無備。豪人富商，挾輕資，蘊重積，以管其利。故農夫苦其業，而末作不可禁也。今者省傜務本，并力墾殖，欲令農功益登，耕者益勸，而猶或騰踴，[5]至於農人並傷。今宜通糴，以充儉乏。[6]主者平議，具爲條制。”然事竟未行。是時江南未平，朝廷厲精於稼穡。四年正月丁亥，帝親耕藉田。[7]庚寅，詔曰：“使四海之内，棄末反本，競農務功，能奉宣朕志，令百姓勸事樂業者，其唯郡縣長吏乎！先之勞之，在於不倦。每念其經營職事，亦爲勤矣。其以中左典牧種草馬，[8]賜縣令長相及郡國丞各一匹。”是歲，乃立常平倉，豐則糴，儉則糶，以利百姓。五年正月癸巳，敕戒郡國計吏、諸郡國守相令長，[9]務盡地利，禁游食商販。其休假者令與父兄同其勤勞，豪勢不得侵役寡弱，私相置名。十月，詔以“司隸校尉石鑒所上，[10]汲郡太守王宏勤恤百姓，[11]導化有方，[12]督勸開荒五千餘頃，遇年普饑而郡界獨無匱乏，可謂能以勸教，時同功異者矣。其賜穀千斛，布告天下”。八年，司徒石苞奏：[13]“州郡農桑未有殿最之制，宜增掾屬令史，有所循行。”帝從之。事見《石苞傳》。苞既明於勸課，百姓安之。十年，光禄勛夏侯和上修新渠、富壽、遊陂三渠，[14]凡溉田千五百頃。

[1]平糴：古代國家备荒政策。《通典》卷一二《食貨》載具有代表性的管仲平糴思想：“太公爲周立九府圜法，（解在《錢幣》篇。）太公退又行之於齊。

“至管仲相桓公，通輕重之權曰：‘歲有凶穰，故穀有貴賤；令有緩急，故物有輕重。（上令急於求米，則民重米；緩於求米，則民輕米。所緩則賤，所急則貴。）人君不理，則畜賈游於市，（謂賈人之多蓄積也。）乘民之不給，百倍其本矣。（給，足也，以十取百。）故萬乘之國必有萬金之賈，千乘之國必有千金之賈者，利有所并也。國多失利，則臣不盡忠，士不盡死矣。計本量委則足矣，（委，積也。）然而民有飢餓者，穀有所藏也。（謂富人多藏穀也。）民有餘則輕之，故人君斂之以輕；民不足則重之，故人君散之以重。（民輕之之時，官爲斂糴；民重之之時，官爲散之。）凡輕重斂散之以時，即準平，守準平，使萬室之邑必有萬鍾之藏，藏鏹千萬；（六斛四斗爲鍾。鏹，錢貫。）千室之邑必有千鍾之藏，藏鏹百萬。春以奉耕，夏以奉耘，（奉謂供奉。）耒耜、器械、種饟、糧食必取贍焉。故大賈畜家不得豪奪吾民矣。'（豪謂輕侮之。）

"管子曰：'夫物多則賤，寡則貴，散則輕，聚則重。人君知其然，故視國之羨（羨，餘也，羊見反。）不足而御其財物。穀賤則以幣與食，布帛賤則以幣與衣，視物之輕重而御之以準，故貴賤可調，而君得其利，則古之理財賦，未有不通其術焉。'（穀賤以幣與食，布帛賤以幣與衣者，'與'當爲'易'，隨其所賤而以幣易取之，則輕重貴賤由君上也。《周易·損卦》六五云：'或益之十朋之龜，弗克違，元吉。'沙門一行注曰：'十朋者，國之守龜，象社稷之臣，能執承順之道，以奉其君。龜之爲物，則生人之重寶，爲國之本，損而奉上，則國以之存；損而益下，則人以之存。言於法，則調盈虛御輕重中和之要，若伊尹、太公、管仲之所執。'夫龜者，上達神祇之情，下乃不言而信於人也。斯故往昔用之爲幣，則一行深知其道矣。）"

[2]年豐：年，原本、宋本作"平"，殿本作"年"，據殿本改。

[3]取羸散滯：羸，殿本作"贏"。

[4]此事久廢：久廢，殿本乙作"廢久"。

[5]騰踴：指穀價上漲。

[6]以充儉乏：乏，原本、宋本作"法"，殿本作"乏"，據殿本、中華本校勘記改。

[7]藉田：古代皇帝親耕之田，每逢春耕前，皇帝躬耕藉田，以示對農業的重視。

［8］典牧：即典牧都尉，西晋置，分設左、中、右三部。掌牧養牲畜。六品。

［9］計吏：即上計吏，地方政府派赴中央呈遞計簿的官員。

［10］石鑒：字林伯，本書卷四四有傳。

［11］汲郡：治所在汲縣（今河南省衛輝市西南）。

［12］導化：導，殿本作“遵”。

［13］司徒：官名，西漢哀帝元壽二年（前 1）改丞相爲大司徒，東漢光武帝時改名爲司徒，東漢末又改爲丞相。三國魏恢復三公制，改丞相爲司徒，管理民政。兩晋沿制，爲八公之一，在太尉之下、司空之上。與丞相通職，一般不並置，爲名譽宰相。一品。《通典》卷二〇《職官》：“司徒，古官。少皞祝鳩氏爲司徒。（司，主也。徒，衆也。）堯時，舜爲司徒。舜攝帝位，命卨爲司徒。卨玄孫之子曰微，亦爲夏司徒。周時，司徒爲地官，掌邦教。（《毛詩·緇衣》，美鄭武公也。父子爲周司徒，善於其職。）秦置丞相，省司徒。漢初因之。至哀帝元壽二年，罷丞相，置大司徒。後漢大司徒主徒衆，教以禮義。凡國有大疑大事，與太尉同。（蔡質《漢儀》曰：‘司徒府與蒼龍闕對，厭於尊者，不敢號府。’應劭曰：‘此不然。丞相舊位在長安時，府有四出門，隨時聽事。明帝本欲依之，迫於太尉、司空，但爲東西門耳。每國有大議，天子車駕親幸其殿。’）建武二十七年，去‘大’，爲司徒公。（鄧禹爲大司徒，封侯，年二十四。靈帝賣官，廷尉崔烈入錢五百萬，以買司徒，其拜日，天子亦臨軒，時人謂烈爲‘銅臭’。）建安末爲相國。魏黄初元年，改爲司徒。（華歆字子魚，爲司徒，家無擔石之儲。詔曰‘司徒，國之俊老。今大官重膳，而司徒蔬食，甚無謂也’。特賜歆及妻、男等衣服。）晋司徒與丞相通職，更置迭廢，未嘗並立。至永嘉元年，始兩置焉。（王衍爲司徒，東海王越爲丞相，始兩置也。陳騫爲司徒，仰理萬機，俯澄邦教。又王戎字濬冲，爲司徒，高選長吏西曹掾，委任責成，常得無爲。又蔡謨字道明，遷司徒，謨固讓曰：‘若我作司徒，將爲後世哂，義不敢拜。’詔數十

下，謨章表十餘上，陳以疾篤。帝臨軒，自旦至申，而徵不至。公卿以蔡公傲無人臣之禮，奏送謨廷尉。謨率子弟詣闕稽顙，詔免爲庶人。謨每嘆曰：‘若使劉王喬得南渡，司徒之美選也。’王喬名疇，少有重名。）”

《唐六典》卷一《三公》：“司徒一人，正一品。（《左傳》云：‘昔少昊氏以鳥名官，祝鳩氏爲司徒。’《尚書》：‘舜命契曰：“百姓不親，五品不遜，汝作司徒，敬敷五教在寬。”’周則爲卿官。《書》云：‘御事：司徒、司空、司馬。’又云：‘司徒掌邦教，敷五典，擾兆人。’秦置丞相，省司徒。漢因之。至哀帝元壽二年，更名大司徒，與大司馬、大司空爲三公。建武元年，以前將軍鄧禹爲大司徒。二十七年，朱祐議：‘契作司徒，禹作司空，並無“大”字。’遂下二府去焉。漢制，司徒所部太僕、鴻臚、廷尉三卿。漢末罷三公，置丞相。魏罷丞相，置三公，以華歆爲司徒。晋以何曾爲司徒。趙王倫篡位，以梁王肜爲丞相，省司徒；肜還，復舊。）”

石苞：字仲容，本書卷三三有傳。

［14］光禄勛：官名，侍從皇帝左右，掌宫廷宿衛。西晋時兼掌原屬少府的一部分宫廷供御事務。三品。《通典》卷二五《職官》：“秦有郎中令，（主郎内諸官，故曰郎中令。）掌宫殿掖門户，漢因之。（石建爲郎中令，奏事，事已下，建省讀，驚曰：‘書馬者，與尾而五，今乃不足一，獲譴死矣！’其謹慎如此。）至武帝太初元年，更名光禄勛。（應劭曰：‘光，明也；禄，爵也；勛，功也。’如淳曰：‘勛之言閽也。閽，古主門之官。光禄主宫門故也。’張安世爲光禄勛，郎有醉，小便殿上，主事行法。安世曰：‘何以知其不覆水也？’郎有淫官婢，婢兄自言，安世曰：‘奴以恚怒，誣污衣冠。’告署擿奴，其隱人過失如此。王莽改光禄勛爲司中。）後漢曰光禄勛，所掌同，典三署郎更直執戟宿衛，考其德行而進退之。（漢東京三署郎有德應四科者，歲舉茂才二人、四行二人。及三署郎罷省，光禄勛猶依舊舉四行衣冠子弟以充之。）郊祀之事，掌三獻。光禄勛居禁中。（如宋之殿中御史。）有獄在殿門外，謂之光禄

外部。兩漢自光禄、太中、中散、諫議等大夫，及謁者僕射、羽林郎、郎中、侍郎，五官、武賁、左右等中郎將，奉車、駙馬二都尉，車、户、騎三將，（如淳曰：‘主車曰車郎，主户衛曰户郎。’）並屬光禄勛。（後漢張湛字子孝，拜光禄勛。光武臨朝，或有惰容，湛輒陳諫其失。常乘白馬，上後見湛，輒曰：‘白馬生且復諫矣。’又杜林字伯山，爲光禄勛，内供奉宿衛，外總三署，周密敬慎，選舉稱平。郎有好學者，輒見誘進，朝夕滿堂，士以此高而慕附。又荀爽爲光禄勛，視事三日，册拜司空。）建安末，復改光禄勛爲郎中令。魏黄初元年，復爲光禄勛。東晋哀帝興寧二年，省光禄勛，併司徒。孝武寧康元年，復置。自魏晋以後，無復三署郎，而光禄不復居禁中，唯外官朝會，則以名到焉。二臺奏劾，則符光禄加禁止，解禁止亦如之。（禁入殿省，光禄主殿門故也。）其宫殿門户，至宋文猶屬焉。”

《唐六典》卷一五《光禄寺》：“光禄寺：卿一人，從三品；（《漢書·百官表》云：‘郎中令，秦官，武帝太初元年，更名光禄勛，掌宫殿門户，秩中二千石。’今雖取其名，職務則别。後漢兼掌郊祀三獻。獻帝末，又改爲郎中令。魏文帝黄初元年，復爲光禄勛。晋光禄勛有署丞、功曹、主簿、五官等員。東晋哀帝興寧二年，省并司徒；孝武帝寧康元年，復置。魏、晋已來無三署郎，光禄勛不復居禁中，宫殿門户猶屬焉。……）少卿二人，從四品上。光禄卿之職，掌邦國酒醴膳羞之事，總太官、珍羞、良醖、掌醢四署之官屬，修其儲備，謹其出納；少卿爲之貳。凡國有大祭祀，則省牲、鑊，視濯、溉。若三公攝祭，則爲之終獻。朝會、燕饗，則節其等差，量其豐約以供焉。”

咸寧元年十二月，詔曰：“出戰入耕，雖自古之常，[1]然事力未息，未嘗不以戰士爲念也。今以鄴奚官奴婢著新城，[2]代田兵種稻，奴婢各五十人爲一屯，屯置司馬，使皆如屯田法。”三年，又詔曰：“今年霖雨過差，又有蟲災。潁川、襄城，[3]自春以來，略不下種，深以爲慮。主者何以爲百姓計，促處當之。”杜預上疏曰：[4]

臣輒思惟，[5]今者水災東南特劇，非但五稼不收，居業并損，下田所在停污，高地皆多磽埆，[6]此即百姓困窮方在來年。雖詔書切告長吏二千石爲之設計，而不廓開大制，[7]定其趣舍之宜，恐徒文具，所益蓋薄。當今秋夏蔬食之時，而百姓已有不贍，前至冬春，野無青草，則必指仰官穀，以爲生命。此乃一方之大事，不可不豫爲思慮者也。臣愚謂既以水爲困，當恃魚菜螺蚌，而洪波泛濫，貧弱者終不能得。今者宜大壞兖、豫州東界諸陂，[8]隨其所歸而宣導之。交令饑者盡得水産之饒，百姓不出境界之内，旦暮野食，此目下日給之益也。水去之後，填淤之田，畝收數鍾。[9]至春大種五穀，五穀必豐，此又明年益也。臣前啓，典牧種牛不供耕駕，至於老不穿鼻者無益於用，而徒有吏士穀草之費，歲送任駕者甚少，尚復不調習，宜大出賣，以易穀及爲賞直。

詔曰：“孳育之物，[10]不宜減散”，事遂停寢。

[1]自古之常：宋本無“之”字。

[2]奚官：奚官局，官署名。隸少府。《資治通鑑》卷七九《晋紀》武帝泰始五年胡三省注：“少府有奚官令，凡男女没入者屬焉。魏以來鄴都又有奚官督。”

[3]襄城：郡名，治所在襄城縣（今河南省許昌市襄城縣）。

［4］杜預：字元凱，本書卷三四有傳。

［5］輒思惟：總是想。輒，總，常常。

［6］磽（qiāo）埆：堅硬而且瘠薄的土地。磽，原本、宋本作“墝”，殿本作“磽”，據殿本改。

［7］廓開大制：闡明大法。

［8］兖：兖州，古九州之一。西漢武帝十三部刺史之一。三國魏治所在廩丘縣（今山東省運城市西北）。惠帝末，兖州闔境淪没於石勒。東晋元帝僑置兖州，治所在京口（今江蘇省鎮江市）。以後陸續治廣陵、盱眙、山陽。下僑置濮陽、濟陰、高平、太山、陳留等郡。安帝時分廣陵郡之建陵、臨江、如皋、寧海、蒲濤五縣置山陽郡，屬南兖州。

［9］鍾：古代容量單位。《左傳・昭公三年》：“齊舊四量：豆、區、釜、鍾。四升爲豆，各自其四，以登於釜。釜十則鍾。”杜預注：“六斛四斗。”

［10］孳育：生息繁殖。

問主者，今典虞右典牧種産牛，[1]大小相通，有四萬五千餘頭。苟不益世用，頭數雖多，其費日廣。古者匹馬匹牛，居則以耕，出則以戰，非如猪羊類也。今徒養宜用之牛，終爲無用之費，甚失事宜。東南以水田爲業，人無牛犢。今既壞陂，可分種牛三萬五千頭，以付二州將吏士庶，使及春耕。穀登之後，頭責三百斛。[2]是爲化無用之費，得運水次成穀七百萬斛，此又數年後之益也。加以百姓降丘宅土，[3]將來公私之饒乃不可計。其所留好種萬頭，可即令右典牧都尉官屬養之。人多畜少，可並佃牧地，明其考課。此又三魏近甸，[4]歲當復入數十萬斛穀，牛又皆當調習，動可駕用，皆今日之可全者也。[5]

[1]典虞：官名，即典虞都尉，主管田獵、牧養馬牛的官。六品。

[2]頭責三百斛：中華本校勘記："《斠注》：'三百斛'當作'二百斛'。以一頭得穀二百斛計之，三萬五千頭正得穀七百萬斛。"

[3]降丘宅土：從山上下來居住平地。

[4]三魏：即古代魏郡地區。西漢置魏郡，後來魏郡分置東西部都尉，故有"三魏"之稱。《元和郡縣圖志》云魏文帝"黄初二年，以廣平、陽平、魏三郡爲三魏"。

[5]中華本將此整個自然段標爲"詔曰"的内容，據文意分析，衹有"孳育之物，不宜減散"爲詔書内容，下面"事遂停寢"顯然不是詔書語言。"問主者"爲杜預問負責典牧的官員。整個自然段仍是杜預上書的内容。中華本標點有誤。

預又言：

諸欲修水田者，皆以火耕水耨爲便。非不爾也，然此事施於新田草萊，與百姓居相絶離者耳。往者東南草創人稀，故得火田之利。自頃户口日增，[1]而陂堨歲决，良田變生蒲葦，人居沮澤之際，水陸失宜，放牧絶種，樹木立枯，皆陂之害也。陂多則土薄水淺，潦不下潤。故每有水雨，輒復横流，延及陸田。言者不思其故，因云此土不可陸種。臣計漢之户口，以驗今之陂處，皆陸業也。其或有舊陂舊堨，則堅完修固，非今所謂當爲人害者也。臣前見尚書胡威啓宜壞陂，[2]其言懇至。[3]臣中者又見宋侯相應遵上便宜，求壞泗陂，徙運道。時下都督、度支共處當，[4]各據所見，不從遵言。臣案遵上事，運道東詣壽春，有舊渠，可不由泗陂。泗陂在遵地界壞地凡萬三千餘頃，傷敗成業。遵縣領應佃二千六百口，可謂至少，而猶患地狹，不足肆力，此皆水之爲害也。當所共恤，而都督、度支方復執異，非所見之難，直以不同害理也。人心所見既不同，利害之情又有異。軍家之與郡縣，士大夫之與百姓，其意莫有同者，此皆偏其利以忘其害者也。此理之所以未盡，而事之所以多患也。

[1]户口：家户和人口。《通典》卷七《食貨》記述先秦至晋歷代户口數："三皇以前尚矣，靡可得而詳也。孔子稱堯曰大哉，舜曰盡善，禹曰無間。以三聖之德，地方不過數千里，故君臣歌德，含氣之類，各得其宜。禹平水土，爲九州，人口千三百五十五萬三千九百二十三。塗山之會，諸侯承唐虞之盛，執玉帛者萬國。男女耕織，不奪其時，故公家有三十年之積，私家有九年之儲。及其衰也，棄稷不務，續有有窮、孔甲之亂，遭桀行暴，諸侯相兼，逮湯受命，其能存者三千餘國，方於塗山，十損其七。其後紂作淫虐，厚賦以實鹿臺，大斂以積巨橋，人庶苦而無憀，天下去之。

"周武王致商之罪，罔有敵於我師，一戎衣天下大定，垂拱而天下治，定五等之封，凡千七百七十三國。又減湯時千三百國，人衆之損亦如之。周公相成王，致理刑措，人口千三百七十萬四千九百二十三，此周之極盛也。及昭王南征不還，穆王荒耄，加以幽之亂，平王東遷，三十餘年。莊王十三年，齊桓公二年，五千里外非天子之御。自太子公侯以下至於庶人，凡千一百八十四萬一千九百二十三人。其後諸侯相并，尚有千二百國。春秋二百四十二年之中，弑君三十六，亡國五十二，諸侯更相征伐，奔走不保社稷者，不可勝數。齊桓救其難，孔子定其文，至於戰國，存者十餘。於是縱橫短長之説，相奪於時，殘人詐力之兵，動以萬計。伊闕之敗，斬首二十四萬。長平之戰，血流漂鹵。周之列國，唯秦、楚、燕而已。齊及三晋，皆以簒亂。衛雖得存，不絶如綫。（音線。）然考蘇、張之説，計秦及山東六國戎卒，尚逾五百餘萬，推人口數尚當千餘萬。

“秦兼諸侯，所殺三分居二，猶以餘力北築長城四十餘萬，南戍五嶺五十餘萬，阿房、驪山七十餘萬。十餘年間，百姓死没，相踵於路。陳、項又肆其酷烈，新安之坑，二十餘萬，彭城之戰，睢水不流。

“漢高帝定天下，人之死傷亦數百萬，是以平城之卒不過三十萬，方之六國，十分無三。孝文偃武修文，與人休息，嘗欲作露臺，召工計之，直百金，曰：‘百金，中人十家之產。吾奉先帝宫室，常恐羞之。’乃止。孝景承平，賦役減省，三十而税一，人人自愛。每有詔命頒下鄉閭，垂白戴老扶疾策杖以聽之，思一見太平。至武帝元狩中，六十餘年，人衆大增，太倉之粟紅腐而不食，都内之錢貫朽而不校。孝武帝乘其資稸，乃厲兵馬以攘戎狄，廓地遐廣，征伐不休，十數年間，天下之衆，亦減半矣。末年追悔，故下哀痛之詔，封丞相富人侯。昭宣之後，罷戰務農，户口漸益。(元帝時，貢禹上書曰：‘古者宫女不過九人，秣馬不過八匹。高祖、孝文、孝景皇帝，修古節儉，宫女不過十餘，厩馬不過百餘匹。故時齊三服官輸物不過十笥。方今齊三服官作工各數千人，歲費數鉅萬。蜀廣漢主金銀器，歲各用五百萬，三工官官費五千萬，織室亦然。厩馬食粟將萬匹。百姓重困，請從省儉。’帝多采納之。）至孝平元始二年，人户千二百二十三萬三千，口五千九百五十九萬四千九百七十八，此漢之極盛也。及王莽簒位，續以更始、赤眉之亂，率土遺黎，十纔二三。

“後漢光武建武中，兵革漸息。至中元二年，户四百二十七萬六百三十四，口二千一百萬七千八百二十。明、章之後，天下無事，務在養民。至於孝和，人户滋殖。桓帝永壽三年，户千六十七萬七千九百六十，口五千六百四十八萬六千八百五十六。靈帝遭黄巾爲寇，獻帝遇董卓稱亂，大焚宫廟，劫御西遷，是以興平、建安之際，海内荒殘，人户所存，十無一二。

“魏武據中原，劉備割巴蜀，孫權盡有江東之地。三國鼎立，戰争不息。（劉備章武元年，有户二十萬，男女口九十萬。）及平蜀，得户二十八萬，口九十四萬，帶甲將士十萬二千，吏四萬，通計户九十四萬三千四百二十三，口五百三十七萬二千八百八十一。除平蜀所得，當時魏氏唯有户六十六萬三千四百二十三，口有四百四十三萬二千八百八十一。（孫權赤烏五年，有户五十二萬，男女口二百三十萬。）

“晋武帝太康元年，平吴，收其圖籍，户五十三萬，吏三萬二千，兵二十三萬，男女口二百三十萬，後宫五千餘人。九州攸同，大抵編户二百四十五萬九千八百四十，口千六百一十六萬三千八百六十三，此晋之極盛也。（蜀劉禪炎興元年，則魏常道鄉公景元四年，歲次癸未，是歲魏滅蜀。至晋武帝太康元年，歲次庚子，凡一十八年。户增九十八萬六千三百八十一，口增八百四十九萬九百八十二。則當三國鼎峙之時，天下通計户百四十七萬三千四百三十三，口七百六十七萬二千八百八十一，以奉三主，斯以勤矣。後趙石勒，據有河北，初文武官上疏，請依劉備在蜀、魏王在鄴故事，魏王即曹公，以河内、魏、汲等十一郡，并前趙國合二十四，户二十九萬爲趙國。前秦苻堅滅前燕慕容暐，入鄴，閲其名籍，户二百四十五萬八千九百六十九，口九百九十八萬七千九百三十五。徙關東豪傑及諸雜夷十萬户於關中。平燕定蜀之稱，僞代之盛也。時關隴清晏，百姓豐樂，自長安至於諸州，二十里一亭，四十里一驛，旅行者取給於途，工商資販於道。）”

［2］尚書：官名，東漢尚書臺六曹各置尚書，秩六百石。魏晋出爲朝官，分掌尚書省諸曹，品秩提高。三品。　胡威：字伯武，

本書卷九〇有傳。

[3]其言懇至：懇，原本、宋本、殿本作“墾”，據中華本改。

[4]都督：指都督地方的軍事行政長官。　度支：官名，即度支都尉，簡稱度支。三國魏置，掌諸軍兵田。職與典農校尉相通。兩晋時置於諸郡，掌財賦會計漕運。魏七品。　共處當：共同決斷。

臣又案，豫州界二度支所領佃者，州郡大軍雜士，凡用水田七千五百餘頃耳，計三年之儲，不過二萬餘頃。以常理言之，無爲多積無用之水，况於今者水潦瓫溢，[1]大爲灾害。臣以爲與其失當，寧瀉之不滀。宜發明詔，敕刺史二千石，其漢氏舊陂舊堨及山谷私家小陂，皆當修繕以積水。其諸魏氏以來所造立，及諸因雨决溢蒲葦馬腸陂之類，[2]皆决瀝之。長吏二千石躬親勸功，諸食力之人並一時附功令，比及水凍，得粗枯涸，其所修功實之人皆以俾之。其舊陂堨溝渠當有所補塞者，皆尋求微迹，一如漢時故事，豫爲部分列上，須冬東南休兵交代，各留一月以佐之。夫川瀆有常流，地形有定體，漢氏居人衆多，猶以無患，今因其所患而宣寫之，迹古事以明近，大理顯然，可坐論而得。臣不勝愚意，竊謂最是今日之實益也。

朝廷從之。

[1]水潦：潦，殿本作“潦”。

[2]蒲葦馬腸陂：指蓄水質量很差的陂塘。

及平吴之後，有司又奏："詔書'王公以國爲家，京城不宜復有田宅。今未暇作諸國邸，當使城中有往來處，近郊有芻藁之田'。[1]今可限之，國王公侯，京城得有一宅之處。近郊田，大國田十五頃，次國十頃，小國七頃。城内無宅城外有者，皆聽留之。"

[1]芻藁之田：供人畜糧草的田地。

又制户調之式：[1]丁男之户，[2]歲輸絹三匹，綿三斤，女及次丁男爲户者半輸。其諸邊郡或三分之二，遠者三分之一。夷人輸賨布，[3]户一匹，遠者或一丈。男子一人占田七十畝，[4]女子三十畝。其外丁男課田五十畝，[5]丁女二十畝，次丁男半之，女則不課。男女年十六已上至六十爲正丁，十五已下至十三、六十一已上至六十五爲次丁，十二已下六十六已上爲老小，[6]不事。[7]遠夷不課田者輸義米，户三斛，遠者五斗，極遠者輸算錢，人二十八文。其官品第一至於第九，各以貴賤占田，品第一者占五十頃，第二品四十五頃，第三品四十頃，第四品三十五頃，第五品三十頃，第六品二十五頃，第七品二十頃，第八品十五頃，第九品十頃。而又各以品之高卑蔭其親屬，多者及九族，少者三世。宗室、國賓、先賢之後及士人子孫亦如之。[8]而又得蔭人以爲衣食客及佃客，品第六已上得衣食客三人，第七第八品二人，第九品及舉輦、[9]迹禽、[10]前驅、[11]由基、[12]强弩司馬，[13]羽林郎、[14]殿中冗從武賁、[15]殿中武賁、[16]持椎斧武騎武賁、[17]持鈒冗從武賁、[18]命中武賁武騎一人。[19]其應有佃客者，官品第一第二者佃客無過五十户，第三品十户，第四品七户，第五品五户，第六品三户，第七品二户，第八品第九品一户。

[1]户調之式：按户徵税的法令。式，法度，法令。

[2]丁男：承擔國家賦役的男子。歷代對男子賦役年齡的規定不同，《通典》卷七《食貨》："漢孝景二年，令天下男子年二十而始傅。（傅音附。傅，著也。著名籍，給公家徭役。）

"晋武帝平吴後，有司奏，男女年十六以上至六十爲正丁；十五以下至十三、六十一以上至六十五爲次丁；十二以下六十六以上爲老、小，不事。"

[3]賨布：秦漢時西南少數民族巴人用以抵税的布匹。

[4]占田：傳統觀點認爲，占田爲西晋的土地制度。如吕振羽先生認爲，土地都是國家所有，西晋占田是國家授予農民的土地。（參見吕振羽《簡明中國通史》，人民出版社 1955 年版，第 222 頁）唐長孺先生認爲"占田"爲國家空洞地准許人民有權占有法令上所規定的田畝。（參見唐長孺《魏晋南北朝史論叢·西晋田制試釋》，河北教育出版社 2000 年版，第 47 頁）近年來有人研究認爲，"男子一人占田七十畝，女子三十畝"的表述衹是作爲"課田令"規定的組成部分存在，而從來未存在過一個獨立的針對民衆的"占田制"或"占田令"。（參見楊國譽、湯惠生《從〈臨澤晋簡〉再看西晋"占田課田制"研究中的幾個問題》，《史學月刊》2013 年第 11 期）

[5]課田：唐長孺先生認爲，課田是督課耕田之意。一般人民自十六歲至六十歲不論你是否自己有田，政府一定要你耕種五十畝（丁女則二十畝），這是所謂"驅民歸農"的意思。（參見唐長孺《魏晋南北朝史論叢·西晋田制試釋》，河北教育出版社 2000 年版，

第47頁）高敏先生認爲，在課田的性質問題上，應當破課田爲田制説，立課田爲税制説。（參見高敏《關於西晋占田、課田制的幾個問題》，《歷史研究》1983年第3期）

[6]十二已下：宋本無“十”字。

[7]不事：不課田。

[8]先賢：先，宋本作“光”。

[9]舉輦：官名，即舉輦司馬，爲皇家抬輦輿的人。《水經注》卷九《蕩水》：“盧綝《四王起事》曰：‘惠帝征成都王穎，戰敗，時舉輦司馬八人，輦猶在肩上，軍人競就殺舉輦者，乘輿頓地，帝傷三矢。’”

[10]迹禽：官名，即迹禽司馬，主探知禽獸踪迹的人。

[11]前驅：官名，即前驅司馬，皇家儀仗的前導，隸屬右衛將軍。

[12]由基：官名，即由基司馬，皇家儀仗隊中的神箭手，隸屬右衛將軍。

[13]强弩：官名，即强弩司馬，皇家儀仗隊中的弓箭手，隸屬右衛將軍。此處由基司馬與强駑司馬職掌同，而名稱有異。

[14]羽林郎：官名，皇帝隨從侍衛。

[15]殿中冗從武賁：官名，即殿中冗從虎賁，負責宫殿内侍衛，位在殿中虎賁上。冗，原本、宋本作“穴”，殿本作“冗”，據殿本改，本卷下同。

[16]殿中武賁：官名，即殿中虎賁。殿内侍衛武職，隸屬左右衛將軍。

[17]持椎斧武騎武賁：官名，持錘和斧的皇帝隨從侍衛。

[18]持鈒冗從武賁：官名，持戟和短矛的皇帝隨從侍衛。

[19]命中武賁武騎：官名，命中督統領的皇帝宿衛侍從。

是時天下無事，賦税平均，[1]人咸安其業而樂其事。

及惠帝之後，政教陵夷，至於永嘉，喪亂彌甚。雍州以東，[2]人多飢乏，更相鬻賣，奔迸流移，不可勝數。幽、[3]并、[4]司、[5]冀、秦、[6]雍六州大蝗，草木及牛馬毛皆盡。又大疾疫，兼以饑饉，百姓又爲寇賊所殺，流尸滿河，白骨蔽野。劉曜之逼，朝廷議欲遷都倉垣，[7]人多相食，饑疫總至，百官流亡者十八九。

[1]賦税：古代國家重要的經濟政策，是國家宏觀管理經濟的重要手段。《通典》卷四、五、六記述了歷代的賦税政策。其總論説："古之有天下者，未嘗直取之於人。其所以制賦税者，謂公田什之一及工商衡虞之入，税以供郊廟社稷、天子奉養、百官禄食也，賦以給車馬甲兵士徒賜予也。言人君唯於田及山澤可以制財賄耳。其工商雖有技巧之作，行販之利，是皆浮食不敦其本，蓋欲抑損之義也。古者，宅不毛有里布，地不耕有屋粟，人無職事出夫家之征。言宅不毛者出一里二十五家之泉，田不耕者出三家之税粟，人雖有間無職事，猶出夫税家税。夫税者謂田畝之税，家税者謂出士徒車輦給繇役也。蓋皆罰其惰，務令歸農。是故歷代至今，猶計田取租税。古者人君上歲役不過三日，是故歷代至今，雖加至二十日，數倍多古制，猶以庸爲名。既免其役，日收庸絹三尺，共當六丈，更調二丈，則每丁壯當兩匹矣。夫調者，猶存古井田調發兵車名耳，此豈直斂人之財者乎！什一者，天下之正中，多乎則大桀小桀，寡乎則大貊小貊。故什一行而頌聲作，二不足而《碩鼠》興。古之聖王以義爲利，不以利爲利，寧積於人，無藏府庫，百姓不足，君孰與足。是故鉅橋盈而殷喪，成皋溢而秦亡。《記》曰：'人散則財聚，財散則人聚。'此之謂也。漢武攘四夷，平百越，邊用益廣，杼軸其空。於是置平糴，立均輸，起漕運，興鹽鐵，開鬻爵，設榷酤，收算緡，納雜税，更造錢幣，蓄貨長財。雖經費獲濟，而下無聊矣。夫文繁則質衰，末盈則本虧，反散淳朴之風，導

成貪叨之行，是以惡其啓端也。賢良文學，辯論甚詳，然處昇平之代，是古則理高；居多務之時，非今則事闕。一臧一否，故悉存焉。”

[2]雍州：古九州之一。曹魏時治所在長安（今陝西省西安市西北）。東晋僑置雍州，治所在襄陽縣（今湖北省襄陽市），僑置京兆、始平、扶風、河南、廣平、義成、北河南等郡。

[3]幽：幽州，古九州之一。西漢武帝十三部刺史之一。治所在薊縣（今北京市西南）。東晋時僑置幽州，治所在三阿城（今江蘇省金湖縣平阿村）。不久廢。

[4]并：并州，古九州之一。西漢武帝十三部刺史之一。治所在晋陽縣（今山西省太原市西南）。東晋僑置并州，治所在今江蘇省南京市。

[5]司：司州，治所在今河南洛陽市。十六國時洛陽陷前趙，東晋在徐州僑置司州，州下僑置弘農、河東等郡。

[6]秦：秦州，西晋置，治所在冀縣（今甘肅省甘谷縣東）。

[7]倉垣：即倉垣亭，位於今河南省開封市西北。

元帝爲晋王，課督農功，詔二千石長吏以入穀多少爲殿最。其非宿衛要任，皆宜赴農，使軍各自佃作，即以爲廩。太興元年，詔曰：“徐、揚二州土宜三麥，[1]可督令熯地，[2]投秋下種，至夏而熟，繼新故之交，於以周濟，所益甚大。昔漢遣輕車使者氾勝之督三輔種麥，[3]而關中遂穰。勿令後晚。”其後頻年麥雖有旱蝗，而爲益猶多。二年，三吴大飢，死者以百數，吴郡太守鄧攸輒開倉廩賑之。[4]元帝時使黄門侍郎虞騤、桓彝開倉廩振給，[5]并省衆役。百官各上封事，後軍將軍應詹表曰：[6]“夫一人不耕，天下必有受其饑者。而軍興以來，[7]征戰運漕，朝廷宗廟，百官用度，既已殷廣，下及工商流寓僮僕不親農桑而游食者，以十萬計。不思開立美利，而望國足人給，豈不難哉！古人言曰，飢寒並至，堯舜不能使野無寇盜；[8]貧富并兼，雖皋陶不能使强不陵弱。[9]故有國有家者，何嘗不務農重穀。近魏武皇帝用棗祗、韓浩之議，[10]廣建屯田，又於征伐之中，分帶甲之士，隨宜開墾，故下不甚勞，而大功克舉也。間者流人奔東吴，東吴今儉，皆已還反。江西良田，曠廢未久，[11]火耕水耨，爲功差易。宜簡流人，興復農官，功勞報賞，皆如魏氏故事，一年中與百姓，二年分税，三年計賦税以使之，公私兼濟，則倉盈庾億，可計日而待也。”又曰：“昔高祖使蕭何鎮關中，[12]光武令寇恂守河内，[13]魏武委鍾繇以西事，[14]故能使八表夷蕩，區内輯寧。今中州蕭條，未蒙疆理，此兆庶所以企望。壽春一方之會，去此不遠，宜選都督有文武經略者，遠以振河洛之形勢，近以爲徐豫之藩鎮，綏集流散，使人有攸依，專委農功，令事有所局。趙充國農於金城，[15]以平西零；[16]諸葛亮耕於渭濱，[17]規抗上國。今諸軍自不對敵，皆宜齊課。”

[1]徐：徐州，古九州之一。西漢武帝十三部刺史之一。東漢治所在郯縣（今山東省郯城縣），三國魏移治彭城縣（今江蘇省徐州市），東晋時改爲北徐州。

[2]熯地：乾旱之地。

[3]昔：宋本作“者”。　氾勝之：西漢人，農學家，在陝西關中平原提倡種麥，所著《氾勝之書》爲古代著名農學著作。　三

輔：京兆尹、左馮翊、右扶風的合稱，相當今陝西省關中地區。

［4］吴郡：治所在吴縣（今江蘇省蘇州市）。　鄧攸：字伯道，本書卷九〇有傳。

［5］元帝：原本、宋本、殿本作“武帝”，據中華本校勘記改。　黄門侍郎：官名，魏晋時爲侍中省或門下省次官。侍從皇帝，顧問應對，多以重臣或外戚子弟擔任，位頗重要。五品。《通典》卷二一《職官》：“門下侍郎。秦官有黄門侍郎，漢因之，（劉向《與子歆書》曰：‘今若年少，得黄門侍郎，要處也。’）與侍中俱管門下衆事，無員。郊廟則一人執蓋，臨軒朝會則一人執麾。凡禁門黄闥，故號黄門；其官給事於黄闥之内，故曰黄門侍郎。初，秦漢别有給事黄門之職，（揚雄爲給事黄門。）後漢併爲一官，故有給事黄門侍郎，掌侍從左右，給事中使，關通中外。及諸王朝見於殿上，引王就座。無員，屬少府。（又《漢舊儀》曰：‘屬黄門令。’）日暮，入對青瑣門拜，故謂之夕郎。（宫闥簿曰：‘青瑣門在南宫。’衛權注《吴都賦》曰：‘青瑣，户邊青鏤也。’）獻帝初即位，置侍中、給事黄門侍郎，員各六人，出入禁中，近侍帷幄，省尚書事。後改給事黄門侍郎爲侍中侍郎，去給事黄門之號，旋復故。初，誅黄門後，侍中、侍郎出入禁闥，機事頗露。由是王允乃奏比尚書，不得出入，不通賓客，自此始。（荀悦爲黄門侍郎。郭況以后弟，小心謙慎，年十六爲黄門侍郎。）魏晋以來，給事黄門侍郎並爲侍衛之官，員四人。（魏杜君名恕，字務伯，爲黄門侍郎，每政有得失，常引綱維以正言。吴孫丞爲黄門侍郎，與顧榮俱爲侍臣。吴歸命詔曰：‘自今以後，用侍郎當如皇室丞、顧榮儔也。’《山公啓事》曰：‘黄門侍郎和嶠，最有才，可爲吏部郎。’詔曰：‘欲令在左右，更求其次。’又曰：‘黄門侍郎荀彧，清和理正，動可觀采，真侍衛之美者。’）”

《唐六典》卷八《黄門侍郎》：“黄門侍郎二人，正四品上。（《晋職官志》云：‘黄門侍郎，秦官也，無常員，掌侍從左右。漢因之，秩六百石。’劉向《誡子歆書》曰：‘今若年少，得黄門侍郎，要處也。’應劭曰：‘黄門侍郎每日暮向青瑣門拜，謂之“夕郎”。’初，秦又有給事黄門之職，漢因之。至後漢，并二官曰給事黄門侍郎，掌侍從左右，關通中外，諸王朝見則引王就坐。至獻帝時，與侍中各置六員，出入禁中，近侍帷幄，省尚書事；後又改爲侍中侍郎，尋復舊，爲給事黄門侍郎。魏氏置四人。東晋桓温奏省二人，後又復舊，所掌與侍中俱，置四人，管門下衆事，與散騎常侍並清華，而代謂之黄散焉。《晋令》云：‘品第五，秩六百石，武冠，絳朝服。’……）黄門侍郎掌貳侍中之職，凡政之弛張，事之與奪，皆參議焉。若大祭祀，則從升壇以陪禮；皇帝盥手，則奉巾以進；既帨，則奠巾於篚，奉匏爵以贊獻。凡元正、冬至天子視朝，則以天下祥瑞奏聞。”

虞駿：字思行，本書卷七六有傳。

桓彝：字茂倫，本書卷七四有傳。

[6]後軍將軍：官名，西晋武帝泰始八年（272）置，與前軍、左軍、右軍將軍合稱四軍將軍。各領兵千人，是護衛皇帝宫禁的主要禁軍將領之一。四品。　應詹：字思遠，本書卷七〇有傳。

[7]以來：以，宋本作“已”。

[8]堯舜不能使野無寇盜：殿本於“堯”前有一“雖”字。

[9]皋陶：又作咎繇，相傳爲堯舜時人，生於曲阜，偃姓。被舜命爲管理刑獄之官。

[10]韓浩：東漢末河内（今河南省沁陽市）人，字元嗣。曹操部將，建議屯田，從征烏桓、張魯，深得曹操信任，歷任中護軍、中領軍等職。

[11]曠廢未久：未，原本、宋本、殿本作“來”，據中華本校勘記改。

[12]蕭何：秦末泗水沛縣豐邑（今江蘇省豐縣）人。隨劉邦起兵反秦。楚漢戰爭中，留守關中，爲前綫籌集糧草。劉邦稱帝後，因功高封酇侯。助吕后誅除韓信，封相國。劉邦死後復事惠帝，死前推薦曹參繼任。

[13]寇恂：東漢上谷昌平（今北京市昌平區東南）人，字子翼。初任郡功曹，新莽敗亡後歸附劉秀，歷任偏將軍、河内太守、潁川太守、汝南太守、執金吾等職。　河内：郡名，治所在野王縣（今河南省沁陽市）。

[14]鍾繇：三國時潁川長社（今河南省長葛市東）人，字元常。東漢建安二年（197），被曹操表爲侍中，守司隸校尉，持節都督關中諸軍事。二十四年，受魏諷謀反牽連，被免官。曹魏文帝時復爲廷尉，官至太傅。古代著名書法家。

[15]趙充國：西漢隴西上邽（今甘肅省天水市）人，字翁叔。武帝時爲騎士，以善騎射補羽林。從李廣利擊匈奴有功，遷車騎將軍長史。昭帝時歷任水衡都尉、後將軍、衛尉等職。　金城：郡名，治所在榆中縣（今甘肅省榆中縣西北）。

[16]西零：即西零羌，漢代羌族的一支。亦泛稱羌人。

[17]諸葛亮：三國時琅邪陽都（今山東省沂南縣南）人，字孔明。東漢末隨叔父諸葛玄依附荆州劉表，隱居躬耕於隆中。後加入劉備集團，協助劉備占領荆州、益州，實現三分之勢。劉備死後輔佐劉禪，南征南中，北伐曹魏，最終病逝於北伐前綫。

咸和五年，成帝始度百姓田，取十分之一，率畝税米三升。六年，以海賊寇抄，運漕不繼，發王公以下餘丁，各運米六斛。是後頻年水灾旱蝗，[1]田收不至。咸康初，算度田税米，空懸五十餘萬斛，[2]尚書褚裒以下免官。[3]穆帝之世，頻有大軍，糧運不繼，制王公以下十三户共借一人，助度支運。升平初，荀羨爲北府都督，[4]鎮下邳，[5]起田於東陽之石鼈，[6]公私利之。哀帝即位，乃減田租，畝收二升。孝武太元二年，除度田收租之制，王公以下口税三斛，唯蠲在役之身。[7]八年，又增税米，口五石。至於末年，天下無事，時和年豐，百姓樂業，穀帛殷阜，幾乎家給人足矣。

[1]是後：是，原本、宋本作“足”，殿本作“是”，據殿本改。

[2]空懸：虧空。

[3]尚書褚裒以下免官：褚裒，字季野，本書卷九三有傳。中華本校勘記：“《成紀》咸康二年‘褚裒’作‘謝褒’。據《褚裒傳》，康帝即位始拜尚書，似作‘謝褒’是。”

[4]荀羨：字令則，本書卷七五有傳。　北府：東晋初指北中郎將府。《世説新語·排調》“郗司空拜北府”注引《南徐州記》：“舊徐州都督以東爲稱，晋氏南遷，徐州刺史加北中郎將，北府之號自此起也。”後習慣稱駐在京口、廣陵的軍府。

[5]下邳：縣名，治所在今江蘇省睢寧縣西北古邳鎮東。

[6]東陽：郡名，治所在長山縣（今浙江省金華市）。　石鱉：縣名，治所在今江蘇省寶應縣西南。

[7]蠲在役之身：蠲，原本、宋本作“不”，殿本作“蠲”，據殿本改。

漢錢舊用五銖，自王莽改革，百姓皆不便之。及公孫述僭號於蜀，[1]童謡曰：“黄牛白腹，五銖當復。”好事者竊言，王莽稱黄，述欲繼之，故稱白腹。五銖漢貨，言漢當復併天下也。至光武中興，除莽貨泉。建武十六年，馬援又上書曰：[2]“富國之本，在於食貨，宜如舊鑄五銖錢。”帝從之。於是復鑄五銖錢，天下以爲便。及章帝時，穀帛價貴，縣官經用不足，[3]朝廷憂之。尚書張林言：[4]“今非但穀貴也，百物皆貴，此錢賤故爾。宜令天下悉以布帛爲租，市買皆用之，封錢勿出，如此則錢少物皆賤矣。又，鹽者食之急也，縣官可自賣鹽，武帝時施行之，名曰均輸。”[5]於是事下尚書通議，尚書朱暉議曰：[6]“王制，天子不言有無，諸侯不言多少，食禄者不與百姓争利。均輸之法，與賈販無異。以布帛爲租，則吏多奸。官自賣鹽，與下争利，非明主所宜行。”[7]帝本以林言爲是，得暉議，因發怒，遂用林言，少時復止。

[1]公孫述：扶風茂陵（今陜西省興平市）人，字子陽。西漢末更始政權蜀郡太守，後自立爲蜀王，旋又稱帝，建都成都，國號成家，建元龍興。後爲劉秀派兵所滅。

[2]馬援：東漢扶風茂陵（今陜西省興平市東北）人，字文淵。先依凉州隗囂，後歸劉秀。歷任隴西太守、伏波將軍，出征交趾、匈奴、烏桓等。六十二歲時率軍征五溪蠻，病逝軍中。

[3]縣官：朝廷，官府。

[4]張林：東漢人，章帝時任真定令，後被舉薦爲尚書。建議恢復西漢武帝所行均輸法。後因貪贓抵罪。

[5]均輸：西漢武帝時所行的經濟政策。由大司農中丞桑弘羊提出並實行。其做法是由大司農部丞數十人分别主管各郡國，於各地置均輸官。各郡國應繳的貢物，按當地市價折算爲當地的土特産品，交給均輸官。一部分運往京城，其餘部分則運往價格較高的地區出售。《通典》卷一一《食貨》：“漢武帝征伐四夷，國用空竭，興利之官自此始也。桑弘羊爲大農中丞，管諸會計事，稍稍置均輸以通貨物矣。（謂諸當所輸於官者，皆令輸其土地所饒，平其所在時價，官更於他處賣之。輸者既便，而官有利。《漢書・百官表》，大司農屬有平準令。）元封元年，弘羊爲治粟都尉，領大農，盡管

天下鹽鐵。以諸官各自市，相與争物，以故騰躍，而天下賦輸或不償其僦費，乃請置大農部丞數十人，分部主郡國，各往往置均輸鹽鐵官，令遠方各以其物如異時商賈所轉販者爲賦，而相灌輸。置平準於京師，都受天下委輸。召工官理車諸器，皆仰給大農。大農諸官盡籠天下之貨物，貴則賣之，賤則買之。如此，富商大賈無所牟大利，（牟，取也。）則反本，而萬物不得騰踴。故抑天下之物，名曰‘平準’。天子以爲然而許之。時南越初置郡，數反，發南方吏卒往誅之，間歲萬餘人。帝數行幸，所過賞賜，用帛百餘萬匹，錢金以鉅萬計，皆取足大農。諸均輸一歲之中，帛得五百萬匹，人不益賦而天下用饒。”

[6]朱暉：東漢初南陽宛縣（今河南省南陽市）人，字文季，與光武帝劉秀爲世交。明帝時拜衛士令、臨淮太守，章帝時爲尚書僕射、尚書令、騎都尉。

[7]明主：主，宋本作“王”。

桓帝時有上書言：[1]“人以貨輕錢薄，故致貧困，宜改鑄大錢。”事下四府群僚及太學能言之士，孝廉劉陶上議曰：[2]

臣伏讀鑄錢之詔，平輕重之議，訪覃幽微，不遺窮賤，是以藿食之人，[3]謬延逮及。蓋以當今之憂，不在於貨，在乎人飢。[4]是以先王觀象育物，敬授民時，使男不逋畝，[5]女不下機，故君臣之道行，王路之教通。由是言之，食者乃有國之所寶，百姓之至貴也。竊以比年已來，良苗盡於蝗螟之口，杼柚空於公私之求。所急朝夕之餐，[6]所患靡鹽之事，[7]豈謂錢之厚薄，銖兩之輕重哉！就使當今沙礫化爲南金，瓦石變爲和玉，使百姓渴無所飲，飢無所食，雖皇羲之純德，唐虞之文明，猶不能以保蕭墻之内也。[8]蓋百姓可百年無貨，不可以一朝有飢，故食爲至急也。議者不達農殖之本，多言鑄冶之便，或欲因緣行詐，以賈國利。國利將盡，取者争競，造鑄之端，於是乎生。蓋萬人鑄之，一人奪之，猶不能給，况今一人鑄之則萬人奪之乎！雖以陰陽爲炭，萬物爲銅，役不食之民，使不飢之士，猶不能足無厭之求也。夫欲民財殷阜，要在止役禁奪，[9]則百姓不勞而足。陛下聖德，愍海内之憂戚，傷天下之艱難，欲鑄錢齊貨，以救其弊，此猶養魚沸鼎之中，栖鳥烈火之上。木水，本魚鳥之所生也，用之不時，必至燋爛。願陛下寬鍥薄之禁，後冶鑄之議也。

帝竟不鑄錢。

[1]桓帝時：桓，原本、宋本、殿本作“和”，據中華本校勘記改。

[2]孝廉：漢代選拔人才的科目。　劉陶：東漢潁川潁陰（今河南省許昌市）人，一名偉，字子奇。少受業洛陽太學，後舉孝廉，歷任侍御史、尚書令、京兆尹、諫議大夫等職。桓帝時被宦官誣害，下獄死。

[3]藿食：吃粗疏的食物。

[4]在乎人飢：乎，殿本作“於”。

[5]逋畝：怠於農事，離開土地。

[6]朝夕之餐：餐，殿本作“食”。

[7]靡盬之事：指無休止的徭役。語出《詩·唐風·鴇羽》：“王事靡盬，不能蓺黍稷。”

［8］蕭墻：皇帝宫室内的矮墻。

［9］止役禁奪：原本、宋本、殿本作“止役役禁奪”，據中華本校勘記删衍字“役”。

及獻帝初平中，董卓乃更鑄小錢，由是貨輕而物貴，穀一斛至錢數百萬。至魏武爲相，於是罷之，還用五銖。是時不鑄錢既久，貨本不多，又更無增益，故穀賤無已。及黄初二年，魏文帝罷五銖錢，使百姓以穀帛爲市。至明帝世，錢廢穀用既久，人間巧僞漸多，競濕穀以要利，作薄絹以爲市，雖處以嚴刑而不能禁也。司馬芝等舉朝大議，[1]以爲用錢非徒豐國，亦所以省刑。今若更鑄五銖錢，則國豐刑省，於事爲便。魏明帝乃更立五銖錢，至晋用之，不聞有所改創。孫權嘉禾五年，[2]鑄大錢一當五百。赤烏元年，又鑄當千錢。故吕蒙定荆州，[3]孫權賜錢一億。錢既太貴，但有空名，人間患之。權聞百姓不以爲便，省息之，鑄爲器物，官勿復出也。私家有者，並以輸藏，平卑其直，勿有所枉。

［1］司馬芝：三國時河内温縣（今河南省温縣西）人，字子華。漢末避亂荆州，後歸曹操。歷任菅縣長、廣平令、甘陵太守、沛郡太守、陽平太守、河南尹等職。官至大司農，卒於官。

［2］孫權嘉禾五年：嘉禾，原本、宋本、殿本作“嘉平”，據中華本校勘記改。

［3］吕蒙：東漢末汝南富陂（今安徽省阜南縣東南）人，字子明。孫吴大將，歷任平北都尉、領廣德長、横野中郎將、廬江太守、左護軍、虎威將軍等職。少不好讀書，後聽孫權勸告，博覽群書。建安二十四年（219）偷襲關羽，占領荆州。旋病卒。

晋自中原喪亂，元帝過江，用孫氏舊錢，輕重雜行，大者謂之比輪，中者謂之四文。吴興沈充又鑄小錢，[1]謂之沈郎錢。錢既不多，由是稍貴。孝武太元三年，詔曰："錢，國之重寶，小人貪利，銷壞無已，監司當以爲意。廣州夷人寶貴銅鼓，而州境素不出銅，聞官私賈人皆於此下貪比輪錢斤兩差重，[2]以入廣州，貨與夷人，鑄敗作鼓。其重爲禁制，得者科罪。"安帝元興中，桓玄輔政，[3]立議欲廢錢用穀帛。孔琳之議曰：[4]

《洪範》八政，[5]貨爲食次，豈不以交易所資，爲用之至要者乎！若使百姓用力於爲錢，則是妨爲生之業，禁之可也。今農自務穀，工自務器，各隸其業，何嘗致勤於錢。[6]故聖王制無用之貨，以通有用之財，既無毁敗之費，又省難運之苦，此錢所以嗣功龜貝，[7]歷代不廢者也。穀帛爲寶，本充衣食，分以爲貨，則致損甚多。又勞毁於商販之手，耗棄於割截之用，此之爲弊，著自於曩。故鍾繇曰，巧僞之人，競濕穀以要利，制薄絹以充資。魏世制以嚴刑，弗能禁也。是以司馬芝以爲用錢非徒豐國，亦所以省刑。錢之不用，由於兵亂積久，自致於廢，有由而然，漢末是也。今既用而廢之，則百姓頓亡其利。今括囊天下之穀，以周天下之食，或倉庫充溢，或糧靡并儲，[8]以相資通，則貧者仰富。致富之道，實假於錢，一朝斷之，便爲棄物。是有錢無糧之人，皆坐而飢困，[9]以此斷之，又立弊也。且據今用錢之處，不以爲貧，用穀之處，不以爲富。又人習來久，革之必惑。語曰“利不百，不易業”，況又錢便於穀邪！魏明帝時錢廢，穀用既久，不以便於人，乃舉朝大議。精才達政之士莫不以宜復用錢，下無異情，朝無異論。彼尚舍穀帛而用錢，足以明穀帛之弊著於已誠也。世或謂魏氏不用錢久，積累巨萬，故欲行之，利公富國，斯殆不然。晋文後舅犯之謀，[10]而先成季之信，[11]以爲雖有一時之勛，不如萬世之益。於時名賢在列，君子盈朝，大謀天下之利害，將定經國之要術。若穀實便錢，義不昧當時之近利，而廢永用之通業，[12]斷可知矣。斯實由困而思革，改而更張耳。近孝武之末，天下無事，時和年豐，百姓樂業，穀帛殷阜，幾乎家給人足，驗之實事，錢又不妨人也。頃兵革屢興，荒饉薦及，[13]飢寒未振，實此之由。公既援而拯之，大革視聽，弘敦本之教，明廣農之科，敬授人時，各從其業，游蕩知反，務末自休，固以南畝競力，[14]野無遺壤矣。於此以往，將升平必至，何衣食之足恤！愚謂救弊之術，無取於廢錢。

朝議多同琳之，故玄議不行。

[1]吴興：郡名，治所在烏程縣（今浙江省湖州市南）。　沈充：字士居，本書卷九八有傳。

[2]皆於此下貪比輪錢斤兩差重：輪，殿本作“輸”。

[3]桓玄：字敬道，本書卷九九有傳。

[4]孔琳之：字彦琳，會稽山陰（今浙江省紹興市）人。好文

義，解音律，能彈棋，妙善草隸。桓玄輔政爲太尉，以爲西閣祭酒。在鑄幣、肉刑、喪禮等問題上多發議論。東晋末任尚書吏部郎、劉裕平西將軍長史、侍中、吴興太守等職。劉宋建立後，任御史中丞、祠部尚書等職。

[5]《洪範》八政：《洪範》爲《尚書》中的篇名。周滅商後，武王向箕子詢問治國方略，箕子陳説八政：一曰食，二曰貨，三曰祀，四曰司空，五曰司徒，六曰司寇，七曰賓，八曰師。

[6]何嘗：嘗，原本、宋本、殿本作“當”，據中華本改。

[7]嗣功龜貝：繼龜殼、貝殼之後發揮貨幣功能。

[8]或糧靡并儲：中華本校勘記：“‘并儲’費解，《通典》八作‘斗儲’。或謂‘并’爲‘缾’之壞字，此用《詩·蓼莪》‘缾之罄矣’義。”

[9]皆坐而飢困：困，原本作“困”，宋本、殿本作“因”。

[10]晋文：晋文公，春秋時晋國國君，名重耳。爲公子時，因獻公欲立寵妾之子奚齊而遭迫害，流亡於外十九年。後由秦軍護送返晋登王位。在位期間改革内政，擴建軍隊，幫助周王室平叛，大敗楚軍於城濮，主持踐土之盟，成爲齊桓公之後的又一霸主。　舅犯：春秋時晋國大夫，名狐偃，字子犯，狐突之子，晋文公重耳之舅父，又稱“舅犯”，或作“咎犯”。

[11]先成季之信：語見《韓非子·難一》：“晋文公將與楚人戰，召舅犯問之，曰：‘吾將與楚人戰，彼衆我寡，爲之奈何？’舅犯曰：‘臣聞之，繁禮君子，不厭忠信；戰陣之間，不厭詐僞。君其詐之而已矣。’文公辭舅犯，因召雍季而問之，曰：‘我將與楚人戰，彼衆我寡，爲之奈何？’雍季對曰：‘焚林而田，偷取多獸，後必無獸；以詐遇民，偷取一時，後必無復。’文公曰：‘善。’辭雍季，以舅犯之謀與楚人戰以敗之。歸而行爵，先雍季而後舅犯。群臣曰：‘城濮之事，舅犯謀也。夫用其言而後其身，可乎？’文公曰：‘此非君所知也。夫舅犯言，一時之權也；雍季言，萬世之利也。’仲尼聞之，曰：‘文公之霸也，宜哉！既知一時之權，又知萬世之利。’”

[12]而廢永用之通業：永，殿本作“求”。

[13]荒饉薦及：灾荒飢餓接連而來。

[14]固以南畝競力：固，殿本作“同”。

晋書　卷二七

志第十七

五行上

夫帝王者，配德天地，叶契陰陽，發號施令，動關幽顯，休咎之徵，[1]隨感而作，故《書》曰：“惠迪吉，從逆凶，惟影響。”[2]昔伏羲氏繼天而王，[3]受《河圖》，[4]則而畫之，八卦是也。禹治洪水，賜《洛書》，[5]法而陳之，《洪範》是也。聖人行其道，寶其真，自天祐之，吉無不利。三五已降，各有司存。爰及殷之箕子，[6]在父師之位，典斯大範。周既克殷，以箕子歸，武王虚己而問焉。箕子對以禹所得《雒書》，授之以垂訓。然則《河圖》《雒書》相爲經緯，八卦、九章更爲表裏。[7]殷道絶，文王演《周易》；[8]周道弊，孔子述《春秋》。[9]奉乾坤之陰陽，效《洪範》之休咎，天人之道粲然著矣。

[1]休咎之徵：吉兆和凶兆。

［2］“惠迪吉”句：語出《尚書·大禹謨》：“禹曰：‘惠迪吉，從逆凶，惟影響。’”孔安國傳：“‘順道吉’從逆凶。吉凶之報，若影之隨形，響之應聲。”

［3］伏羲氏：又作庖犧氏、伏戲、伏犧、包義、犧皇、宓犧等。即太昊，或稱黄熊氏。神話中的人類始祖，八卦創始人。

［4］《河圖》：《周易》卦形之源。《尚書·顧命》：“大玉、夷玉、天球、河圖，在東序。”孔安國傳：“伏犧王天下，龍馬出河，遂則其文以畫八卦，謂之‘河圖’。”

［5］《洛書》：天助禹創作治理天下方法的神書。《尚書·洪範》：“天乃錫禹洪範九疇，彝倫攸叙。”孔安國傳：“天與禹，洛出書。神龜負文而出，列於背，有數至於九。禹遂因而第之以成九類常道。”

［6］箕子：又稱箕伯、箕仁，商紂王兄，名胥余。任太師，因屢諫紂王不被采納，乃披髮裝瘋。武王滅商後，曾對武王談天地之大法。

［7］八卦：《周易》中的八種具有象徵意義的基本圖形，每個圖形分别用陽爻和陰爻組成。八個圖形的名稱是：乾、坤、震、巽、坎、離、艮、兑。分别代表天、地、雷、風、水、火、山、澤八種自然現象。　九章：即《尚書·洪範》所説的“洪範九疇”。

［8］《周易》：儒家經典之一，亦稱《易經》《易》，先秦時期的占卜書。由《經》和《傳》兩部分組成。

［9］《春秋》：儒家經典之一，現存最早的編年史，由孔子根據魯國史官編寫的《魯春秋》並參考周王室及各諸侯國史官的記載修成。後由於各家對其注釋的不同，分爲《春秋左氏傳》《春秋公羊傳》《春秋穀梁傳》三家。

漢興，承秦滅學之後，文帝時，宓生創紀《大傳》，[1]其言五行庶徵備矣。後景武之際，董仲舒治《公羊春秋》,[2]始推陰陽，爲儒者之宗。宣元之間，劉向治《穀梁春秋》,[3]數其禍福，傳以《洪範》,[4]與仲舒多所不同。至向子歆治《左氏傳》,[5]其言《春秋》及五行，又甚乖異。班固據《大傳》,[6]采仲舒、劉向、劉歆著《五行志》，而傳載眭孟、[7]夏侯勝、[8]京房、[9]谷永、[10]李尋之徒所陳行事,[11]訖於王莽，博通祥變，以傳《春秋》。[12]

[1]宓（fú）生：亦作伏生，西漢濟南（今山東省濟南市章丘區南）人，名勝，字子賤。秦博士。秦始皇焚書坑儒，他將《尚書》藏匿於墻壁中，漢朝建立後取出，在齊魯地區傳授。　《大傳》：即《尚書大傳》,《尚書》的最早傳文。舊題西漢伏生傳，但可能是其弟子張生、歐陽生所記師説。宋時已無全本，清人有輯本。

[2]董仲舒：西漢廣川（今河北省景縣廣川鎮）人，少治《春秋》。景帝時任博士，武帝時任江都王相、中大夫。提出“罷黜百家，獨尊儒術”，被武帝采納。主治《公羊春秋》學，宣傳天人感應。　《公羊春秋》:《春秋》三傳之一，相傳爲戰國齊人公羊高所撰。

[3]劉向：西漢沛郡豐（今江蘇省豐縣）人，字子政，楚元王四世孫。曾任諫大夫、散騎宗正給事、光禄大夫等職。撰有《五經通義》《洪範五行傳》等，均已佚。另撰有《列女傳》《説苑》《新序》等存世。　《穀梁春秋》:《春秋》三傳之一，相傳戰國時穀梁赤所撰。

[4]傳以《洪範》：殿本無“傳”字。

[5]歆：劉歆，後改名劉秀，字穎叔，沛郡豐（今江蘇省豐縣）人，劉向之子。漢成帝至平帝時歷任黄門郎、中壘校尉、侍中太中大夫、騎都尉、五原太守、涿郡太守、右曹太中大夫、京兆尹

等職。新莽朝被拜爲國師。因謀殺王莽失敗自殺。

[6]班固：東漢扶風安陵（今陝西省咸陽市東北）人，字孟堅，班彪子。任蘭臺令史，奉命撰寫漢以來的史事，寫成《漢書》。和帝時隨竇憲出擊匈奴。後因竇憲失勢，受牽連而被捕入獄，死於獄中。

[7]眭孟：即眭弘，字孟，西漢魯國蕃（今山東省滕州市）人。以明經爲議郎，任符節令。昭帝元鳳三年（前 78），用《春秋》推算灾異，建議求賢人，被大將軍霍光所惡，以妖言惑衆論罪處死。

[8]夏侯勝：西漢東平（今山東省東平縣）人，字長公。從夏侯始昌學《尚書》《洪範五行傳》，學問精湛，世稱“大夏侯”。昭帝時爲博士、光禄大夫。一度因非議武帝政策而入獄，被赦後復歷任諫大夫、給事中、長信少府、太子太傅等職。

[9]京房：西漢東郡頓丘（今河南省清豐縣西南）人，字君明。本姓李。善治《易》。元帝時多次以灾異推論時政。後被中書令石顯告以誹謗政治罪，下獄死。著作甚多，《漢書》卷三〇《藝文志》著録其《孟氏京房》十一篇、《灾異孟氏京房》六十六篇、《京氏段嘉》十二篇。

[10]谷永：西漢長安（今陝西省西安市西北）人，本名并，字子雲。博學經書，善説灾異。歷任光禄大夫、安定太守、凉州刺史、太中大夫、光禄大夫給事中、北地太守、大司農等職。

[11]李尋：西漢平陵（今陝西省咸陽市西北）人，字子長。治《尚書》，好《洪範》灾異。多次上書以灾異論時政。哀帝時受夏賀良改元易號無驗事牽連，罪減死一等，流徙敦煌。

[12]以傅《春秋》：傅，原本、宋本、殿本作“傳”，據中華本校勘記改。

綜而爲言，凡有三術。其一曰，君治以道，臣輔克忠，萬物咸遂其性，則和氣應，休徵效，國以安。二曰，君違其道，小人在位，衆庶失常，則乖氣應，咎徵效，國以亡。三曰，人君大臣見灾異，退而自省，責躬修德，共禦補過，則消禍而福至。此其大略也。輒舉斯例，錯綜時變，婉而成章，有足觀者。及司馬彪纂光武之後以究漢事，[1]灾眚之説不越前規。[2]今采黄初以降言祥異者，著於此篇。

[1]司馬彪：字紹統，本書卷八二有傳。
[2]灾眚：灾殃，禍患。

《經》曰：[1]“五行：一曰水，二曰火，三曰木，四曰金，五曰土。水曰潤下，火曰炎上，木曰曲直，金曰從革，土爰稼穡。”[2]

[1]《經》：此處之“經”指《尚書》。
[2]爰：同“曰”。

《傳》曰：[1]“田獵不宿，飲食不享，出入不節，奪農時及有奸謀，則木不曲直。”

[1]《傳》：即《尚書大傳》。

説曰：木，東方也。於《易》，地上之木爲《觀》。[1]於王事，威儀容貌亦可觀者也。故行步有佩玉之度，登車有和鸞之節，[2]三驅之制，[3]飲食有享獻之禮；出入有名，使人以時，務在勸農桑，謀在安百姓，如此，則木得其性矣。若乃田獵馳騁，不反宫室；飲食沉湎，不顧法度；妄興傜役，以奪農時；作爲奸詐，以傷人財，則木失其性矣。蓋工匠之爲輪矢者多傷敗，及木爲變怪，是爲不曲直。

［1］《觀》：《漢書》卷二七《五行志上》師古曰："《坤》下《巽》上，《觀》。《巽》爲木，故云地上之木也。"

［2］和鸞：古代車上挂在車前横木上的鈴鐺稱"和"，挂在軛首或車架上的鈴鐺稱"鸞"。《詩·小雅·蓼蕭》："和鸞雝雝，萬福攸同。"毛亨傳："在軾曰和，在鑣曰鸞。"

［3］三驅之制：中華本校勘記："《斠注》：《漢志》上作'田狩有三驅之制'，此似脱'田狩有'三字。"

魏文帝黄初六年正月，雨，木冰。[1]案劉歆説，上陽施不下通，下陰施不上達，故雨，而木爲之冰，雰氣寒，木不曲直也。劉向曰："冰者陰之盛，木者少陽，貴臣卿大夫象也。此人將有害，則陰氣脅木，木先寒，故得雨而冰也。"[2]是年六月，利成郡兵蔡方等殺太守徐質，[3]據郡反。太守，古之諸侯，貴臣有害之應也。一説以木冰爲木介，介者甲兵之象。是歲，既討蔡方，又八月天子自將以舟師征吴，戍卒十餘萬，[4]連旌數百里，臨江觀兵，又屬常雨也。

［1］木冰：木上結冰，即今天所説的冰挂。

［2］故得雨而冰也：中華本從"劉向曰"後至此没用引號。萬

久富認爲，“劉向曰”後至此爲劉向所説之内容，應該標以冒號和引號。（參見萬久富《〈晋書〉點校劄記》，《南通師範學院學報》1999年第3期）

[3]利成郡：即利城郡，治所在利城縣（今江蘇省連雲港市贛榆區青口鎮西古城）。 徐質：三國曹魏人，歷任利城郡守、討蜀護軍等職。

[4]戍卒十餘萬：戍卒，萬久富先生認爲，“戍卒”乃“戍守一方之卒”，於此欠通，疑爲“戎卒”之訛。檢《宋書·五行志》《三國志·文帝紀》並作“戎”，可證。（參見萬久富《〈晋書〉點校劄記》，《南通師範學院學報》1999年第3期）

元帝太興三年二月辛未，雨，木冰。後二年，周顗等遇害，[1]是陽施不下通也。

[1]周顗：字伯仁，本書卷六九有傳。

穆帝永和八年正月乙巳，雨，木冰。是年殷浩北伐，[1]明年軍敗，十年廢黜。又曰，荀羡、殷浩北伐，[2]桓温入關之象也。[3]

[1]殷浩：字深源，本書卷七七有傳。
[2]荀羡：字令則，本書卷七五有傳。
[3]桓温：字元子，本書卷九八有傳。

孝武帝太元十四年十二月乙巳，雨，木冰。明年二月王恭爲北藩，[1]八月庾楷爲西藩，[2]九月王國寶爲中書令，[3]尋加領軍將軍，[4]十七年殷仲堪爲荆州，[5]雖邪正異規，而終同夷滅，是其應也。

[1]王恭：字孝伯，本書卷八四有傳。

[2]庾楷：庾亮之孫，本書卷八四有傳。

[3]王國寶：王坦之第三子，本書卷七五有傳。　中書令：官名，掌收納尚書奏事、傳達皇帝詔旨。三國魏文帝初年分秘書置中書省，設中書監和中書令，職權甚重。三品。

[4]領軍將軍：官名，三國曹丕置，職掌同於中領軍，但任職者資位重於中領軍，簡稱領軍。爲禁衛軍最高統帥，常由皇帝親信或宗室擔任。兩晋沿置。三品。

[5]殷仲堪：本書卷八四有傳。　荆州：三國時曹魏治所在新野縣（今河南省新野縣），孫吴治所在江陵縣（今湖北省江陵縣），西晋統一後治所在江陵縣（今湖北省江陵縣）。

吴孫亮建興二年，[1]諸葛恪征淮南，[2]後所坐聽事棟中折。恪妄興徵役，奪農時，作邪謀，傷國財力，故木失其性致毁折也。及旋師而誅滅，於《周易》又爲“棟橈之凶”也。[3]

[1]孫亮：孫吴少帝，字子明，孫權少子。

[2]諸葛恪：三國時琅邪陽都（今山東省沂南縣南）人，字元遜，諸葛瑾長子，少有才名。歷任孫吴騎都尉、撫越將軍、領丹楊太守、威北將軍、大將軍等職。孫權卒後，輔立孫亮，拜太傅，改善國政，頗得人心。建興二年（253）伐魏失敗，損兵折將，國内怨聲載道。後爲孫峻所殺。

[3]棟橈：屋梁脆弱曲折。《易·大過》：“棟橈，本末弱也。”橈，中華本作“撓”，原本、宋本、殿本作“橈”。

武帝太康五年五月，宣帝廟地陷，梁折。八年正月，太廟殿又陷，改作廟，築基及泉。其年九月，遂更營新廟，遠致名材，雜以銅柱，陳勰爲匠，作者六萬人。至十年四月乃成，十一月庚寅梁又折。天戒若曰，地陷者分離之象，梁折者木不曲直也。明年帝崩，而王室遂亂。

惠帝太安二年，成都王穎使陸機率衆向京都，[1]擊長沙王乂，[2]及軍始引而牙竿折，[3]俄而戰敗，機被誅，穎遂奔潰，卒賜死。此奸謀之罰，木不曲直也。

[1]成都王穎：司馬穎，字章度，本書卷五九有傳。　陸機：字士衡，本書卷五四有傳。

[2]長沙王乂：司馬乂，字士度，本書卷五九有傳。

[3]牙竿：牙旗竿。牙旗，主將主帥大旗，因其飾以象牙，故名。

元帝太興四年，王敦在武昌，[1]鈴下儀仗生華如蓮華，[2]五六日而萎落。此木失其性。干寶以爲狂華生枯木，[3]又在鈴閣之間，言威儀之富，榮華之盛，皆如狂華之發，不可久也。其後王敦終以逆命加戮其尸。一説亦華孽也，[4]於《周易》爲“枯楊生華”。

[1]王敦：字處仲，本書卷九八有傳。　武昌：郡名，治所在武昌縣（今湖北省鄂州市鄂城區）。

[2]鈴下：侍衛、門卒或仆役。

[3]干寶：字令升，本書卷八二有傳。

[4]華孽：花妖，花禍。

桓玄始篡，[1]龍旂竿折。時玄田獵無度，飲食奢恣，土木妨農，又多奸謀，故木失其性。[2]天戒若曰，旂所以挂三辰，[3]章著明也，旂竿之折，高明去矣。玄果敗。

[1]桓玄：字敬道，本書卷九九有傳。

[2]木失其性：性，原本作“姓”，宋本、殿本作“性”，據宋本、殿本改。

[3]三辰：日、月、星。《左傳·桓公二年》：“三辰旂旗，昭其明也。”杜預注：“三辰，日、月、星也。”

《傳》曰：“棄法律，逐功臣，殺太子，以妾爲妻，則火不炎上。”

説曰：火，南方，揚光輝爲明者也。其於王者，南面嚮明而治。《書》云：“知人則哲，能官人。”[1]故堯舜舉群賢而命之朝，遠四佞而放諸野。[2]孔子曰：“浸潤之譖，膚受之愬，不行焉，可謂明矣。”[3]賢佞分别，官人有序，帥由舊章，敬重功勛，殊别嫡庶，如此則火得其性矣。若乃信道不篤，或耀虚僞，讒夫昌，邪勝正，則火失其性矣。自上而降，及濫炎妄起，焚宗廟，燒宫館，雖興師衆，不能救也，是爲火不炎上。

[1]官人：授人以官，即用人。

[2]四佞：即四凶。《左傳·文公十八年》：“舜臣堯，賓於四門，流四凶族渾敦、窮奇、檮杌、饕餮，投諸四裔，以禦螭魅。是

以堯崩而天下如一，同心戴舜以爲天子，以其舉十六相、去四凶也。”

[3]“浸潤之譖”句：語出《論語·颜淵》。意思是水之浸潤，對物的破壞是逐漸的，皮膚受塵，也慢慢地積成垢穢。譖毁之言，如水之浸潤，皮膚受塵，亦漸以成之，使人不覺知也。若能辨其情僞，使譖毁之言不行，可稱爲明德。

魏明帝太和五年五月，清商殿灾。初，帝爲平原王，納河南虞氏爲妃。及即位，不以爲后，更立典虞車工卒毛嘉女爲后。[1]后本仄微，[2]非所宜升，以妾爲妻之罰也。

[1]典虞車工：典虞都尉手下管理車馬小吏。　毛嘉：明帝毛皇后的父親。歷任騎都尉、奉車都尉、光禄大夫等職。

[2]仄微：卑微，低賤。

青龍元年六月，洛陽宫鞠室灾。[1]二年四月，崇華殿灾，[2]延於南閣，繕復之。至三年七月，[3]此殿又灾。帝問高堂隆：[4]“此何咎也？於禮寧有祈禳之義乎？”[5]對曰：“夫灾變之發，皆所以明教誡也，惟率禮修德可以勝之。《易傳》曰：‘上不儉，下不節，孽火燒其室。’又曰：‘君高其臺，天火爲灾。’此人君苟飾宫室，不知百姓空竭，故天應之以旱，火從高殿起也。案《舊占》曰：‘灾火之發，皆以臺榭宫室爲誡。’今宜罷散作役，務從節約，清掃所灾之處，不敢於此有所營造，蓂莆嘉禾必生此地，[6]以報陛下虔恭之德。”帝不從。遂復崇華殿，改曰九龍。以郡國前後言龍見者九，故以爲名。多棄法度，疲衆逞欲，以妾爲妻之應也。

[1]鞠室：古代蹴鞠的區域、場所。

[2]崇華殿：亦稱九龍殿。《三國志》卷三《明帝紀》載，青龍三年（235）洛陽崇華殿灾，命有司復崇華，改名九龍殿。

[3]三年七月：三，殿本作“二”。

[4]高堂隆：三國時泰山平陽（今山東省新泰市西北）人，字升平。東漢建安中任曹操丞相軍議掾，曹魏明帝時任給事中、駙馬都尉、陳留太守、散騎常侍等職。通四經三禮、天文曆法。

[5]祈禳：祈求降福消灾。

[6]萐（shà）莆（fǔ）：古代傳説中預兆祥瑞的草木。班固《白虎通·封禪》：“孝道至，則萐莆生庖厨。萐莆者，樹名也。其葉大於門扇，不摇自扇，於飲食清凉，助供養也。”

吴孫亮建興元年十二月，武昌端門灾，改作端門，又灾内殿。門者，號令所出；殿者，聽政之所。[1]是時諸葛恪執政，而矜慢放肆，孫峻總禁旅，[2]而險害終著。武昌，孫氏尊號所始。天戒若曰，宜除其貴要之首者，恪果喪衆殄人，峻授政於綝，[3]綝廢亮也。或曰，孫權毁徹武昌以增太初宫，諸葛恪有遷都意，更起門殿，事非時宜，故見灾也。京房《易傳》曰：“君不思道，厥妖火燒宫。”

[1]此句中華本標點爲：武昌端門灾，改作，端門又灾。内殿門者，號令所出；殿者，聽政之所。丁福林先生認爲，端門非殿門，所灾又非殿，而以内殿門解釋是時之灾，頗有疑問。此段文意

爲是時之灾，當是先灾端門，改作端門之後，乃又灾内殿。故下文乃以門及殿以釋之。《宋書》卷二三《五行志三》："吴孫亮建興元年十二月，武昌端門灾。改作端門，又灾内殿。案《春秋》魯雉門及兩觀灾。董仲舒以爲天意欲使定公誅季氏，若曰去其高顯而奢僭者也。漢武帝世，遼東高廟灾，其説又同。今此與二事頗類也。且門者，號令所出，殿者，聽政之所。"乃是明證。（参見丁福林《中華書局版〈晋書・五行志〉標點拾誤》，《中國史研究》2007年第2期）

[2]孫峻：三國時吴郡富春（今浙江省杭州市富陽區）人，字子遠，孫堅弟孫静之曾孫。任武衛都尉、侍中。孫權卒後受遺詔輔政。歷任丞相大將軍、督中外諸軍事之職。

[3]孫綝：三國時吴郡富春（今浙江省杭州市富陽區）人，字子通，孫峻從弟。孫峻死後，代爲侍中、武衛將軍，領中外諸軍事、大將軍。廢孫亮立孫休，自爲丞相，一門五侯，權傾人主。後被丁奉、張布所殺。

太平元年二月朔，建鄴火，[1]人之火也。是秋，孫綝始執政，矯以亮詔殺吕據、滕胤。[2]明年，又輒殺朱異。[3]棄法律、逐功臣之罰也。

[1]建鄴：地名，即今江蘇省南京市。

[2]吕據：三國吴汝南細陽（今安徽省太和縣東）人，字世議，吕範之子。任安軍中郎將、偏將軍。孫權病重，委之以後事。孫亮即位，任之爲右將軍、驃騎將軍。因反對孫綝，事敗自殺。滕胤：三國時北海劇縣（今山東省昌樂縣西）人，字承嗣。起家爲丹楊太守，先後任吴郡、會稽太守。孫權病重，與諸葛恪等人受遺詔輔政。孫亮即位後任衛將軍。後因反對孫綝事敗被殺。

[3]朱異：三國時吴郡吴縣（今江蘇省蘇州市）人，將軍朱桓

之子。歷任偏將軍、鎮南將軍等職。

孫休永安五年二月，[1]城西門北樓災。六年十月，石頭小城火，[2]燒西南百八十丈。是時嬖人張布專擅國勢，[3]多行無禮，而韋昭、盛冲終斥不用，[4]兼遣察戰等爲内史，[5]驚擾州郡，致使交趾反亂，[6]是其咎也。

[1]孫休：孫吴景帝，字子烈，孫權第六子。

[2]石頭：石頭城，故址位於今江蘇省南京市清涼山。

[3]張布：三國時孫吴人，孫休時任長水校尉、輔義將軍。孫休卒後與濮陽興多次勸説朱太后立孫皓。後因悔立孫皓被流徙廣州，途中被殺。

[4]韋昭：三國孫吴吴郡雲陽（今江蘇省丹陽市）人，字弘嗣。歷孫權、孫亮、孫休、孫皓四帝，官至中書僕射、侍中，領左國史。因修史書得罪孫皓，下獄被殺。晋避帝諱改名韋曜。　盛冲：三國孫吴人，孫休時任郎中、博士。孫休欲與盛冲講論道藝，張布恐其發己陰失，因進言孫休拒遏之。

[5]察戰：孫吴官名，受皇帝派遣執行專門任務。　内史：官名，西晋武帝太康十年（289）改諸王國相爲内史，掌管民政。五品。周家禄《晋書校勘記》認爲："晋制，以郡爲國，内史治民事，若郡太守。國除爲郡，復稱太守。然二名往往混淆，史家亦互稱之。"

[6]交趾：郡名，治所在龍編縣（今越南社會主義共和國河北省仙游縣東）。

孫皓建衡二年三月，[1]大火，燒萬餘家，死者七百人。案《春秋》齊大災，[2]劉向以爲桓公好内，聽女口，妻妾數更之罰也。時皓制令詭暴，蕩棄法度，勞臣名士，誅斥甚衆，後宮萬餘，女謁數行，[3]其中隆寵佩皇后璽綬者又多矣，故有大火。[4]

[1]孫皓：三國孫吴末代皇帝，字元宗，一名彭祖，字皓宗。天紀四年（280）吴滅降晋，賜號歸命侯。　建衡二年：二，殿本作“元”。

[2]案《春秋》齊大灾：大，原本、宋本、殿本作“火”，據中華本校勘記改。

[3]女謁：請托宫中有權勢的女子辦事。

[4]大火：殿本作“火灾”。

武帝太康八年三月乙丑，震灾西閣楚王所止坊及臨商觀窗。[1]十年四月癸丑，崇賢殿灾。[2]十一月庚辰，[3]含章鞠室、修成堂前廡、景坊東屋、暉章殿南閣火。[4]時有上書曰：“漢王氏五侯，[5]兄弟迭任，今楊氏三公，[6]並在大位，故天變屢見，竊爲陛下憂之。”由是楊珧求退。[7]是時帝納馮紞之間，[8]廢張華之功，[9]聽楊駿之讒，[10]離衛瓘之寵，[11]此逐功臣之罰也。明年，宫車宴駕。其後楚王承竊發之旨，[12]戮害二公，身亦不免。震灾其坊，又天意乎。

[1]臨商觀：《太平御覽》卷一八四《居處部·閣》引《洛陽宫殿簿》：“高平觀南行至清覽觀，高閣六十四間。修齡觀南行至臨商觀，高閣五十五間。”

[2]崇賢殿：洛陽宫殿名，但不見於《晋宫閣名》記載，疑爲後改名。

[3]十一月庚辰：十一月，原本、宋本、殿本作“十月”，據中華本校勘記改。

[4]含章：洛陽宫殿名。《太平御覽》卷一七五《居處部·殿》引《晋宫閣名》：“太極殿十二間，徽音殿、顯陽殿、暉章殿、含章殿、建始殿、仁壽殿、百福殿、清暑殿、章華殿、嘉福殿、宣光殿、修明殿、嘉樂殿、芙蓉殿、崇光殿、華光殿、蔬圃殿、華德殿、九華殿、章陽殿、百兒殿、芳德殿、靈圃殿、承光殿、永寧殿、景福殿、延休殿、百子殿、虞清殿、淵冥殿、安昌殿。”

[5]王氏五侯：西漢成帝時封其外家王譚、王商、王立、王根、王逢時五人皆爲侯，稱王氏五侯。

[6]楊氏三公：指楊駿及弟楊珧、楊濟。史稱三人：“勢傾天下，時人有‘三楊’之號。”

[7]楊珧：字文琚，本書卷四〇有傳。

[8]馮紞：字少胄，本書卷三九有傳。

[9]張華：字茂先，本書卷三六有傳。

[10]楊駿：字文長，本書卷四〇有傳。

[11]衛瓘：字伯玉，本書卷三六有傳。

[12]楚王承竊發之旨：指楚王司馬瑋矯詔殺司馬亮、衛瓘之事。

惠帝元康五年閏月庚寅，武庫火。張華疑有亂，先命固守，然後救火。是以累代異寶，王莽頭，孔子屐，漢高祖斷白蛇劍及二百萬人器械，[1]一時蕩盡。是後愍懷太子見殺之罰也。[2]天戒若曰，夫設險擊柝，[3]所以固其國，儲積戎器，所以戒不虞。今冢嗣將傾，[4]社稷將泯，禁兵無所復施，皇旅又將誰衛。帝后不悟，終喪四海，是其應也。張華、閻纂皆曰：[5]“武庫火而氐羌反，太子見廢，則四海可知。”

[1]二百萬人：殿本作“二百八萬”。

[2]愍懷太子：即司馬遹，字熙祖，本書卷五三有傳。　愍懷太子見殺：原本、宋本、殿本作“愍懷見殺太子”，據中華本改。

[3]擊柝：敲梆子巡夜警戒。《易・繫辭下》：“重門擊柝，以待暴客。”

[4]冢嗣：冢，宋本作“家”。

[5]閻纘：字續伯，本書卷四八有傳。

八年十一月，高原陵火。是時賈后凶恣，[1]賈謐擅朝，[2]惡積罪稔，宜見誅絶。天戒若曰，臣妾之不可者，雖親貴莫比，猶宜忍而誅之，如吾燔高原陵也。帝既眊弱，[3]而張華又不納裴頠、劉卞之謀，[4]故后遂與謐殺太子也。干寶以爲“高原陵火，太子廢之應。漢武帝世，高園便殿火，董仲舒對與此占同”。

[1]賈后：惠帝皇后賈南風，本書卷三一有傳。

[2]賈謐：字長深，本書卷四〇有傳。

[3]眊弱：昏聵懦弱。

[4]裴頠：字逸民，本書卷三五有傳。　劉卞：字叔龍，本書卷三六有傳。

永康元年，帝納皇后羊氏，[1]后將入宫，衣中忽有火，衆咸怪之。永興元年，成都王遂廢后，處之金墉城。[2]是後還立，立而復廢者四。又詔賜死，荀藩表全之。[3]雖來還在位，[4]然憂逼折辱，終古未聞。此孽火之應也。

[1]皇后羊氏：惠帝皇后，名獻容，本書卷三一有傳。

[2]金墉城：三國魏明帝時築。位於今河南省洛陽市東北漢魏洛陽城故址西北角。三面開門，南曰乾光門，東曰含春門，北曰遲門。城内又置西宫，西晋改爲永昌宫。魏晋時被廢的皇帝及后妃都安置於此。城小而固，爲攻占戍守要地。

[3]荀藩：字大堅，本書卷三九有傳。

[4]雖來還在位：來，原本、宋本作“未”，殿本作“來”，據殿本改。

永興二年七月甲午，尚書諸曹火起，延崇禮闥及閣道。[1]夫百揆王化之本，王者棄法律之應也。後清河王覃入嗣，[2]不終於位，又殺太子之罰也。

[1]崇禮闥：《太平御覽》卷一八四《居處部·闥》引《晋宫閣名》：“洛陽宫有崇陽闥、延明闥、通明闥、修雲闥、通福闥、徵音闥、承休闥、玄明闥、玄暉闥、崇禮闥、白藏闥。”

[2]清河王覃：司馬覃，司馬遐之子，本書卷六四有傳。

孝懷帝永嘉四年十一月，襄陽火，[1]燒死者三千餘人。是時王如自號大將軍、司雍二州牧，[2]衆四五萬，攻略郡縣。此下陵上、陽失其節之應也。

[1]襄陽：郡名，東漢建安十三年（208）置，治所在襄陽縣（今湖北省襄陽市），西晋移治宜城縣（今湖北省宜城市南）。

[2]王如：西晋京兆新豐（今陝西省西安市東北）人，初爲州

武吏，西晋末聚流人起兵，自稱大將軍，與石勒結爲兄弟，活動於沔漢一帶。後爲王敦所殺。

元帝太興中，王敦鎮武昌，武昌灾，火起，興衆救之，救於此而發於彼，東西南北數十處俱應，數日不絶。舊説所謂“濫炎妄起，雖興師衆不能救之”之謂也。干寶以爲“此臣而君行，亢陽失節，是爲王敦陵上，[1]有無君之心，故灾也”。

[1]是爲：爲，殿本作“謂”。

永昌二年正月癸巳，京都大火。[1]三月，饒安、東光、安陵三縣火，[2]燒七千餘家，死者萬五千人。

[1]京都：都，殿本作“師”。本卷下文“京都風火大起”同。

[2]饒安：縣名，治所在今河北省鹽山縣西南。　東光：縣名。治所在今河北省東光縣東。　安陵：縣名，治所在今河北省吴橋縣。

明帝太寧元年正月，京都火。是時王敦威侮朝廷，多行無禮，内外臣下咸懷怨毒，極陰生陽也。

成帝咸和二年五月，京師火。

康帝建元元年七月庚申，吴郡灾。[1]

[1]吴郡：治所在吴縣（今江蘇省蘇州市）。

穆帝永和五年六月，震灾石季龍太武殿及兩廟端門。[1]震灾月餘乃滅，金石皆盡。其後季龍死，大亂，遂滅亡。[2]

[1]石季龍：即石虎，字季龍，本書卷一〇六有載記。　太武殿：十六國後趙石虎所修宫殿，故址在鄴城。《鄴中記》載："石虎於魏武故臺立太武殿，窗户宛轉，畫作雲氣，擬秦之阿房，魯之靈光。"太，殿本作"大"。

[2]其後季龍死，大亂，遂滅亡：中華本校勘記："周校：季龍死在震灾之前，'其後'當作'其年'。按：《宋志》三作'是年四月石虎死矣，其後胡遂滅亡'。"

海西公太和中，[1]郗愔爲會稽太守。[2]六月大旱灾，火燒數千家，延及山陰倉米數百萬斛，炎烟蔽天，不可撲滅。此亦桓温强盛，將廢海西，極陰生陽之應也。

[1]海西公：即廢帝司馬奕，字延齡，本書卷八有紀。

[2]郗愔：字方回，本書卷六七有傳。　會稽：郡名，治所在山陰縣（今浙江省紹興市）。

孝武帝寧康元年三月，京都風火大起。是時桓温入朝，志在陵上，少主踐位，人懷憂恐，此與太寧火事同。

太元十年正月，國子學生因風放火，[1]焚房百餘間。是後考課不厲，[2]賞黜無章。蓋有育才之名，而無牧賢之實，[3]此不哲之罰先兆也。

[1]國子學：中央立最高儒學學府，隸屬太常，設國子祭酒、博士、助教。收納貴族子弟。

[2]考課：古代考核官吏政績的制度。根據考核結果分别等差，决定升降賞罰。

[3]牧賢：牧，殿本作“收”。

十三年十二月乙未，延賢堂災。是月丙申，[1]螽斯則百堂及客館、驃騎府庫皆災。[2]於時朝多弊政，衰陵日兆，不哲之罰，皆有象類，主相不悟，終至亂亡。會稽王道子寵幸尼及姏母，各樹用其親戚，乃至出入宫掖，禮見人主。天戒若曰，登延賢堂及客館者多非其人，故災之也。又，孝武帝更不立皇后，寵幸微賤張夫人，夫人驕妒，皇子不繁，乖“螽斯則百”之道，故災其殿焉。道子復賞賜不節，故府庫被災，斯亦其罰也。

[1]丙申：丙，原本、宋本、殿本作“景”。景爲丙的避諱字，以後本卷凡遇此避諱字均徑改，不再出注。

[2]螽斯則百：螽斯、則百皆爲子孫衆多之意。　驃騎府庫：驃騎將軍的府庫。

安帝隆安二年三月，[1]龍舟二乘災，是水沴火也。[2]其後桓玄篡位，帝乃播越。[3]天戒若曰，王者流遷，不復御龍舟，故災之耳。

[1]隆安：隆，宋本作“龍”。

[2]水沴（lì）火：水傷火。

[3]播越：顛沛流離。

元興元年八月庚子，尚書下舍曹火，時桓玄遥録尚書，[1]故天火，示不復居也。三年，盧循攻略廣州，[2]刺史吴隱之閉城固守，[3]其十月壬戌夜，火起。時百姓避寇，盈滿城内，隱之懼有應賊者，但務嚴兵，不先救火。由是府舍焚蕩，燒死者萬餘人，因遂散潰，悉爲賊擒。

[1]録尚書：官名，即録尚書事。初爲職銜名，重臣加此名義始得總知國事，綜理政務，成爲真宰相。魏晋多以公卿權重者居之，總領尚書省政務，凡重號將軍、刺史皆得命曹授用，位在三公之上。

[2]盧循：字于先，小名元龍，本書卷一〇〇有傳。　廣州：治所在番禺縣（今廣東省廣州市）。

[3]吴隱之：字處默，本書卷九〇有傳。

義熙四年七月丁酉，尚書殿中、吏部曹火。[1]九年，京都大火，燒數千家。十一年，京都所在大行火災，吴界尤甚。火防甚峻，猶自不絶。王弘時爲吴郡，[2]晝在聽事，見天上有一赤物下，狀如信幡，遥集路南人家屋上，火即大發。弘知天爲之灾，故不罪火主。此帝室衰微之應也。

[1]尚書殿中、吏部曹：官署名，尚書省殿中曹和吏部曹。殿中曹是尚書六曹之一，長官爲殿中尚書。魏晋時期職掌不詳。北朝管理宫殿禁衛、禮制、宫廷車馬及倉庫等事。吏部曹是尚書六曹之一，長官爲吏部尚書。掌文職官吏的任免考選，兼典法制和武官選舉。

[2]王弘：琅邪臨沂（今山東省臨沂市）人，字休元，王導曾孫。東晋末爲會稽王司馬道子驃騎參軍主簿，後轉爲劉裕鎮軍府諮議參軍。劉宋建立後，歷任尚書僕射、江州刺史、揚州刺史、司徒、録尚書事等職。

《傳》曰："修宫室，飾臺榭，内淫亂，[1]犯親戚，侮父兄，[2]則稼穡不成。"

[1]淫亂：淫，宋本作"滛"。
[2]父兄：宋本作"火兄"，殿本作"兄弟"。

説曰：土，中央，生萬物者也。其於王者，爲内事，宫室、夫婦、親屬，亦相生者也。古者天子諸侯，宫廟大小高卑有制，后夫人媵妾多少有度，九族親疏長幼有序。孔子曰："禮，與其奢也，寧儉。"[1]故禹卑宫室，文王刑於寡妻，[2]此聖人之所以昭教化也。如此，則土得其性矣。若乃奢淫驕慢，則土失其性。亡水旱之灾而草木百穀不熟，是爲稼穡不成。

[1]禮，與其奢也，寧儉：語見《論語·八佾》。
[2]文王刑於寡妻：周文王以禮法對待妻子。《詩·大雅·思齊》："刑於寡妻，至於兄弟，以御於家邦。"鄭玄箋："文王以禮法接待其妻。"寡妻，嫡妻。

吴孫皓時，常歲無水旱，苗稼豐美而實不成，百姓以飢，闔境皆然，連歲不已。吴人以爲傷露，非也。案劉向《春秋説》曰“水旱當書，不書水旱而曰大無麥禾者，土氣不養，稼穡不成”，此其義也。皓初遷都武昌，尋還建鄴，[1]又起新館，綴飾珠玉，壯麗過甚，破壞諸營，增廣苑囿，犯暑妨農，官私疲怠。《月令》，季夏不可以興土功，皓皆冒之。此修宫室飾臺榭之罰也。

[1]尋還建鄴：還，殿本作“遷”。

元帝太興二年，吴郡、吴興、東陽無麥禾，[1]大飢。

[1]吴興：郡名，治所在烏程縣（今浙江省湖州市南）。　東陽：郡名，治所在長山縣（今浙江省金華市）。

成帝咸和五年，無麥禾，天下大飢。

穆帝永和十年，三麥不登。十二年，大無麥。

孝武太元六年，無麥禾，天下大飢。

安帝元興元年，無麥禾，天下大飢。

《傳》曰：“好戰攻，輕百姓，飾城郭，侵邊境，則金不從革。”

説曰：金，西方，萬物既成，殺氣之始也。故立秋而鷹隼擊，秋分而微霜降。其於王事，出軍行師，把旄杖鉞，誓士衆，抗威武，所以征叛逆，止暴亂也。《詩》云：“有虔執鉞，如火烈烈。”[1]又曰：“載戢干戈，[2]載櫜弓矢。”動静應宜，“説以犯難，人忘其死”，[3]金得其性矣。若乃貪欲恣睢，[4]務立威勝，不重人命，則金失其性。蓋工冶鑄金鐵，[5]冰滯涸堅，不成者衆，乃爲變怪，是爲金不從革。

［1］“有虔執鉞”句：形容周武王的威風。虔，牢固。《詩·商頌·長發》：“武王載旆，有虔秉鉞，如火烈烈。”

［2］載戢干戈：周武王巡守而天下咸服，兵器收藏，不再使用。語見《詩·周頌·時邁》。

［3］説以犯難，人忘其死：中華本此句不加引號。此句爲《易·兑卦》的彖辭，《漢書》卷二七《五行志上》加以引用，顔師古注曰：“言以和悦使人，雖犯危難，不顧其生也。《易·兑卦·彖》曰‘説以犯難，人忘其死’，故引之也。”

［4］貪欲恣睢：放任貪欲。

［5］工：殿本作“土”。

魏時張掖石瑞，[1] 雖是晋之符命，而於魏爲妖。好攻戰，輕百姓，飾城郭，侵邊境，魏氏三祖皆有其事。石圖發於非常之文，此不從革之異也。晋定大業，多斃曹氏，石瑞文“大討曹”之應也。按劉歆以《春秋》石言於晋，爲金石同類也。是爲金不從革，失其性也。劉向以爲石白色爲主，屬白祥。

［1］張掖石瑞：傳説司馬氏代替曹魏的徵兆。《三國志》卷三《魏書·明帝紀》注引《魏氏春秋》：張掖郡發現帶圖的石頭，“麒麟在東，鳳鳥在南，白虎在西，犧牛在北，馬自中布列四面，色皆蒼白。其南有五字，曰‘上上三天王’；又曰‘述大金，大討曹，金但取之，金立中，大金馬一匹在中，大吉開壽。’”金爲晋朝的五行，所以，此石爲晋代曹魏的祥瑞之徵。

魏明帝青龍中，盛修宫室，西取長安金狄，[1]承露槃折，聲聞數十里，金狄泣，於是因留霸城。[2]此金失其性而爲異也。

[1]金狄：金人，銅鑄的人像。《文選·張衡〈西京賦〉》："高門有閌，列坐金狄。"李善注："金狄，金人也。"

[2]霸城：縣名，治所在今陝西省西安市東北。

吴時，歷陽縣有巖穿，[1]似印，咸云"石印封發，天下太平"。孫皓天璽元年，印發。又，陽羨山有石穴，[2]長十餘丈。皓初修武昌宫，有遷都之意。是時武昌爲離宫。班固云"離宫與城郭同占"，[3]飾城郭之謂也。其寶鼎三年後，皓出東關，遣丁奉至合肥，[4]建衡三年皓又大舉出華里，[5]侵邊境之謂也。故令金失其性，卒面縛而吴亡。

[1]歷陽縣：治所在今安徽省和縣。　巖穿：巖洞。

[2]陽羨：縣名，治所在今江蘇省宜興市南。

[3]班固云"離宫與城郭同占"：《漢書》卷二七《五行志上》："是時起昌陵，作者數萬人，徙郡國吏民五千餘户以奉陵邑。作治五年不成，乃罷昌陵，還徙家。石鳴，與晋石言同應，師曠所謂'民力彫盡'，傳云'輕百姓'者也。虒祁離宫去絳都四十里，昌陵亦在郊野，皆與城郭同占。"

[4]丁奉：三國時廬江安豐（今河南省固始縣東南）人，字承淵。歷任孫吴偏將軍、冠軍將軍、左將軍、大將軍等職。官至右大司馬左軍師。　合肥：縣名，治所在今安徽省合肥市西。

[5]華里：《資治通鑑》卷七九《晋紀》武帝泰始七年胡三省

注："華里在建業西。"

惠帝元康三年閏二月，殿前六鍾皆出涕，五刻止。前年賈后殺楊太后於金墉城，[1]而賈后爲惡不止，故鍾出涕，猶傷之也。

[1]楊太后：武帝皇后楊芷，本書卷三一有傳。

永興元年，成都伐長沙，每夜戈戟鋒有火光如懸燭。此輕人命，好攻戰，金失其性而爲光變也。天戒若曰，兵猶火也，不戢將自焚。成都不悟，終以敗亡。

懷帝永嘉元年，項縣有魏豫州刺史賈逵石碑，[1]生金可采，[2]此金不從革而爲變也。五月，汲桑作亂，[3]群寇飆起。清河王覃爲世子時，所佩金鈴忽生起如粟者，[4]康王母疑不祥，毁棄之。及後爲惠帝太子，不終於位，卒爲司馬越所殺。[5]

[1]項縣：治所在今河南省沈丘縣。　豫州：曹魏時治所在安城縣（今河南省正陽縣東北），西晋移治陳縣（今河南省周口市淮陽區）。　賈逵：三國時河東襄陵（今山西省臨汾市東南）人，字梁道。歷任澠池令、弘農太守、丞相主簿、諫議大夫、豫州刺史等職。在豫州興修水利惠民，死後吏民追思之，爲刻石立祠。

[2]生金：産生黄金。

[3]汲桑：西晋魏郡（今河北省臨漳縣西南）人，一説平陽（今山西省臨汾市西南）人。與石勒從成都王司馬穎故將公師藩，後自稱大將軍，爲石勒前驅，被乞活田甄攻殺。

[4]生起如粟：吴金華等先生認爲，"起"上疑脱"隱"字。

本書卷六四《清河康王遐附覃傳》“所佩金鈴欻生隱起如麻粟”。把鼓起來的瘤或泡疹狀的東西稱爲“隱起”，是當時俗語。（参見吴金華、吴新江《〈晋書〉辨疑》，《古籍整理研究學刊》2000年第4期）

［5］司馬越：字元超，本書卷五九有傳。

愍帝建興五年，石言於平陽。[1]是時帝蒙塵亦在平陽，[2]故有非言之物而言，妖之大者。俄而帝爲逆胡所弑。

［1］平陽：郡名，治所在平陽縣（今山西省臨汾市西南）。

［2］蒙塵：帝王失位逃亡在外，蒙受風塵。

元帝永昌元年，甘卓將襲王敦，[1]既而中止。及還，家多變怪，照鏡不見其頭，此金失其性而爲妖也。尋爲敦所襲，遂夷滅。

［1］甘卓：字季思，本書卷七〇有傳。

石季龍時，鄴城鳳陽門上金鳳皇二頭飛入漳河。[1]

［1］鄴城：位於今河北省臨漳縣西南，曾是曹魏五都之一。十六國後趙亦都於此。　鳳陽門：《太平寰宇記》卷五五《河北道·相州》：“鳳陽門，鄴城門也。按《記》云：‘魏太祖都之，城内諸街有赤闕，南面西頭曰鳳陽門，上有鳳二枚，其一飛入漳水，其一仍以鎖絆其足。鄴人舊歌曰：鳳陽門南天一半，上有金鳳相飛喚，欲去不去著鎖絆。’”

海西太和中，會稽山陰縣起倉，[1]鑿地得兩大船，滿中錢，錢皆輪文大形。時日向暮，鑿者馳以告官，官夜遣防守甚嚴。至明旦，失錢所在，惟有船存。視其狀，悉有錢處。

[1]山陰縣：治所在今浙江省紹興市。

安帝義熙初，東陽太守殷仲文照鏡不見其頭，[1]尋亦誅翦，占與甘卓同也。

[1]殷仲文：本書卷九九有傳。

《傳》曰："簡宗廟，不禱祠，廢祭祀，逆天時，則水不潤下。"

説曰：水，北方，終藏萬物者也。其於人道，命終而形藏，精神放越。聖人爲之宗廟，以收魂氣，春秋祭祀，以終孝道。王者即位，必郊祀天地，禱祈神祇，望秩山川，[1]懷柔百神，亡不宗事。[2]慎其齋戒，致其嚴敬，是故鬼神歆饗，[3]多獲福助。此聖王所以順事陰氣，和神人也。及至發號施令，亦奉天時。十二月咸得其氣，則陰陽調而終始成。如此，則水得其性矣。若乃不敬鬼神，政令逆時，水失其性。霧水暴出，百川逆溢，壞鄉邑，溺人民，及淫雨傷稼穡，[4]是爲水不潤下。

[1]望秩：按等級望祭。《尚書·舜典》："歲二月，東巡守，至於岱宗，柴，望秩於山川。"孔安國傳："東岳諸侯竟内名山大川，

如其秩次望祭之。謂五岳牲禮視三公，四瀆視諸侯，其餘視伯子男。"

［2］亡：没有，無。

［3］歆饗：神靈享用供品。

［4］淫雨：久下不停的雨。

京房《易傳》曰："顯事者加，[1]誅罰絶理，厥灾水。其水也，雨，殺人，以隕霜，大風天黄。飢而不損，[2]兹謂泰，[3]厥大水，水殺人。避遏有德，[4]兹謂狂，厥水，[5]水流殺人也。已水則地生蟲。歸獄不解，[6]兹謂追非，厥水寒，殺人。追誅不解，兹謂不理，厥水五穀不收。大敗不解，兹謂皆陰，厥水流入國邑，隕霜殺穀。"董仲舒曰：[7]"交兵結仇，伏尸流血，百姓愁怨，陰氣盛，故大水也。"

［1］顯事者加：中華本校勘記："《漢志》上作'顯事有知'。"

［2］飢而不損：饥荒之年不減損膳食。

［3］兹謂泰：這叫作奢侈。泰，奢侈。

［4］避遏有德：壓制棄用有德之人。

［5］厥水：吴金華等先生認爲"厥"下脱"灾"字。此文引自京房《易傳》，《漢書》《後漢書》《宋書》《隋書》諸書《五行志》均爲"厥灾水"。（參見吴金華、吴新江《〈晋書〉辨疑》，《古籍整理研究學刊》2000年第4期）

［6］歸獄不解：獄訟不止。

［7］董仲舒：殿本無"董"字。

魏文帝黄初四年六月，大雨霖，伊洛溢，[1]至津陽城門，[2]漂數千家，殺人。初，帝即位，自鄴遷洛，營造宫室，而不起宗廟。太祖神主猶在鄴，嘗於建始殿饗祭如家人禮，終黄初不復還鄴。又郊社神祇，未有定位。此簡宗廟廢祭祀之罰也。

[1]伊：伊水，在今河南省境内，發源欒川縣西伏牛山，東北流至偃師市西南入洛河。　洛：洛水，即今洛河，源出陝西省藍田縣，流經河南注入黄河。

[2]津陽城門：即津陽門。《資治通鑑》卷八六《晋紀》懷帝永嘉二年胡三省注："津陽門，洛陽城南面東頭第二門。"

吴孫權赤烏八年夏，茶陵縣鴻水溢出，[1]漂二百餘家。十三年秋，丹楊、故鄣等縣又鴻水溢出。[2]案權稱帝三十年，竟不於建鄴創七廟。[3]惟父堅一廟遠在長沙，[4]而郊祀禮闕。嘉禾初，群臣奏宜郊祀，又不許。末年雖一南郊，[5]而北郊遂無聞焉。[6]吴楚之望亦不見秩，[7]反祀羅陽妖神，[8]以求福助。天戒若曰，權簡宗廟，不禱祠，廢祭祀，故示此罰，欲其感悟也。

[1]茶陵縣：治所在今湖南省茶陵縣東。

[2]丹楊：縣名，治所在今安徽省馬鞍山市小丹陽鎮。　故鄣：縣名，治所在今浙江省安吉縣安城鎮西北。

[3]七廟：古代禮制，天子七廟。魏晋南北朝以前，無嚴格意義的皇家七廟制度。三國以後鄭玄、王肅又對七廟制度有各自的解釋。鄭玄認爲七廟包括始祖、二祧、兩昭、兩穆。王肅認爲是太祖、二祧、兩昭、兩穆。實踐中按照王肅主張立七廟的居多。

[4]長沙：郡名，治所在臨湘縣（今湖南省長沙市）。

[5]南郊：祭天神。

[6]北郊：祭地神

[7]吴楚之望亦不見秩：吴楚地方的山川之神排不進祭祀的秩序。望，殿本作“廟”。

[8]羅陽妖神：《三國志》卷四七《吴書·吴主傳》載：“初，臨海羅陽縣有神，自稱王表。周旋民間，語言飲食，與人無異，然不見其形。又有一婢，名紡績。是月，遣中書郎李崇賫輔國將軍羅陽王印綬迎表。表隨崇俱出，與崇及所在郡守、令、長談論，崇等無以易。所歷山川，輒遣婢與其神相聞。秋七月，崇與表至，權於蒼龍門外爲立第舍，數使近臣賫酒食往。表説水旱小事，往往有驗。羅陽，地名，在今浙江省瑞安市。

太元元年，又有大風涌水之異。[1]子是冬，權南郊，宜是鑒咎徵乎！還而寢疾，明年四月薨。一曰，權時信納譖訴，雖陸遜勛重，[2]子和儲貳，[3]猶不得其終，與漢安帝聽讒免楊震、廢太子同事也。[4]且赤烏中無年不用兵，百姓愁怨。八年秋，將軍馬茂等又圖逆。

[1]又有大風涌水之異：殿本於“又”前有“吴”字。

[2]陸遜：三國時吴郡吴縣（今江蘇省蘇州市）人，本名義，字伯言，孫策女婿。早年爲孫權幕僚，後歷任屯田都尉、定威校尉。吴蜀夷陵之戰中任大都督，大敗蜀軍於猇亭，因功加拜輔國將軍，領荆州牧。後見孫權寵魯王孫霸，疏太子，便上書勸諫，反被孫權斥責，憤恚而死。

[3]儲貳：皇位繼承人。

[4]“漢安帝聽讒免楊震”句：《後漢書》卷一五《來歙附來歷傳》：“中常侍樊豐與大將軍耿寶、侍中周廣、謝惲等共讒陷太尉楊震，震遂自殺。”

魏明帝景初元年九月，淫雨，冀、兖、徐、豫四州水出，[1]没溺殺人，漂失財産。帝自初即位，便淫奢極欲，多占幼女，或奪士妻，崇飾宫室，妨害農戰，觸情恣欲，至是彌甚，號令逆時，飢不損役。此水不潤下之應也。

[1]冀：冀州，古九州之一。西漢武帝十三部刺史之一。三國魏治所在信都縣（今河北省衡水市冀州區），西晋移治房子縣（今河北省高邑縣西南）。　兖：兖州，古九州之一。西漢武帝十三部刺史之一。三國魏治所在廩丘縣（今山東省鄆城縣西北）。惠帝末，兖州闔境淪没於石勒。東晋元帝僑置兖州，治京口（今江蘇省鎮江市）。　徐：徐州，古九州之一。西漢十三部刺史之一。東漢治所在郯縣（今山東省郯城縣），三國魏移治彭城縣（今江蘇省徐州市），東晋時改爲北徐州。

吴孫亮五鳳元年夏，大水。亮即位四年，乃立權廟。又終吴世不上祖宗之號，不修嚴父之禮，昭穆之數有闕。[1]亮及休、皓又並廢二郊，不秩群神。此簡宗廟不祭祀之罰也。又，是時孫峻專政，陰勝陽之應乎！

[1]昭穆：古代宗法制度，宗廟或宗廟中神主的排列次序，始祖居中，以下父子（祖、父）遞爲昭穆，左爲昭，右爲穆。《周禮·春官·小宗伯》："辨廟祧之昭穆。"鄭玄注："父曰昭，子曰穆。"

孫休永安四年五月，大雨，水泉涌溢。昔歲作浦里塘，[1]功費無數，而田不可成，士卒死叛，或自賊殺，百姓愁怨，陰氣盛也。休又專任張布，退盛冲等，吴人賊之應也。

[1]浦里塘：三國吴永安三年（260）興建，位於今安徽省當塗縣大官圩南部。

五年八月壬午，大雨震電，水泉涌溢。

武帝泰始四年九月，青、徐、兖、豫四州大水。[1]七年六月，大雨霖，河、洛、伊、沁皆溢，[2]殺二百餘人。自帝即尊位，不加三后祖宗之號。泰始二年又除明堂南郊五帝座，[3]同稱昊天上帝，一位而已。又省先后配地之祀。此簡宗廟廢祭祀之罰也。

[1]青、徐、兖、豫四州大水：原本、宋本、殿本“青”下有“州”字，據中華本校勘記删。

[2]沁：沁水，即今沁河。源出山西省沁源縣北，南流至河南省武陟縣東南入黄河。

[3]五帝：古代所祭五方天帝。《周禮·春官·小宗伯》：“兆五帝於四郊。”鄭玄注：“五帝，蒼曰靈威仰，大昊食焉；赤曰赤熛怒，炎帝食焉；黄曰含樞紐，黄帝食焉；白曰白招拒，少昊食焉；黑曰汁光紀，顓頊食焉。”

咸寧元年九月，徐州大水。二年七月癸亥，河南、魏郡暴水，[1]殺百餘人。閏月，荆州郡國五大水，流四千餘家。去年采擇良家子女，露面入殿，帝親簡閲，務在姿色，不訪德行，有蔽匿者以不敬論，搢紳愁怨，天下非之，陰盛之應也。

［1］河南：郡名，治所在洛陽縣（今河南省洛陽市東北）。魏郡：治所在鄴縣（今河北省臨漳縣西南）。

三年六月，益、梁二州郡國八暴水，[1]殺三百餘人。七月，荆州大水。九月，始平郡大水。[2]十月，[3]青、徐、兖、豫、荆、益、梁七州又大水。是時賈充等用事專恣，[4]而正人疏外者多，陰氣盛也。

［1］益：州名，西漢武帝十三部刺史之一。治所在成都縣（今四川省成都市）。　梁：梁州，古九州之一。三國曹魏治所在沔陽縣（今陝西省勉縣東），西晋移治南鄭縣（今陝西省漢中市東）。

［2］始平郡：治所在槐里縣（今陝西省興平市）。

［3］十月：殿本無此二字。

［4］賈充：字公閭，本書卷四〇有傳。

四年七月，司、冀、兖、豫、荆、楊郡國二十大水，[1]傷秋稼，壞屋室，有死者。

［1］楊：即揚州，三國魏、吴各置揚州，魏治所在壽春縣（今安徽省壽縣），吴治所在建業縣（今江蘇省南京市）。西晋統一後復合，治所在建鄴縣（今江蘇省南京市）。殿本作“揚”。

太康二年六月，泰山、江夏大水，[1]泰山流三百家，殺六十餘人，江夏亦殺人。時平吴後，王濬爲元功而詆劾妄加，[2]荀、賈爲無謀而並蒙重賞，[3]收吴姬五千，納之後宫，此其應也。

［1］泰山：郡名，治所在奉高縣（今山東省泰安市東）。　江夏：郡名，三國魏治所在上昶城（今湖北省雲夢縣），西晋移治安陸縣（今湖北省安陸市西南）。

［2］王濬：字士治，本書卷四二有傳。

［3］荀：荀勖，字公曾，本書卷三九有傳。

四年七月，兖州大水。十二月，河南及荆、揚六州大水。五年九月，郡國四大水，又隕霜。是月，南安等五郡大水。[1]六年四月，郡國十大水，壞廬舍。七年九月，郡國八大水。八年六月，郡國八大水。

［1］南安：郡名，治所在獂道縣（今甘肅省隴西縣東南）。

惠帝元康二年，有水災。五年五月，潁川、淮南大水。[1]六月，城陽、東莞大水，[2]殺人，荆、揚、徐、兖、豫五州又水。是時帝即位已五載，猶未郊祀，其蒸嘗亦多不親行事。[3]此簡宗廟廢祭祀之罰。

［1］潁川：郡名，治所在許昌縣（今河南省許昌市東）。　淮南：郡名，治所在壽春縣（今安徽省壽縣）。

［2］城陽：郡國名，西漢文帝改城陽郡置，治所在莒縣（今山東省莒縣）。　東莞：郡名，西晋置，治所在東莞縣（今山東省沂水縣）。

［3］蒸嘗：本指秋冬二祭。後亦泛稱祭祀。

六年五月，荆、揚二州大水。是時賈后亂朝，寵樹賈郭，[1]女主專政，陰氣盛之應也。

[1]寵樹賈郭：賈后之族兄賈模、賈后的從舅郭彰，分别任侍中和右衛將軍，並以才望居位，與楚王司馬瑋、東安公司馬繇分掌朝政。

八年五月，金墉城井溢。《漢志》，成帝時有此妖，[1]後王莽僭逆。今有此妖，趙王倫篡位，[2]倫廢帝於此城，井溢所在，其天意也。九月，荆、揚、徐、冀、豫五州大水，是時賈后暴戾兹甚，韓謐驕猜彌扇，[3]卒害太子，旋以禍滅。九年四月，宫中井水沸溢。

[1]有此妖：宋本無“有”字。

[2]趙王倫：司馬倫，字子彝，本書卷五九有傳。

[3]韓謐：即賈謐，字長深，本書卷四〇有傳。　驕猜彌扇：驕横猜忌越來越厲害。

永寧元年七月，南陽、東海大水。[1]是時齊王冏專政，[2]陰盛之應也。

[1]南陽：郡名，治所在宛縣（今河南省南陽市）。　東海：郡名，治所在郯縣（今山東省郯城縣北）。

[2]齊王冏：司馬冏，字景治，本書卷五九有傳。

太安元年七月，兗、豫、徐、冀四州水。時將相力政，無尊主心，陰盛故也。

孝懷帝永嘉四年四月，江東大水。時王導等潛懷翼戴之計，[1]陰氣盛也。

[1]王導：字茂弘，本書卷六五有傳。

元帝太興三年六月，大水。是時王敦内懷不臣，傲很陵上，[1]此陰氣盛也。四年七月，又大水。

[1]傲很：很，殿本作“狠”。

永昌二年五月，荆州及丹楊、宣城、吴興、壽春大水。[1]

[1]丹楊：郡名，治所在建鄴縣（今江蘇省南京市）。　宣城：郡名，治所在宛陵縣（今安徽省宣城市）。楊，殿本作“陽”，本卷下文“丹楊”同。　壽春：縣名，治所在今安徽省壽縣東南。

明帝太寧元年五月，丹楊、宣城、吴興、壽陽大水。[1]是時王敦威權震主，陰氣盛故也。

[1]“永昌二年五月”至“明帝太寧元年五月，丹楊、宣城、吴興、壽陽大水”：中華本校勘記：“《校文》：永昌止一年，此‘永昌二年’云云，即太寧元年事，誤分爲二。”壽陽，殿本作“壽春”。

成帝咸和元年五月，大水。是時嗣主幼沖，母后稱制，[1]庾亮以元舅決事禁中，[2]陰勝陽故也。

[1]母后：明帝皇后庾文君，本書卷三二有傳。　稱制：代行皇帝職權。

[2]庾亮：字元規，本書卷七三有傳。

二年五月戊子，京都大水。是冬，以蘇峻稱兵，[1]都邑塗地。

[1]蘇峻：字子高，本書卷一〇〇有傳。

四年七月，丹楊、宣城、吴興、會稽大水。是冬，郭默作亂，[1]荆豫共討之，半歲乃定，兵役之應也。

[1]郭默：本書卷六三有傳。

七年五月，大水。是時帝未親機務，政在大臣，陰勝陽也。

咸康元年八月，長沙、武陵大水。[1]

[1]武陵：郡名，治所在臨沅縣（今湖南省常德市）。

穆帝永和四年五月，大水。五年五月，大水。六年五月，又大水。時幼主沖弱，[1]母后臨朝，又將相大臣各執權政，與咸和初同事也。

[1]冲弱：幼弱。

七年七月甲辰夜，濤水入石頭，死者數百人。是時殷浩以私忿廢蔡謨，[1]遐邇非之。又幼主在上而殷、桓交惡，[2]選徒聚甲，各崇私權，陰勝陽之應也。一説，濤水入石頭，以爲兵占。是後殷浩、桓温、謝尚、荀羡連年征伐，[3]百姓愁怨也。

[1]蔡謨：字道明，本書卷七七有傳。

[2]殷、桓交惡：指殷浩與桓温之間關係惡化。

[3]謝尚：字仁祖，本書卷七九有傳。

升平二年五月，大水。五年四月，又大水。是時桓温權制朝廷，專征伐，陰勝陽也。

海西太和六年六月，京師大水，平地數尺，浸及太廟。[1]朱雀大航纜斷，[2]三艘流入大江。丹楊、晋陵、吴郡、吴興、臨海五郡又大水，[3]稻稼蕩没，黎庶饑饉。初，四年桓温北伐敗績，十喪其九，五年又征淮南，逾歲乃克，百姓愁怨之應也。

[1]浸及太廟：及，殿本作“入”。

[2]朱雀大航：即朱雀橋，又稱朱雀桁。六朝都城建康南城門朱雀門外的浮橋，横跨秦淮河上。三國吴時稱南津橋，晋改名朱雀桁。桁爲連船而成，長九十步，廣六丈。因在臺城南，又稱“南航”。秦淮河上二十四航，此爲最大，又稱“大航”。

[3]晋陵：郡名，治所在京口（今江蘇省鎮江市）。　臨海：郡名，三國吴置，治所在臨海縣（今浙江省臨海市），尋移置章安

縣（今浙江省臨海市東南）。

簡文帝咸安元年十二月壬午，濤水入石頭。明年，妖賊盧竦率其屬數百人入殿，[1]略取武庫三庫甲仗，游擊將軍毛安之討滅之，[2]兵興陰盛之應也。

[1]妖賊：妖，原本、宋本、殿本作“祅”，據中華本改。　盧竦：中華本校勘記：“《海西公紀》《孝武紀》《毛安之傳》及《通鑑》一〇三並作‘盧悚’。”

[2]游擊將軍：官名，禁軍將領，與驍騎將軍分領命中虎賁，掌宿衛之任。隸屬中領軍（領軍將軍）。四品。　毛安之：字仲祖，本書卷八一有傳。

孝武帝太元三年六月，大水。是時帝幼弱，政在將相。五年五月，大水。六年六月，揚、荆、江三州大水。[1]八年三月，始興、南康、廬陵大水，[2]平地五丈。十年五月，大水。自八年破苻堅後，[3]有事中州，役無寧歲，愁怨之應也。

[1]江：江州，治所在南昌縣（今江西省南昌市）。

[2]始興：郡名，治所在曲江縣（今廣東省韶關市東南蓮花嶺下）。　南康：郡名，西晋治所在雩都縣（今江西省于都縣東北），東晋永和五年（349）移治贛縣（今江西省贛州市西南）。　廬陵：郡名，治所在石陽縣（今江西省吉水縣東北）。

[3]苻堅：字永固，本書卷一一三有傳。苻，原本、宋本作“符”，殿本作“苻”，據其載記、殿本改。

十三年十二月，濤水入石頭，毁大航，殺人。明年，慕容氏寇擾司、兖，鎮戍西北，疲於奔命，愁怨之應也。

十五年七月，沔中諸郡及兖州大水。是時緣河紛争，征戍勤悴之應也。

十七年六月甲寅，濤水入石頭，毁大航，漂船舫，有死者。京口西浦亦濤入殺人。[1]永嘉郡潮水涌起，[2]近海四縣人多死。後四年帝崩，而王恭再攻京師，京師亦發衆以禦之，兵役頻興，百姓愁怨之應也。

[1]京口：地名，即今江蘇省鎮江市。

[2]永嘉郡：治所在永寧縣（今浙江省温州市）。

十八年六月己亥，始興、南康、廬陵大水，深五丈。十九年七月，荆徐大水，傷秋稼。二十年六月，荆徐又大水。二十一年五月癸卯，大水。是時政事多弊，兆庶非之。

安帝隆安三年五月，荆州大水，平地三丈。去年殷仲堪舉兵向京師，是年春又殺郗恢，[1]陰盛作威之應也。仲堪尋亦敗亡。

[1]郗恢：字道胤，本書卷六七有傳。

五年五月，大水。是時會稽王世子元顯作威陵上，[1]又桓玄擅西夏，孫恩亂東國，[2]陰勝陽之應也。

[1]元顯：司馬元顯，司馬道子之子，本書卷六四有傳。

[2]孫恩：字靈秀，本書卷一〇〇有傳。

元興二年十二月，桓玄篡位。其明年二月庚寅夜，濤水入石頭。商旅方舟萬計，漂敗流斷，骸胔相望。江左雖頻有濤變，未有若斯之甚。三月，義軍克京都，玄敗走，遂夷滅之。三年二月己丑朔夜，濤水入石頭，漂没殺人，大航流敗。

義熙元年十二月己未，濤水入石頭。二年十二月己未夜，濤水入石頭。明年，駱球父環潛結桓胤、殷仲文等謀作亂，[1]劉稚亦謀反，[2]凡所誅滅數十家。

[1]桓胤：字茂遠，本書卷七四有傳。

[2]劉稚：東晋末任梁州刺史，推司馬遵之爲主謀反，事泄被殺。

三年五月丙午，大水。四年十二月戊寅，濤水入石頭。明年，王旅北討。

六年五月丁巳，大水。乙丑，盧循至蔡洲。[1]

[1]蔡洲：位於今江蘇省南京市西南原長江中，現已併入南岸大陸。洲，原本、宋本、殿本作“州”，據中華本校勘記改。

八年六月，大水。九年五月辛巳，大水。十年五月丁丑，大水。戊寅，西明門地穿，[1]涌水出，毁門扇及限，亦水沴土也。七月乙丑，淮北風灾，大水殺人。十一年七月丙戌，大水，淹潰太廟，百官赴救。明年，王旅北討關河。

[1]西明門：建康城西門。《景定建康志》卷二〇《今城郭·門闕》："正西曰西明門，門三道，東對建春門，即宫城大司馬門前横街也。"

《經》曰："庶用五事：[1]一曰貌，二曰言，三曰視，四曰聽，五曰思。貌曰恭，言曰從，視曰明，聽曰聰，思曰睿。恭作肅，從作乂，[2]明作哲，聰作謀，睿作聖。休徵：曰肅，時雨若；[3]乂，時暘若；[4]哲，時燠若；[5]謀，時寒若；聖，時風若。咎徵：曰狂，恒雨若；僭，恒暘若；豫，恒燠若；急，恒寒若；霿，[6]恒風若。"

[1]庶用五事：各種休咎徵兆源於五種事。庶，殿本作"敬"。

[2]乂：安定。

[3]時雨若：及時雨。若，語助詞。

[4]時暘若：符合時節的晴天。

[5]哲：殿本作"晢"。　時燠若：符合時節的温暖。

[6]霿（mào）：昏昧；蒙蔽。《尚書大傳》卷三："思心之不容，是謂不聖，厥咎霿。"鄭玄注："霿，冒也。君臣心有不明，則相蒙冒矣。"殿本作"蒙"。

《傳》曰："貌之不恭，是謂不肅，厥咎狂，厥罰恒雨，厥極惡。時則有服妖，時則有龜孽，時則有鷄禍音禍，[1]時則有下體生上之痾，時則有青眚青祥。[2]惟金沴木。"

[1]禍：原本、宋本、殿本作異體字“𩲡”，下有小字注“音禍”。今改正字禍，小字注亦遵原文。下文“禍”同。

[2]青眚青祥：古代五行家指由青色之物所産生的能預兆灾禍發生的怪異現象。《漢書》卷二七《五行志中之上》：“時則有青眚青祥。唯金沴木。”颜師古注引李奇曰：“内曰眚，外曰祥。”殿本作“青眚祥”。

説曰：凡草木之類謂之妖。妖猶夭胎，言尚微也。蟲豸之類謂之孽。孽則芽孽矣。[1]及六畜，謂之禍，言其著也。及人，謂之痾。痾，病貌也，言寖深也。甚則有異物生，謂之眚；自外來，謂之祥。祥，猶禎也。[2]氣相傷，謂之沴。沴猶臨莅，不和意也。每一事云“時則”以絶之，言非必俱至，或有或亡，或在前或在後。孝武時，夏侯始昌通《五經》，[3]善推《五行傳》，以傳族子夏侯勝，下及許商，[4]皆以教所賢弟子。其傳與劉向同，惟劉歆傳獨異。貌之不恭，是謂不肅。肅，敬也。内曰恭，外曰敬。人君行己，體貌不恭，怠慢驕蹇，則不能敬萬事，失則狂易，故其咎狂也。上慢下暴，則陰氣勝，故其罰常雨也。水傷百穀，衣食不足，則奸宄並作，故其極惡也。一曰，人多被刑，或形貌醜惡，亦是也。風俗狂慢，變節易度，則爲剽輕奇怪之服，故有服妖。水類動，故有龜孽。於《易》，《巽》爲鷄。鷄有冠、距，文武之貌。而不爲威，貌氣毁，故有鷄禍。一曰，水歲多鷄死及爲怪，亦是也。上失威儀，則有强臣害君上者，[5]故有下體生於上之痾。木色青，故有青眚青祥。凡貌傷者病木氣，木氣病則金沴之，衡氣相通也。於《易》，《震》在東方，爲春爲木；《兑》在西方，爲秋爲金；《離》在南方，爲夏爲火；《坎》在北方，爲冬爲水。春與秋日夜分，寒暑平，是以金木之氣易以相變，故貌傷則致秋陰常雨，言傷則致春陽常旱也。[6]至於冬夏，[7]日夜相反，寒暑殊絶，水火之氣不得相并，故視傷常燠、聽傷常寒者，其氣然也。逆之，其極曰惡；順之，其福曰攸好德。劉歆《貌傳》曰有鱗蟲之孽，[8]羊禍，鼻痾。説以爲於天文東方辰爲龍星，故爲鱗蟲。於《易》，《兑》爲羊，木爲金所病，故致羊禍，與常雨同應。此説非是。春與秋氣陰陽相敵，木病金盛，故能相并，惟此一事耳。禍與妖痾祥眚同類，不得獨異。

[1]則：宋本作“見”。

[2]猶禎也：如同吉祥。禎，原本、宋本作小字“御名”二字，殿本作“禎”，據殿本復本字。

[3]夏侯始昌：西漢魯（今山東省曲阜市）人，通《五經》，以《齊詩》《尚書》教授，武帝甚重之，任其爲昌邑王太傅。

[4]許商：西漢長安（今陝西省西安市西北）人，字長伯。治《尚書》，善爲算，著《五行傳記》《許商算術》，與孔霸並稱“孔許之學”。

[5]害君上者：殿本無“者”字。

[6]常旱也：旱，宋本作“見”。

[7]冬夏：冬，宋本作“春”。

[8]劉歆《貌傳》曰：原本、宋本、殿本無“貌”字，據中華本校勘記補。

魏尚書鄧颺行步弛縱，[1]筋不束體，坐起傾倚，若無手足，此貌之不恭也。管輅謂之鬼躁。[2]鬼躁者，凶終之徵，後卒誅也。

[1]鄧颺：三國時南陽新野（今河南省新野縣）人，字玄茂。歷任曹魏尚書郎、洛陽令、潁川太守、大將軍長史、侍中、尚書等職。曹爽親信，司馬懿政變後被殺。　弛縱：鬆鬆垮垮。

[2]管輅：三國魏平原（今山東省德州市）人，字公明。喜天文，明《周易》，善筮卜，多有應驗。官至少府丞。

惠帝元康中，[1]貴游子弟相與爲散髮裸身之飲，對弄婢妾，逆之者傷好，非之者負譏，希世之士耻不與焉。蓋貌之不恭，胡狄侵中國之萌也。其後遂有二胡之亂，[2]此又失在狂也。[3]

[1]惠帝元康中：殿本於“中”上有“年”字。

[2]二胡之亂：二，殿本作“五”。

[3]此又失在狂也：殿本無“又”字。

元康中，賈謐親貴，數入二宫，[1]與儲君游戲，無降下心。又嘗因弈棋争道，[2]成都王穎厲色曰：“皇太子國之儲貳，賈謐何敢無禮！”謐猶不悛，故及於禍，貌不恭之罰也。

[1]二宫：太子東宫。周一良先生指出：二宫蓋當時東宫之别稱，取義於副貳。“貳”字從“弍”聲，“弍”即古“二”字，故二、貳相通，二宫即貳宫。（參見周一良《魏晋南北朝史札記》，

中華書局1985年版，第45頁）

[2]弈棋：弈，原本、宋本、殿本作“奕”，據中華本改。

齊王冏既誅趙王倫，因留輔政，坐拜百官，符敕臺府，淫醟專驕，[1]不一朝覲，此狂恣不肅之咎也。天下莫不高其功而慮其亡也，冏終弗改，遂至夷滅。

[1]淫醟（yòng）專驕：酗酒成性，專斷驕横。醟，酗酒。

司馬道子於府園内列肆，使姬人酤鬻，身自買易。[1]干寶以爲貴者失位，降在皂隸之象也。俄而道子見廢，以庶人終，此貌不恭之應也。

[1]身自買易：買，殿本作“貿”。

安帝義熙七年，將拜授劉毅世子。[1]毅以王命之重，當設饗宴，親請吏佐臨視。至拜日，國僚不重白，默拜於厩中。王人將反命，毅方知之，大以爲恨，免郎中令劉敬叔官。[2]天戒若曰，此惰略嘉禮不肅之妖也。[3]其後毅遂被殺焉。

[1]劉毅：字希樂，本書卷八五有傳。

[2]郎中令：官名，王國公侯屬官，魏晋爲王國中的三卿之一。六品。　劉敬叔：南朝宋彭城（今江蘇省徐州市）人，東晋末任南平國郎中令、長沙景王驃騎參軍。劉宋建立後任征西長史，後遷給事黄門郎。著有《異苑》傳世。

[3]惰略嘉禮不肅之妖：惰，原本、宋本作“隋”，古同“墮”，殿本作“惰”，據殿本改。

庶徵恒雨，劉歆以爲《春秋》大雨，劉向以爲大水。

魏明帝太和元年秋，數大雨，多暴卒，雷電非常，至殺鳥雀。案楊阜上疏，[1]此恒雨之罰也。時天子居喪不哀，出入弋獵無度，奢侈繁興，奪農時，故水失其性而恒雨爲罰。

[1]楊阜：三國時天水冀縣（今甘肅省甘谷縣東南）人，字義山。漢末任涼州别駕，後辟丞相府留州參軍事。曹操征漢中，以爲武都太守。曹操撤離漢中後，命其遷徙氐人部落萬餘户往扶風、天水界。魏明帝時任將作大匠，後遷少府。

太和四年八月，[1]大雨霖三十餘日，伊、洛、河、漢皆溢，歲以凶饑。[2]

[1]太和四年：太，殿本作“大”。

[2]凶饑：饑，原本無此字，殿本有，宋本作“飢”，據殿本補。

吴孫亮太平二年二月甲寅，大雨，震電。乙卯，雪，大寒。案劉歆説，此時當雨而不當大，大雨，恒雨之罰也。於始震電之明日而雪，大寒，又常寒之罰也。劉向以爲既已雷電，則雪不當復降，[1]皆失時之異也。

天戒若曰，爲君失時，賊臣將起。先震電而後雪者，陰見間隙，起而勝陽，逆弑之禍將成也。亮不悟，尋見廢。此與《春秋》魯隱同。

[1]則雪不當復降：當復，殿本乙作“復當”。

武帝泰始六年六月，大雨霖。甲辰，河、洛、伊、沁水同時並溢，流四千九百餘家，殺二百餘人，没秋稼千三百六十餘頃。

太康五年七月，任城、梁國暴雨，[1]害豆麥。九月，南安郡霖雨暴雪，樹木摧折，害秋稼。是秋，魏郡、西平郡九縣，[2]淮南、平原霖雨暴水，[3]霜傷秋稼。

[1]任城：封國名，治所在任城縣（今山東省微山縣西北）。梁國：郡國名，治所在睢陽縣（今河南省商丘市）。

[2]西平郡：治所在西都縣（今青海省西寧市）。

[3]平原：郡國名，治所在平原縣（今山東省平原縣西南）。

惠帝永寧元年十月，義陽、南陽、東海霖雨，[1]淹害秋麥。

[1]義陽：即義陽國，西晋置，治所在新野縣（今河南省新野縣），東晋末改爲義陽郡，移治平陽縣（今河南省信陽市）。

元帝太興三年，春雨至于夏。是時王敦執權，不恭之罰也。

永昌元年，[1]春雨四十餘日，晝夜雷電震五十餘日。是時王敦興兵，王師敗績之應也。

[1]永昌元年：元，殿本作“九”。

成帝咸和四年，春雨五十餘日，恒雷電。是時雖斬蘇峻，其餘黨猶據守石頭，[1]至其滅後，淫雨乃霽。

[1]石頭：殿本作“石頭城”。

咸康元年八月乙丑，荆州之長沙、攸、醴陵，[1]武陵之龍陽，[2]三縣雨水，浮漂屋室，殺人，損秋稼。是時帝幼，權在於下。

[1]攸：縣名，治所在今湖南省攸縣東北。　醴陵：縣名，治所在今湖南省醴陵市。

[2]龍陽：縣名，治所在今湖南省漢壽縣。

服妖

魏武帝以天下凶荒，資財乏匱，始擬古皮弁，[1]裁縑帛爲白帢，[2]以易舊服。傅玄曰：[3]“白乃軍容，非國容也。”干寶以爲“縞素，凶喪之象也”。名之爲帢，毁辱之言也，蓋革代之後，劫殺之妖也。

[1]皮弁：用白鹿皮製成的帽子。

[2]白帢（qià）：白色便帽。張華《博物志》：“漢中興，士人

皆冠葛巾。建安中，魏武帝造白帢，於是遂廢。”

［3］傅玄：字休奕，本書卷四七有傳。

魏明帝著綉帽，披縹紈半袖，常以見直臣楊阜，諫曰：[1]“此禮何法服邪！”帝默然。近服妖也。夫縹，非禮之色。褻服尚不以紅紫，况接臣下乎？人主親御非法之章，所謂自作孽不可禳也。[2]帝既不享永年，身没而禄去王室，後嗣不終，遂亡天下。

［1］常以見直臣楊阜，諫曰：中華本校勘記：“《宋志》一重‘阜’字，作‘阜諫曰’。”

［2］禳：祈禱消除灾殃。原本、宋本作“攘”，殿本作“禳”，據殿本改。

景初元年，發銅鑄爲巨人二，號曰翁仲，置之司馬門外。案古長人見，爲國亡。長狄見臨洮，[1]爲秦亡之禍，始皇不悟，反以爲嘉祥，鑄銅人以象之。魏法亡國之器，而於義竟無取焉。蓋服妖也。

［1］長狄：身材高大的狄族人。《公羊傳·文公十一年》：“叔孫得臣敗狄於鹹。狄者何？長狄也。”何休注：“蓋長百尺。”　臨洮：縣名，治所在今甘肅省岷縣。

尚書何晏好服婦人之服，[1]傅玄曰：“此妖服也。夫衣裳之制，所以定上下殊内外也。《大雅》云‘玄衮赤舄，鈎膺鏤鍚’，[2]歌其文也。《小雅》云‘有嚴有翼，共武之服’，[3]咏其武也。若内外不殊，王制失叙，服妖既作，身隨之亡。末嬉冠男子之冠，[4]桀亡天下；何晏服婦人之服，亦亡其家，其咎均也。”

［1］何晏：三國魏南陽宛（今河南省南陽市）人，字平叔，玄學家。曹爽親信，官至尚書，典選舉，司馬懿政變後被殺。

［2］“玄衮赤舄”句：語出《詩·大雅·韓奕》。意爲周王賜給韓侯衣服車馬等物。

［3］“有嚴有翼”句：語出《詩·小雅·六月》。意爲不但車馬之强，又有威嚴之將，恭敬之臣，而共典掌兵武之事。

［4］末嬉：即妹喜，夏桀的寵姬。《國語·晋語一》：“昔夏桀伐有施，有施人以妹喜女焉，妹喜有寵，於是乎與伊尹比而亡夏。”末，宋本作“朱”，殿本作“妹”。

吴婦人修容者，急束其髮而劘角過於耳，[1]蓋其俗自操束太急，而廉隅失中之謂也。[2]故吴之風俗，相驅以急，言論彈射，以刻薄相尚。居三年之喪者，往往有致毁以死。諸葛患之，著《正交論》，[3]雖不可以經訓整亂，蓋亦救時之作也。

［1］劘角：額角分散下垂的頭髮。

［2］廉隅失中：失去端方的品性。

［3］諸葛患之，著《正交論》：中華本校勘記：“《商榷》：諸葛不知何人，其下必脱一字，當是‘恪’字。觀《吴志》恪本傳《與陸遜書》，其意正如此。”

孫休後，衣服之制上長下短，又積領五六而裳居一二。干寶曰："上饒奢，下儉逼，上有餘下不足之妖也。"至孫皓，果奢暴恣情於上，而百姓凋困於下，卒以亡國，是其應也。

武帝泰始初，衣服上儉下豐，著衣者皆厭褄，此君衰弱、臣放縱、下掩上之象也。至元康末，婦人出兩襠，[1]加乎交領之上，[2]此内出外也。爲車乘者苟貴輕細，又數變易其形，皆以白篾爲純，[3]蓋古喪車之遺象也。夫乘者，君子之器。蓋君子立心無恒，事不崇實也。干寶以爲晋之禍徵也。及惠帝踐阼，權制在於寵臣，下掩上之應也。至永嘉末，六宫才人流冗没於戎狄，内出外之應也。及天下撓亂，宰輔方伯多負其任，又數改易不崇實之應也。

[1]兩襠：即"兩當衫"，短袖衣，形似今之背心。

[2]交領：古代服裝領口，因交叉於胸前，故言。

[3]白篾爲純（zhǔn）：以白薄竹片鑲在車子的邊緣。純，鑲邊，邊緣。

泰始之後，中國相尚用胡床貊槃，[1]及爲羌煮貊炙，貴人富室，必畜其器，吉享嘉會，皆以爲先。太康中，又以氈爲絈頭及絡帶袴口。[2]百姓相戲曰，中國必爲胡所破。夫氈毳産於胡，而天下以爲絈頭、帶身、袴口，胡既三制之矣，能無敗乎！至元康中，氐羌互反，永嘉後，劉、石遂篡中都，[3]自後四夷迭據華土，是服妖之應也。

[1]胡床：魏晋時傳入中原的少數民族用的輕便坐具，又稱交床。朱大渭先生《中古漢人由跪坐到垂脚高坐》一文中有論述。(參見朱大渭《六朝史論》，中華書局 1998 年版）　貊槃：魏晋時傳入中原的少數民族用的盛具。貊，古代北方少數民族名。

[2]絈頭：束髮的頭巾，男子所用。　絡帶：繫在身上的帶子。　袴口：褲腿的邊緣。

[3]劉：劉淵，字元海，本書卷一〇一載記。　石：石勒，字世龍，本書卷一〇四有載記。石，原本、宋本作“后”，殿本作“石”，據殿本改。

初作屐者，婦人頭員，[1]男子頭方。員者順之義，所以别男女也。至太康初，婦人屐乃頭方，與男無别。此賈后專妒之徵也。

[1]婦人頭員：員，殿本作“圓”。本卷下文“員者順之義”同。

太康中，天下爲《晋世寧》之舞，手接杯盤而反覆之，歌曰“晋世寧，舞杯盤”。識者曰：“夫樂生人心，所以觀事也。今接杯盤於手上而反覆之，至危之事也。杯盤者，酒食之器，而名曰《晋世寧》，言晋世之士苟偷於酒食之間，而知不及遠，晋世之寧猶杯盤之在手也。”

惠帝元康中，婦人之飾有五兵佩，又以金銀玳瑁之屬，爲斧鉞戈戟，以當笄。干寶以爲“男女之别，國之大節，故服物異等，贄幣不同。[1]今婦人而以兵器爲飾，此婦人妖之甚者。於是遂有賈后之事”。終亡天下。是時婦人結髮者既成，以繒急束其環，名曰擷子紒。[2]始自中宫，天下化之。其後賈后廢害太子之應也。

[1]贊幣不同：幣，宋本作“弊”。

[2]擷子紒：即擷子髻，當時流行的婦女髮髻。

元康中，天下始相傚爲烏杖以柱掖，其後稍施其鐓，[1]住則植之。[2]夫木，東方之行，金之臣也。杖者扶體之器，烏其頭者，尤便用也。必旁柱掖者，旁救之象也。施其金，住則植之，[3]言木因於金，能孤立也。及懷愍之世，王室多故，而此中都喪敗，元帝以藩臣樹德東方，維持天下，柱掖之應也。至社稷無主，海内歸之，遂承天命，建都江外，獨立之應也。

[1]後稍施其鐓：末端放平底金屬套。

[2]住則植之：不用時立在金屬套上。植，殿本作“值”。

[3]住則植之：住，中華本作“柱”，原本、宋本、殿本均作“住”。

元康、太安之間，江淮之域有敗屩自聚于道，[1]多者至四五十量，人或散投坑谷，明日視之復如故。或云，見狸銜聚之。干寶以爲“夫屩者，人之賤服，處於勞辱，黔庶之象也。敗者，[2]疲弊之象；道者，四方往來，所以交通王命也。今敗屩聚於道者，象黔庶罷病、將相聚爲亂以絶王命也”。太安中，發壬午兵，[3]百姓怨叛。江夏張昌唱亂，[4]荆楚從之如流。於是兵革歲起，服妖也。

[1]屩（juē）：草鞋。

[2]敗者：敗，原本、宋本、殿本作“故”，據中華本改。

[3]壬午兵：晋太安年間爲鎮壓四川流民，惠帝於壬午發詔書，徵發武勇以赴益土，號曰“壬午兵”。

[4]張昌：西晋人，少爲平氏縣吏，有武力，好論戰。太安二年（303），更名李辰，聚衆立山都縣吏丘沉爲天子，建元神鳳，自任相國。後失敗被殺。

初，魏造白帢，横縫其前以別後，名之曰顔帢，[1]傳行之。至永嘉之間，稍去其縫，名無顔帢，而婦人束髮，其緩彌甚，紒之堅不能自立，髮被於額，目出而已。無顔者，愧之言也。覆額者，慚之貌也。其緩彌甚者，言天下亡禮與義，放縱情性，及其終極，至于大耻也。永嘉之後，二帝不反，天下愧焉。

[1]顔帢：帢，原本、宋本作“俗”，殿本作“帢”，據殿本改。

孝懷帝永嘉中，士大夫競服生箋單衣。[1]識者指之曰：“此則古者繐衰，諸侯所以服天子也。[2]今無故服之，殆有應乎！”其後遂有胡賊之亂，帝遇害焉。

[1]生箋：細而疏的麻布。

[2]諸侯所以服天子也：中華本校勘記：“《儀禮·喪服·繐衰章》云，‘諸侯之大夫爲天子’，此‘諸侯’下似脱‘之大夫’

三字。”

元帝太興中，兵士以絳囊縛紒。[1]識者曰：“紒者在首，爲乾，君道也。囊者坤，臣道也。今以朱囊縛紒，臣道上侵君之象也。”於是王敦陵上焉。

[1]縛紒：縛，殿本作“傅”，本卷下文“縛紒”同。

舊爲羽扇柄者，刻木象其骨形，列羽用十，取全數也。自中興初，王敦南征，始改爲長柄，下出可捉，而減其羽用八。識者尤之曰：“夫羽扇，翼之名也。創爲長柄者，將執其柄以制羽翼也。改十爲八者，將未備奪已備也。此殆敦之擅權以制朝廷之柄，又將以無德之材欲竊非據也。”是時，爲衣者又上短，帶纔至于掖，著帽者又以帶縛項。下逼上，上無地也。爲袴者直幅爲口，無殺，[1]下大之象。尋而王敦謀逆，再攻京師。

[1]無殺：没有剪裁縫合之縫。

海西嗣位，忘設豹尾。天戒若曰，夫豹尾，儀服之主，大人所以豹變也。而海西豹變之日，非所宜忘而忘之。非主社稷之人，故忘其豹尾，示不終也。尋而被廢焉。

孝武太元中，人不復著帩頭。[1]天戒若曰，頭者元首，帩者助元首爲儀飾者也。今忽廢之，若人君獨立無輔佐，以至危亡也。至安帝，桓玄乃篡位焉。

[1]帩頭：古代男子包頭发的紗巾，即帕頭。

舊爲屐者，齒皆達楄上，[1]名曰露卯。太元中忽不徹，名曰陰卯。識者以爲卯，謀也，必有陰謀之事。至烈宗末，驃騎參軍袁悦之始攬搆内外，[2]隆安中遂謀詐相傾，以致大亂。

[1]楄：木屐的底板。

[2]驃騎參軍：官名，驃騎將軍府屬官。參軍，亦作參軍事，謂參謀軍事。兩晋公府、軍府皆置。　袁悦之：字元禮，本書卷七五有傳。

太元中，公主婦女必緩鬢傾髻，以爲盛飾。用髮既多，不可恒戴，乃先於木及籠上裝之，名曰假髻，或名假頭。至於貧家，不能自辦，自號無頭，就人借頭。遂布天下，亦服妖也。無幾時，孝武晏駕而天下騷動，刑戮無數，多喪其元。至於大殮，皆刻木及蠟或縛菰草爲頭，是假頭之應云。

桓玄簒立，[1]殿上施絳帳，鏤黄金爲顔，四角金龍銜五色羽葆流蘇。[2]群下相謂曰："頗類轜車。"[3]尋而玄敗，此服之妖也。

[1]桓玄簒立：立，殿本作"位"。

[2]流蘇：用彩色羽毛或絲綫等制成的穗狀垂飾物。

[3]轜（ér）車：運棺柩的車。

晋末皆冠小而衣裳博大，風流相放，輿臺成俗。[1]識者曰："上小而下大，此禪代之象也。"尋而宋受終焉。

[1]輿臺：古代人分十等，輿和臺分别爲第六等和第十等。泛指操賤役者，奴僕。《左傳·昭公七年》："故王臣公，公臣大夫，大夫臣士，士臣皂，皂臣輿，輿臣隸，隸臣僚，僚臣僕，僕臣臺。"

鷄禍

魏明帝景初二年，廷尉府中雌鷄化爲雄，不鳴不將。[1]干寶曰："是歲宣帝平遼東，百姓始有與能之義，此其象也。"[2]然晋三后並以人臣終，不鳴不將，又天意也。

[1]不鳴不將：雖爲公鷄却不打鳴不帥群。

[2]中華本"此其象也"後没有引號，引號至後文"又天意也"。然而"又天意也"明爲史家述語，揣摩其語氣、文意，與"然晋三后並以人臣終，不鳴不將，又天意也"當出一人之口。（參見萬久富《〈晋書〉點校劄記》，《南通師範學院學報》1999年第3期）

惠帝元康六年，陳國有鷄生雄鷄無翅，[1]既大，墜坑而死。王隱以爲：[2]"雄者，胤嗣子之象。坑者，母象。今鷄生無翅，墜坑而死，此子無羽翼，爲母所陷害乎？"於後賈后誣殺愍懷，此其應也。

[1]陳國：治所在陳縣（今河南省周口市淮陽區）。

[2]王隱：字處叔，本書卷八二有傳。

太安中，周玘家雌鷄逃承霤中，[1]六七日而下，奮翼鳴將，獨毛羽不變。其後有陳敏之事。[2]敏雖控制江表，終無紀綱文章，殆其象也。卒爲玘所滅。鷄禍見玘家，又天意也。京房《易傳》曰："牝鷄雄鳴，主不榮。"

[1]周玘：字宣佩，本書卷五八有傳。　承霤：屋檐下承接雨水的槽。《禮記·檀弓上》："池視重霤。"鄭玄注："如堂之有承霤也。承霤以木爲之，用行水。"

[2]陳敏：字令通，本書卷一〇〇有傳。

元帝太興中，王敦鎮武昌，有雌鷄化爲雄。天戒若曰，雌化爲雄，臣陵其上。其後王敦再攻京師。

孝武太元十三年四月，廣陵高平閻嵩家雌鷄生無右翅，[1]彭城人劉象之家鷄有三足。[2]京房《易傳》曰：[3]"君用婦人言，則鷄生妖。"是時，主相並用尼媼之言，[4]寵賜過厚，故妖象見焉。

[1]廣陵：郡名，治所在廣陵縣（今江蘇省揚州市西北蜀岡上）。　高平：縣名，此爲僑置高平郡下的僑置縣，治所在今江蘇省泗洪縣南。

[2]彭城：縣名，治所在今江蘇省徐州市。

[3]《易傳》：傳，原本、宋本作"妖"，殿本作"傳"，據殿本改。

[4]主相並用尼媪之言：本書卷六四《司馬道子傳》："於時孝武帝不親萬機，但與道子酣歌爲務，姏姆尼僧，尤爲親暱，並竊弄其權。"

安帝隆安元年八月，琅邪王道子家青雌鷄化爲赤雄鷄，不鳴不將。桓玄將篡，不能成業之象。

四年，荆州有鷄生角，角尋墮落。是時桓玄始擅西夏，狂慢不肅，故有鷄禍。天戒若曰，角，兵象，尋墮落者，暫起不終之妖也。後皆應也。

元興二年，衡陽有雌鷄化爲雄，[1]八十日而冠萎。天戒若曰，衡陽，桓玄楚國之邦略也。及桓玄篡位，果八十日而敗，此其應也。

[1]衡陽：郡名，治所在湘南縣（今湖南省湘潭市西南）。

青祥

武帝咸寧元年八月丁酉，大風折大社樹，有青氣出焉，此青祥也。占曰："東莞當有帝者。"明年，元帝生。是時，帝大父武王封東莞，[1]由是徙封琅邪。[2]孫盛以爲中興之表，[3]晋室之亂，武帝子孫無孑遺，社樹折之應，又常風之罰。

[1]大父：祖父、外祖父。

[2]琅邪：封國名，治所在開陽縣（今山東省臨沂市）。

[3]孫盛：字安國，本書卷八二有傳。

惠帝元康中，洛陽南山有虻作聲，曰“韓尸尸”。識者曰：“韓氏將尸也，言尸尸者，盡死意也。”其後韓謐誅而韓族殲焉，此青祥也。

金沴木

魏文帝黄初七年正月，幸許昌。[1]許昌城南門無故自崩，帝心惡之，遂不入，還洛陽。此金沴木，木動之也。五月，宮車晏駕。京房《易傳》曰：“上下咸悖，厥妖也城門壞。”

[1]許昌：縣名，治所在許昌城（今河南省許昌市東）。

元帝太興二年六月，吴郡米廪無故自壞。天戒若曰，夫米廪，貨糴之屋，無故自壞，此五穀踴貴，所以無糴賣也。是歲遂大飢，死者千數焉。

明帝太寧元年，周莚自歸王敦，[1]既立其宅宇，所起五間六梁，一時躍出墜地，餘桁猶亘柱頭。[2]此金沴木也。明年五月，錢鳳謀亂，[3]遂族滅莚，[4]而湖熟尋亦爲墟矣。[5]

[1]周莚：本書卷五八有傳。

[2]餘桁猶亘柱頭：梁上的横木仍貫穿在柱子頂端。桁，梁上的横木。亘，貫穿。

[3]錢鳳：字世儀，王敦鎧曹參軍。知王敦有不臣之心，因進邪説，遂相朋構，專弄威權，言成禍福。

[4]莚：殿本作“筵”。

［5］湖熟：縣名，治所在今江蘇省南京市江寧區湖熟街道。

安帝元興元年正月丙子，會稽王世子元顯將討桓玄，建牙竿於揚州南門，其東者難立，良久乃正。近沴妖也。而元顯尋爲玄所擒。

三年五月，樂賢堂壞。[1]時帝嚚眊，[2]無樂賢之心，故此堂見沴。

［1］樂賢堂：《景定建康志》卷二一《堂館》："樂賢堂舊在臺城内。""考證：宫城西南角外有清游池，通城中樂賢堂。"

［2］嚚（yín）眊：暴虐昏聵。

義熙九年五月，國子聖堂壞。天戒若曰，聖堂，禮樂之本，無故自壞，業祚將墜之象。未及十年而禪位焉。

晋書　卷二八

志第十八

五行中

《傳》曰：[1]“言之不從，是謂不乂，厥咎僭，厥罰恒陽，[2]厥極憂。時則有詩妖，時則有介蟲之孽，時則有犬禍，時則有口舌之痾，時則有白眚白祥。惟木沴金。”[3]言之不從，從，順也。是謂不乂，乂，治也。孔子曰：“君子居其室，出其言不善，則千里之外違之，况其邇者乎！”[4]《詩》曰：“如蜩如螗，如沸如羹。”[5]言上號令不順人心，虛嘩憒亂，[6]則不能治海内。失在過差，故其咎僭差也。[7]刑罰妄加，群陰不附，則陽氣勝，故其罰常陽也。旱傷百穀，則有寇難，上下俱憂，故其極憂也。[8]君炕陽而暴虐，[9]臣畏刑而箝口，則怨謗之氣發於歌謡，故有詩妖。介蟲孽者，謂小蟲有甲飛揚之類，陽氣所生也，於《春秋》爲螽，今謂之蝗，皆其類也。於《易》，《兑》爲口，犬以吠守而不可信，言氣毁，故有犬禍。一曰，旱歲犬多狂死及爲怪，亦是也。及人，則多病口喉欬嗽者，故有口舌痾。金色白，故有白眚白祥。凡言傷者，病金氣；金氣病，則木沴之。其極憂者，[10]順之，其福曰康寧。[11]劉歆《言傳》曰時則有毛蟲之孽。[12]説以爲於天文西方参爲獸星，[13]故爲毛蟲。

［1］《傳》：此指《尚書大傳》。

［2］厥罰恒陽：陽，殿本作“暘”。

［3］木沴（lì）金：木氣傷金氣。即下文所説“凡言傷者，病金氣；金氣病，則木沴之”。

［4］“君子居其室”句：語出《易・繫辭上》。

［5］“如蜩如螗”句：語出《詩・大雅・蕩》。

［6］虚嘩憒亂：虚誇昏亂。憒，殿本作“憤”。

［7］故其咎僭差也：差，殿本作“善”。

［8］故其極憂也：故，宋本作“救”。

［9］暴虐：暴，宋本作“恭”。

［10］其極憂者：者，宋本作“其”。

［11］其福曰康寧：曰，原本無此字，據中華本校勘記補。

［12］時則有毛蟲之孽：時則，原本、宋本、殿本作“則時”，據中華本改。

［13］参：二十八星宿之一，屬西方白虎。

魏齊王嘉平初，東郡有訛言，[1]云白馬河出妖馬，夜過官牧邊鳴呼，衆馬皆應，明日見其迹，大如斛，行數里，還入河。楚王彪本封白馬，[2]兖州刺史令狐愚以彪有智勇，[3]及聞此言，遂與王淩謀共立之。[4]事泄，淩、愚被誅，彪賜死。此言不從之罰也。《詩》云：“人之訛言，寧莫之懲。”[5]

[1]東郡：治所在濮陽縣（今河南省濮陽市西南）。

[2]楚王彪：曹彪，字朱虎，曹操之子。曹操姬孫氏所生。黄初二年（221），封汝陽公。三年，封弋陽王。其年徙封吴王。六年，改封楚。嘉平元年（249），兖州刺史令狐愚與太尉王淩謀迎彪都許昌。謀泄後，廷尉請徵彪治罪。彪乃自殺。　白馬：縣名，治所在今河南省滑縣城關鎮東。

[3]兖州：古九州之一。西漢武帝十三部刺史之一。三國魏治所在廩丘縣（今山東省鄆城縣西北）。惠帝末，兖州闔境淪没於石勒。東晋元帝僑置兖州，治京口（今江蘇省鎮江市）。　令狐愚：三國時曹魏兖州刺史，王淩外甥。

[4]王淩：三國時太原祁縣（今山西省祁縣東南）人，字彦雲。歷任曹魏建武將軍、揚州刺史、豫州刺史、征東將軍、都督揚州諸軍事等職。密謀擁立楚王曹彪，廢黜齊王曹芳，謀泄被殺。

[5]“人之訛言”句：語出《詩・小雅・沔水》。原意爲小人的詐僞之言得不到禁止懲處。

蜀劉禪嗣位，譙周曰：[1]“先主諱備，其訓具也，[2]後主諱禪，其訓授也。若言劉已具矣，當授與人，甚於晋穆侯、漢靈帝命子之祥也。”[3]蜀果亡，此言之不從也。劉備卒，劉禪即位，未葬，亦未逾月，而改元爲建興，此言之不從也。禮，國君即位逾年而後改元者，緣臣子之心不忍一年而有二君也。今可謂亟而不知禮義矣。後遂降焉。

[1]譙周：三國蜀漢巴西西充（今四川省閬中市西南）人，字

允南。蜀中儒學大師，歷任蜀漢勸學從事、典學從事、太子家令、光禄大夫等職。後勸後主降魏。西晋時歷任騎都尉、散騎常侍等職。

［2］訓：解說，解釋。

［3］“甚於晋穆侯”句：春秋時晋穆侯爲太子取名“仇”，爲少子取名“成師”。《尚書·文侯之命》載師服曰：“異哉，君之命子也！太子曰仇，仇者讎也。少子曰成師，成師大號，成之者也。名，自命也；物，自定也。今適庶名反逆，此後晋其能毋亂乎？”《三國志》卷四二《譙周傳》載，漢靈帝爲子劉辯取號“史侯”，爲子劉協取號“董侯”，譙周認爲：“既立爲帝，後皆免爲諸侯，與師服言相似也。”

魏明帝太和中，姜維歸蜀，[1]失其母。魏人使其母手書呼維令反，并送當歸以譬之。維報書曰：“良田百頃，不計一畝，但見遠志，無有當歸。”維卒不免。

［1］姜維：三國時天水冀縣（今甘肅省甘谷縣東南）人，字伯約。本仕曹魏，後歸蜀漢。歷任征西將軍、凉州刺史、衛將軍、録尚書事、大將軍等職。蜀漢景耀六年（263）成都被曹魏軍攻破，後主投降，乃受命投降魏將鍾會。後與鍾會謀叛，失敗被殺。

景初元年，有司奏，帝爲烈祖，與太祖、高祖並爲不毁之廟，從之。案宗廟之制，祖宗之號，皆身没名成乃正其禮。故雖功赫天壤，德邁前王，未有豫定之典。此蓋言之不從，失之甚者也。後二年而宫車晏駕，於是統微政逸。[1]

［1］於是統微政逸：殿本於“逸”下有“去”字。

吴孫休時，烏程人有得困病，[1]及差，能以響言者，言於此而聞於彼。自其所聽之，不覺其聲之大也。自遠聽之，如人對言，不覺聲之自遠來也。聲之所往，隨其所向，遠者所過十數里。其鄰人有責息於外，[2]歷年不還，乃假之使爲責讓，懼以禍福。負物者以爲鬼神，即顛倒畀之，[3]其人亦不自知所以然也。言不從之咎也。

［1］烏程：縣名，治所在今浙江省湖州市下菰城。　有得：得，宋本作“德”。

［2］責息於外：因負債而躲於外。

［3］顛倒畀之：慌亂不安把債物償還。顛，原本、殿本作“傎顛”，宋本作“慎顛”，據中華本改。

魏時起安世殿，武帝後居之。安世，武帝字也。武帝每延群臣，多説平生常事，未嘗及經國遠圖。此言之不從也。何曾謂子遵曰：[1]“國家無貽厥之謀，及身而已，後嗣其殆乎！此子孫之憂也。”自永熙後，王室漸亂，永嘉中天下大壞，[2]及何綏以非辜被殺，[3]皆如曾言。

［1］何曾：字穎考，本書卷三三有傳。　遵：何遵，字思祖，本書卷三三有傳。

［2］大壞：壞，殿本作“壤”。

［3］何綏：字伯蔚，本書卷三三有傳。

趙王倫廢惠帝於金墉城，[1]改號金墉城爲永安宫。[2]帝尋復位而倫誅。

[1]趙王倫：司馬倫，字子彝，本書卷五九有傳。

[2]金墉城：三國魏明帝時築。位於今河南省洛陽市東北漢魏洛陽故城東北角。三面開門，南曰乾光門，東曰含春門，北曰逕門。城内又置西宫，西晋改爲永昌宫。魏晋時被廢的皇帝及后、妃都安置於此。城小而固，爲攻占戍守要地。

惠帝永興元年，詔廢太子覃還爲清河王，[1]立成都王穎爲皇太弟，[2]猶加侍中、大都督，[3]領丞相，備九錫，[4]封二十郡，[5]如魏王故事。案周禮傳國以胤不以勛，故雖公旦之聖不易成王之嗣，[6]所以遠絶覬覦，永一宗祧。[7]後代遵履，改之則亂。今擬非其實，僭差已甚。且既爲國嗣，則不應復開封土，兼領庶職。此言之不從，進退乖爽，[8]故帝既播越，穎亦不終，是其咎僭也。後猶不悟，又立懷帝爲皇太弟。[9]懷終流弑，不永厥祚，又其應也。語曰："變古易常，不亂則亡"，此之謂乎。

[1]太子覃：司馬覃，本書卷六四有傳。

[2]成都王穎：司馬穎，字章度，本書卷五九有傳。

[3]侍中：官名，東漢建安中與給事黄門侍郎出入禁中，省尚書事。曹魏時爲門下之侍中省長官，常侍衛皇帝左右，掌顧問應對、諫諍糾察、平議奏事、駁奏異議等，權力甚重。三品。　大都督：官名，高級軍事長官。三國初作爲加官於戰時臨時設置，後逐漸成爲常設加官官職，地位極高。

[4]九錫：《漢書》卷六《武帝紀》颜師古注引應劭曰："一曰車馬，二曰衣服，三曰樂器，四曰朱户，五曰納陛，六曰虎賁百人，七曰鈇鉞，八曰弓矢，九曰秬鬯。此皆天子制度，尊之，故事事錫與，但數少耳。"

[5]封二十郡：二，殿本作"三"。

[6]公旦：旦，原本、宋本作"且"，殿本作"旦"，據殿本改。

[7]永一宗祧：永遠是一個家族世系，不容旁人覬覦。

[8]進退乖爽：進退失據，進退維谷。

[9]皇太弟：殿本無"皇"字。

元帝永昌二年，大將軍王敦下據姑孰。[1]百姓訛言行蟲病，食人大孔，數日入腹，入腹則死；療之有方，當得白犬膽以爲藥。自淮泗遂及京都，數日之間，百姓驚擾，人人皆自云已得蟲病。又云，始在外時，當燒鐵以灼之。於是翕然，被燒灼者十七八矣。而白犬暴貴，至相請奪，其價十倍。或有自云能行燒鐵灼者，賃灼百姓，[2]日得五六萬，憊而後已。[3]四五日漸静。説曰："夫裸蟲人類，而人爲之主。[4]今云蟲食人，言本同臭類而相殘賊也。自下而上，明其逆也。必入腹者，言害由中不由外也。犬有守衛之性，白者金色，而膽用武之主也。帝王之運，王霸會於戌。[5]戌主用兵，金者晋行，火燒鐵以療疾者，言必去其類而來火與金合德，共除蟲害也。"案中興之際，大將軍本以腹心受伊吕之任，[6]而元帝末年，遂攻京邑，[7]明帝諒闇，[8]又有異謀，是以下逆上，腹心内爛也。及錢鳳、沈充等逆兵四合，[9]而爲王師所挫，逾月而不能濟水，北中郎劉遐及淮陵内史蘇峻率淮泗之衆以救朝廷，[10]故其謡言首作於淮泗也。朝廷卒以弱制强，罪人授首，是用白犬膽可救之效也。

［1］大將軍：官名，高級軍事統帥。曹魏時多以之屯駐長安，對付蜀漢，蜀漢以其爲最高軍事長官，孫吴則别置上大將軍居其上。西晋時爲八公之一，位居上公、大司馬下，三公之上。東晋時常專擅軍政事務。一品。　王敦：字處仲，本書卷九八有傳。　姑孰：即姑孰口，姑孰溪入長江之口，位於今安徽省當塗縣西北。

［2］賃灼百姓：百姓花錢僱傭他燒灼。

［3］憊而後已：累得疲憊不堪纔停手。

［4］而人爲之主：宋本無“而”字。

［5］王霸會於戌：中華本校勘記：“李校：‘王霸’當作‘五霸’，《宋志》不誤。”

［6］伊：伊尹，輔佐商湯及其後代外丙、仲壬、太甲的賢臣。　吕：吕望，又稱太公望、吕尚。西周開國大臣，姜姓，吕氏，字子牙。助文王興國，佐武王滅商。

［7］遂攻京邑：攻，原本、宋本、殿本作“改”，據中華本改。

［8］諒闇：皇帝居喪。

［9］錢鳳：字世儀，王敦鎧曹參軍。知王敦有不臣之心，因進邪説，遂相朋構，專弄威權，誡禍福。　沈充：字士居，本書卷九八有傳。

［10］北中郎：官名，即北中郎將。與東、西、南中郎將並稱四中郎將，統兵征戰，權職甚重。四品。　劉遐：字正長，本書卷八一有傳。　内史：官名，西晋武帝太康十年（289）改諸王國相爲内史，掌管民政。五品。周家禄《晋書校勘記》認爲：“晋制，以郡爲國，内史治民事，若郡太守。國除爲郡，復稱太守。然二名往往混淆，史家亦互稱之。”　蘇峻：字子高，本書卷一〇〇有傳。

北中郎劉遐及淮陵内史蘇峻：中華本校勘記："《校文》：'郎'下脱'將'字，'淮陵'當作'臨淮'，二人本傳及《帝紀》可證。《斠注》：《宋志》有'將'字。"

海西公時，[1]庾晞四五年中喜爲挽歌，自摇大鈴爲唱，使左右齊和。又讌會輒令倡伎作新安人歌舞離别之辭，[2]其聲悲切。[3]時人怪之，後亦果敗。

[1]海西公：即廢帝司馬奕，字延齡，本書卷八有紀。

[2]倡伎：伎，殿本作"妓"。

[3]"庾晞"至"其聲悲切"：中華本校勘記："此是司馬晞事，見《世説·黜免》注引《司馬晞傳》。"

太元中，小兒以兩鐵相打於土中，名曰鬥族。後王國寶、王孝伯一姓之中自相攻擊也。[1]

[1]王國寶：王坦之第三子，本書卷七五有傳。　王孝伯：即王恭，字孝伯，本書卷八四有傳。

桓玄初改年爲大亨，[1]遐邇歡言曰"二月了"，故義謀以仲春發也。玄篡立，又改年爲建始，以與趙王倫同，又易爲永始，永始復是王莽受封之年也。始徙司馬道子於安成。[2]安帝遜位，[3]出永安宫，封爲平固王，琅邪王德文爲石陽公，並使往尋陽城。[4]識者皆以爲言不從之妖僭也。

[1]桓玄：字敬道，本書卷九九有傳。
[2]司馬道子：字道子，本書卷六四有傳。
[3]安帝：安，原本、宋本、殿本作“永”，據中華本改。
[4]尋陽：縣名，治所在今湖北省黄梅縣西南。

武帝初，何曾薄太官御膳，[1]自取私食，子劭又過之，[2]而王愷又過劭。[3]王愷、羊琇之儔，[4]盛致聲色，窮珍極麗。至元康中，夸恣成俗，轉相高尚，石崇之侈，[5]遂兼王、何，而儷人主矣。[6]崇既誅死，天下尋亦淪喪。僭逾之咎也。[7]

[1]薄：意動詞，此處意爲認爲御膳味道不够。
[2]劭：何劭，字敬祖，本書卷三三有傳。
[3]王愷：字君夫，本書卷九三有傳。
[4]羊琇：字稚舒，本書卷九三有傳。
[5]石崇：字季倫，本書卷三三有傳。
[6]儷：等同。
[7]僭逾：僭越。

庶徵恒陽，劉向以爲《春秋》大旱也。[1]其夏旱，雩，[2]《禮》謂之大雩。不傷二穀謂之不雨。京房《易傳》曰：[3]“欲德不用兹謂張，[4]厥灾荒，旱也。其旱陰雲不雨，變而赤，因四際。師出過時兹謂廣，其旱不生。上下皆蔽兹謂隔，其旱天赤三月，時有雹殺飛禽。上緣求妃兹謂僭，其旱三月大温亡雲。君高臺府兹謂犯陰侵陽，其旱萬物根死，數有火灾。庶位逾節兹爲僭，其旱澤物枯，爲火所傷。”

[1]劉向：西漢沛郡豐（今江蘇省豐縣）人，字子政，楚元王四世孫。曾任諫大夫、散騎宗正給事、光禄大夫等職。撰有《五經通義》《洪範五行傳》等，均已佚。另撰有《列女傳》《説苑》《新序》等存世。

[2]雩（yú）：古代爲求雨而舉行的一種祭祀。

[3]京房：西漢東郡頓丘（今河南省清豐縣西南）人，字君明。本姓李。善治《易》。元帝時多次以灾異推論時政。後被中書令石顯告以誹謗政治罪，下獄死。著作甚多，《漢書》卷三〇《藝文志》著録其《孟氏京房》十一篇、《灾異孟氏京房》六十六篇、《京氏段嘉》十二篇。

[4]欲德不用茲謂張：欲，殿本作“厥”。

魏明帝太和二年五月，大旱。元年已來崇廣宫府之應也。又，是春宣帝南擒孟達，[1]置二郡，張郃西破諸葛亮，[2]斃馬謖。[3]亢陽自大，又其應也。

[1]孟達：三國時扶風郿縣（今陝西省眉縣東渭河北岸）人，初依劉璋，後附劉備。因與劉封不和，降魏。後與諸葛亮通好，謀反，爲司馬懿所殺。

[2]張郃：三國時河間鄚縣（今河北省任丘市北）人，先爲袁紹部將，後歸曹操。從征袁譚、袁尚、張魯，歷任偏將軍、蕩寇將軍等職。　諸葛亮：三國時琅邪陽都（今山東省沂南縣南）人，字孔明。東漢末隨叔父諸葛玄依附荆州劉表，隱居躬耕於隆中。後加入劉備集團，協助劉備占領荆州、益州，實現三分之勢。劉備死後輔佐劉禪，南征南中，北伐曹魏，最終病逝於北伐前綫。

[3]馬謖：三國時襄陽宜城（今湖北省宜城市）人，字幼常。隨劉備入蜀，歷任綿竹令、成都令、越嶲太守等職。好論軍事，受諸葛亮器重。建興六年（228）任先鋒隨諸葛亮北伐，由於違背諸

葛亮節度致使北伐失敗。下獄而死。

太和五年三月，自去冬十月至此月不雨。辛巳，大雩。

齊王正始元年二月，[1]自去冬十二月至此月不雨。去歲正月，明帝崩。二月，曹爽白嗣主，[2]轉宣帝爲太傅，[3]外示尊崇，内實欲令事先由己。[4]是時宣帝功蓋魏朝，欲德不用之應也。[5]

［1］齊王：即曹芳，魏明帝養子，後爲司馬師所廢，黜爲齊王。

［2］曹爽：三國時沛國譙縣（今安徽省亳州市）人，字昭伯，曹真子。明帝死，受遺詔與司馬懿共同輔政。後與司馬懿争權，爲司馬懿所殺。

［3］太傅：官名，晋爲八公之一。位上公，太宰之下、太保之上。一品。

［4］事先由己：由，宋本作“白”。

［5］欲德不用：欲，殿本作“厥”。

高貴鄉公甘露三年正月，[1]自去秋至此月旱。是時文帝圍諸葛誕，[2]衆出過時之應也。初，壽春秋夏常雨淹城，而此旱逾年，城陷，乃大雨。咸以誕爲天亡。

［1］高貴鄉公：曹髦，字彦士，曹丕孫。曹芳被廢後立爲帝。後爲司馬昭部下成濟所殺。

［2］諸葛誕：三國時琅邪陽都（今山東省沂南縣南）人，字公休。歷任曹魏滎陽令、御史中丞、尚書、揚州刺史、鎮東將軍、鎮南將軍、征東大將軍等職。後起兵反司馬昭，兵敗被殺。

吴孫亮五鳳二年，大旱，百姓饑。[1]是歲征役煩興，軍士怨叛。此亢陽自大、勞役失衆之罰也。其役彌歲，故旱亦竟年。

[1]百姓饑：百，宋本作“至”。

孫皓寶鼎元年，春夏旱。是時，皓遷都武昌，[1]勞役動衆之應也。

[1]是時，皓遷都武昌：殿本作“時孫皓遷都武昌”。武昌，縣名，治所在今湖北省鄂州市鄂城區。

武帝泰始七年五月閏月旱，大雩。八年五月，旱。是時帝納荀勖邪説，[1]留賈充不復西鎮，[2]而任愷漸疏，[3]上下皆弊之應也。[4]及李憙、魯芝、李胤等並在散職，[5]近厥德不用之謂也。

[1]荀勖：字公曾，本書卷三九有傳。
[2]賈充：字公閭，本書卷四〇有傳。
[3]任愷：字元褒，本書卷四五有傳。
[4]上下皆弊：弊，殿本作“蔽”。
[5]李憙：字季和，本書卷四一有傳。　魯芝：字世英，本書卷九〇有傳。　李胤：字宣伯，本書卷四四有傳。

九年，自正月旱，至於六月，祈宗廟社稷山川。癸未，雨。十年四月，旱。去年秋冬，采擇卿校諸葛沖等女。[1]是春，五十餘人入殿簡選。又取小將吏女數十人，母子號哭於宮中，聲聞於外，行人悲酸。是殆積陰生陽，上緣求妃之應也。

[1]諸葛冲：西晋人，任廷尉、游擊將軍。山濤稱其“精果，有文武才”。見《太平御覽》卷二三九《職官部・游擊將軍》。

咸寧二年五月旱，大雩。至六月，乃澍雨。[1]

[1]澍雨：大雨，暴雨。

太康二年旱，自去冬旱至此春。三年四月旱，乙酉，[1]詔司空齊王攸與尚書、廷尉、河南尹録訊繫囚，[2]事從蠲宥。

[1]乙酉：是年四月丙午朔，月内無乙酉。牛繼清先生懷疑“乙酉”爲“己酉”之訛。己酉初四日。（參見牛繼清、張林祥《十七史疑年録》，黄山書社2007年版，第57頁）

[2]司空：官名，魏晋南北朝爲名譽宰相，多爲大臣加官。晋八公之一，位在三公之末。一品。　齊王攸：司馬攸，字大猷，本書卷三八有傳。　廷尉：官名，中央最高司法審判機構長官，負責會審朝中有罪文武大臣，覆核審决郡國疑獄等。三品。　河南尹：官名，京都洛陽所在河南郡長官，主管京都事務。三品。

五年六月，旱。此年正月天陰，解而復合。劉毅上疏曰：[1]“必有阿黨之臣奸以事君者，當誅而不赦也。”帝不答。是時荀勖、馮紞僭作威福，[2]亂朝尤甚。

[1]劉毅：字仲雄，本書卷四五有傳。

[2]馮紞：字少冑，本書卷三九有傳。

六年三月，青、梁、幽、冀郡國旱。[1]六月，濟陰、武陵旱，[2]傷麥。七年夏，郡國十三大旱。八年四月，冀州旱。九年夏，郡國三十三旱，扶風、始平、京兆、安定旱，[3]傷麥。十年二月，旱。

[1]梁：梁州，古九州之一。三國曹魏治所在沔陽縣（今陝西省勉縣東），西晋移治南鄭縣（今陝西省漢中市東）。　幽：幽州，治所在薊縣（今北京市西南）。　冀：冀州，古九州之一。西漢武帝十三部刺史之一。三國魏治所在信都縣（今河北省衡水市冀州區），西晋移治房子縣（今河北省高邑縣西南）。

[2]濟陰：郡名，治所在定陶縣（今山東省菏澤市定陶區）。　武陵：郡治，治所在今湖北省竹山縣西北。

[3]扶風：封國名，治所在郿縣（今陝西省眉縣東渭河北岸）。　始平：郡名，治所在槐里縣（今陝西省興平市）。　京兆：郡名，治所在長安縣（今陝西省西安市西北）。　安定：郡名，西漢置，治所在高平縣（今寧夏回族自治區固原市），東漢治所在臨涇縣（今甘肅省鎮原縣東南），東晋改治安定縣（今甘肅省涇川縣北）。

太熙元年二月，旱。自太康已後，雖正人滿朝，不被親仗，而賈充、荀勖、楊駿、馮紞等迭居要重，[1]所以無年不旱者，欲德不用，[2]上下皆蔽，庶位逾節之罰也。

[1]楊駿：字文長，本書卷四〇有傳。

［2］欲德不用：欲，殿本作“厥”。

惠帝元康七年七月，秦、雍二州大旱，[1]疾疫，關中饑，米斛萬錢。因此氐羌反叛，雍州刺史解系敗績。[2]而饑疫薦臻，[3]戎晋並困，朝廷不能振，詔聽相賣鬻。其九月，郡國五旱。

［1］秦：秦州，治所在冀縣（今甘肅省甘谷縣東）。

［2］解系：字少連，本書卷六〇有傳。

［3］饑疫薦臻：饑荒瘟疫接連到來。

永寧元年，自夏及秋，青、徐、幽、并四州旱。[1]十二月，又郡國十二旱。是年春，三王討趙王倫，六旬之中數十戰，死者十餘萬人。

［1］徐：徐州，古九州之一。西漢十三部刺史之一。東漢治所在郯縣（今山東省郯城縣），三國魏移治彭城縣（今江蘇省徐州市），東晋時改爲北徐州。　并：并州，治所在晋陽縣（今山西省太原市西南）。

懷帝永嘉三年五月，大旱，襄平縣梁水淡池竭，[1]河、洛、江、漢皆可涉。是年三月，司馬越歸京都，[2]遣兵入京，收中書令繆播等九人殺之，[3]皆僭逾之罰也。又四方諸侯多懷無君之心，劉元海、石勒、王彌、李雄之徒賊害百姓，[4]流血成泥，又其應也。五年，自去冬旱至此春。去歲十一月，司馬越以行臺自隨，斥黜宫衛，無君臣之節。

[1]襄平縣：縣名，遼東郡治所在地，治所在今遼寧省遼陽市。　梁水：一作大梁水，即今遼寧省遼河支流太子河。

[2]司馬越：字元超，本書卷五九有傳。司，宋本作“同”。

[3]中書令：官名，掌收納尚書奏事、傳達皇帝詔旨。三國魏文帝初年分秘書置中書省，設中書監和中書令，職權甚重。三品。　繆播：字宣則，本書卷六〇有傳。

[4]劉元海：即劉淵，字元海，本書卷一〇一有載記。　石勒：字世龍，本書卷一〇四有載記。　王彌：本書卷一〇〇有傳。　李雄：字仲儁，本書卷一二一有傳。

元帝建武元年六月，[1]揚州旱。[2]去年十二月，淳于伯冤死，[3]其年即旱，而太興元年六月又旱。干寶曰：[4]“殺淳于伯之後旱三年是也。刑罰妄加，群陰不附，則陽氣勝之罰也。”

[1]元帝建武元年六月：元帝，原本、宋本、殿本作“愍帝”，據中華本校勘記改。

[2]揚州：三國魏吴各置揚州，魏治所在壽春縣（今安徽省壽縣），吴治所在建業縣（今江蘇省南京市）。西晋統一後復合，治所在建鄴縣（今江蘇省南京市）。

[3]淳于伯：東晋元帝建武元年（317），丞相王導揚聲北伐，淳于伯因督運稽留及役使贓罪，被依軍法處死。其子爲之訴冤説：“督運事訖，無所稽乏，受賕役使，罪不及死。兵家之勢，先聲後實，實是屯戍，非爲徵軍。自四年已來，運漕稽停，皆不以軍興法論。”事見本卷及卷六九《劉隗傳》。

[4]干寶：字令升，本書卷八二有傳。

元帝太興四年五月，旱。是時王敦陵僭已著。

永昌元年夏，大旱。是年三月，王敦有石頭之變，[1]二宫陵辱，[2]大臣誅死，僭逾無上，故旱尤甚也。其閏十一月，京都大旱，川谷並竭。

[1]石頭：石頭城，故址位於今江蘇省南京市清涼山。

[2]二宫：指明帝和成帝。

明帝太寧三年，自春不雨，至於六月。

成帝咸和元年，夏秋旱。是時庾太后臨朝稱制，[1]言不從而僭逾之罰也。

[1]庾太后：名文君，本書卷三二有傳。

二年夏，旱。五年五月，大旱。六年四月，大旱。八年秋七月，旱。九年，自四月不雨，至於八月。

咸康元年六月，旱。是時成帝冲弱，未親萬機，内外之政，决之將相。此僭逾之罰，連歲旱也。至四年，王導固讓太傅，[1]復子明辟。[2]是後不旱，殆其應也。時天下普旱，會稽、餘姚特甚，[3]米斗直五百，人有相鬻者。二年三月，旱。三年六月，旱。時王導以天下新定，務在遵養，不任刑罰，遂盗賊公行，頻五年亢旱，亦舒緩之應也。

[1]王導：字茂弘，本書卷六五有傳。

[2]復子明辟：歸還朝政。《尚書·洛誥》："周公拜手稽首曰：

‘朕復子明辟。’”孔安國傳：“言我復還明君之政於子，子成王，年二十成人，故必歸政而退老。”

[3]餘姚：縣名，治所在今浙江省餘姚市。

康帝建元元年五月，旱。

穆帝永和元年五月，旱。是時帝在襁褓，褚太后臨朝，[1]如明穆太后故事。五年七月不雨，至於十月。六年夏，旱。八年夏，旱。九年春，旱。

[1]褚太后：名蒜子，本書卷三二有傳。

升平三年冬，大旱。四年冬，大旱。

哀帝隆和元年夏，旱。是時桓温强恣，[1]權制朝廷，僭逾之罰也。

[1]桓温：字元子，本書卷九八有傳。

海西公太和元年夏，旱。四年冬，旱。凉州春旱至夏。[1]

[1]凉州：東漢治所在隴縣（今甘肅省張家川回族自治縣），三國魏移治姑臧縣（今甘肅省武威市）。

簡文帝咸安二年十月，大旱，饑。自永和至是，嗣主幼冲，桓温陵僭，用兵征伐，百姓怨苦。

孝武帝寧康元年三月，旱。是時桓温入覲高平陵，闔朝致拜，逾僭之應也。三年冬，旱。

太元四年夏，大旱。八年六月，旱。十年七月，旱，饑。初，八年破苻堅，[1]九年諸將略地，有事徐、豫，楊亮、趙統攻討巴沔。[2]是年正月，謝安又出鎮廣陵，[3]使子琰進次彭城，[4]頻有軍役。

[1]苻堅：字永固，本書卷一一三有載記。苻，原本、宋本、殿本作“符”，據其載記及中華本改。本卷下同。

[2]巴沔：巴山、沔水，指漢中地區。

[3]謝安：字安石，本書卷七九有傳。　廣陵：郡名，治所在廣陵縣（今江蘇省揚州市西北蜀岡上）。

[4]琰：謝琰，字瑗度，本書卷七九有傳。　彭城：縣名，治所在今江蘇省徐州市。

十三年六月，旱。去歲北府遣戍胡陸，[1]荆州經略河南。[2]是年夏，郭銓置戍野王，[3]又遣軍破黄淮。

[1]北府：東晋初指北中郎將府。《世説新語·排調》“郗司空拜北府”注引《南徐州記》：“舊徐州都督以東爲稱，晋氏南遷，徐州刺史加北中郎將，北府之號自此起也。”後習慣稱駐在京口、廣陵的軍府。此處指北府軍將領劉裕。　胡陸：即湖陸，縣名，治所在今山東省魚臺縣東南。

[2]荆州：此處指桓玄。

[3]郭銓：東晋人，歷任梁州刺史、南平太守、竟陵太守、益州刺史。桓玄叛亂，任之爲前將軍，後歸降劉裕。　野王：縣名，治所在今河南省沁陽市。

十五年七月，旱。十七年，秋旱至冬。是時烈宗仁恕，[1]信任會稽王道子，政事舒緩。又茹千秋爲驃騎諮議，[2]竊弄主相威福。又丘尼乳母親黨及婢僕之子階緣近習，臨部領衆。又所在多上春竟囚，[3]不以其辜，建康獄吏，枉暴既甚。此又僭逾不從冤濫之罰。

[1]烈宗：孝武帝廟號。

[2]茹千秋：東晋人，本爲錢塘捕賊吏，因善於賄賂諂媚，被司馬道子提拔爲驃騎諮議參軍。其子壽齡爲樂安令，贓私狼藉，畏法奔逃，竟無罪罰，傲然還縣。

[3]上春竟囚：初春處決囚犯。

安帝隆安二年冬，[1]旱，寒甚。四年五月，旱。五年，夏秋大旱。十二月，不雨。時孫恩作亂，[2]桓玄疑貳，[3]迫殺殷仲堪，[4]而朝廷即授以荆州之任，[5]司馬元顯又諷百僚悉使敬己，[6]内外騷動，兵革煩興。此皆陵僭憂愁之應也。

[1]二年：殿本作“三年”。

[2]孫恩：字靈秀，本書卷一〇〇有傳。

[3]桓玄：字敬道，本書卷九九有傳。

[4]殷仲堪：本書卷八四有傳。

[5]荆州：三國時曹魏治所在新野縣（今河南省新野縣），孫吴治所在江陵縣（今湖北省江陵縣），西晋統一後治所在江陵縣（今湖北省江陵縣）。

[6]司馬元顯：司馬道子之子，本書卷六四有傳。

元興元年七月，大饑。九月、十月不雨，泉水涸。二年六月，不雨。冬，又旱。時桓玄奢僭，十二月遂篡位。三年八月，不雨。

義熙四年冬，不雨。六年九月，不雨。八年十月，不雨。九年，秋冬不雨。十年九月，旱。十二月又旱，井瀆多竭。是時軍役煩興。

詩妖

魏明帝太和中，京師歌《兜鈴曹子》，其唱曰“其奈汝曹何”，此詩妖也。其後曹爽見誅，[1]曹氏遂廢。

[1]曹爽：三國時沛國譙縣（今安徽省亳州市）人，字昭伯。曹真子。明帝死，受遺詔與司馬懿共同輔政。後與司馬懿争權，爲司馬懿所殺。

景初初，童謠曰：“阿公阿公駕馬車，不意阿公東渡河，阿公來還當奈何！”及宣帝遼東歸，至白屋，[1]當還鎮長安。會帝疾篤，急召之，乃乘追鋒車東渡河，[2]終如童謠之言。

[1]白屋：地名，在今河南省輝縣西南。
[2]追鋒車：古代一種輕便的驛車，因車行疾速，故名。

齊王嘉平中，有謠曰：“白馬素羈西南馳，其誰乘者朱虎騎。”朱虎者，楚王小字也。[1]王淩、令狐愚聞此謠，謀立彪。事發，淩等伏誅，彪賜死。

[1]楚王小字也：中華本校勘記："《校文》：'王'下《宋志》有'彪'字。"

吴孫亮初，童謡曰："吁汝恪，何若若，蘆葦單衣篾鉤絡，於何相求常子閣。""常子閣"者，反語石子堈也。[1]鉤絡，鉤帶也。及諸葛恪死，[2]果以葦席裹身，篾束其要，[3]投之石子堈。後聽恪故吏收斂，求之此堈云。

[1]反語：魏晋南北朝時的一种隱語。以兩个字先正切，再倒切，成爲另外兩个字。具體到此反語，先常子切音"石"，後閣與常倒切音"岡"，乃成"石子堈"。

[2]諸葛恪：三國時琅邪陽都（今山東省沂南縣南）人，字元遜，諸葛瑾長子，少有才名。歷任孫吴騎都尉、撫越將軍、領丹楊太守、威北將軍、大將軍等職。孫權卒後，輔立孫亮，拜太傅，改善國政，頗得人心。建興二年（253）伐魏失敗，損兵折將，國内怨聲載道。後爲孫峻所殺。

[3]篾：竹皮。

孫亮初，公安有白鼉鳴。[1]童謡曰："白鼉鳴，龜背平，南郡城中可長生，[2]守死不去義無成。""南郡城中可長生"者，有急易以逃也。明年，諸葛恪敗，弟融鎮公安，[3]亦見襲，融刮金印龜服之而死。鼉有鱗介，甲兵之象。又曰，白祥也。

[1]公安：縣名，三國吴置，治所在今湖北省公安縣西。

[2]南郡：治所在江陵縣（今湖北省江陵縣）。

[3]融：諸葛融，三國孫吴人，諸葛恪弟弟，任公安督、奮威將軍等職。　“不去義無成”至“弟融鎮”：宋本闕此段文。

孫休永安二年，[1]將守質子群聚嬉戲，有異小兒忽來言曰：“三公鋤，司馬如。”又曰：“我非人，熒惑星也。”[2]言畢上昇，仰視若曳一匹練，有頃没。干寶曰：“後四年而蜀亡，六年而魏廢，二十一年而吴平。”[3]於是九服歸晋。魏與吴蜀並戰國，“三公鋤，司馬如”之謂也。

[1]二年：殿本作“三年”。

[2]熒惑星：火星。

[3]二十一年而吴平：十一，原本、宋本無此二字，殿本有，據殿本補。

孫皓遣使者祭石印山下妖祠，[1]使者因以丹書巖曰：“楚九州渚，吴九州都。揚州士，[2]作天子。四世治，太平矣。”皓聞之，意益張，曰：“從太皇帝至朕四世，太平之主非朕復誰！”恣虐逾甚，尋以降亡，近詩妖也。

[1]石印山：《三國志》卷四八《孫皓傳》注引《江表傳》：“歷陽縣有石山臨水，高百丈，其三十丈所，有七穿駢羅，穿中色黄赤，不與本體相似，俗相傳謂之石印。又云，石印封發，天下當太平。下有祠屋，巫祝言石印神有三郎。時歷陽長表上言石印發，皓遣使以太牢祭歷山。巫言，石印三郎説‘天下方太平’。使者作高梯，上看印文，詐以朱書石作二十字，還以啓皓。”

[2]揚州士：士，殿本作“土”。

孫皓天紀中，童謡曰："阿童復阿童，銜刀游渡江。不畏岸上獸，但畏水中龍。"武帝聞之，加王濬龍驤將軍。[1]及征吴，江西衆軍無過者，而王濬先定秣陵。[2]

[1]王濬：字士治，本書卷四二有傳。　龍驤將軍：官名，高級軍事將領。三品。

[2]秣陵：縣名，東漢建安十七年（212）孫權改名建業縣，治所在今江蘇省南京市。

武帝太康三年平吴後，江南童謡曰："局縮肉，數横目，中國當敗吴當復。"又曰："宫門柱，且當朽，吴當復，在三十年後。"又曰："鷄鳴不拊翼，吴復不用力。"於時吴人皆謂在孫氏子孫，故竊發爲亂者相繼。案"横目"者四字，自吴亡至元帝興幾四十年，元帝興於江東，皆如童謡之言焉。元帝懦而少斷，"局縮肉"者，有所斥也。

太康末，京洛爲《折楊柳》之歌，其曲始有兵革苦辛之辭，終以擒獲斬截之事。是時三楊貴盛而被族滅，[1]太后廢黜，[2]幽死中宫，"折楊柳"之應也。

[1]三楊：指楊駿及弟弟楊珧、楊濟。史稱三人"勢傾天下，時人有'三楊'之號"。

[2]太后：此指武帝皇后楊芷，字季蘭，本書卷三一有傳。

惠帝永熙中，河内温縣有人如狂，[1]造書曰："光光文長，大戟爲墻。毒藥雖行，戟還自傷。"又曰："兩火没地，哀哉秋蘭。歸形街郵，終爲人嘆。”及楊駿居内府，以戟爲衛，死時又爲戟所害傷。楊后被廢，[2]賈后絶其膳八日而崩，[3]葬街郵亭北，百姓哀之也。兩火，武帝諱，蘭，楊后字也。其時又有童謡曰：“二月末，三月初，荆筆楊板行詔書，宫中大馬幾作驢。”此時楊駿專權，楚王用事，[4]故言“荆筆楊板”。二人不誅，則君臣禮悖，故云“幾作驢”也。

[1]河内：郡名，治所在野王縣（今河南省沁陽市）。　温縣：治所在今河南省温縣南。

[2]楊后：即上文武帝皇后楊芷。

[3]賈后：惠帝皇后賈南風，本書卷三二有傳。

[4]楚王：楚王司馬瑋，字彦度，本書卷五九有傳。

元康中，京洛童謡曰：“南風起，吹白沙，遥望魯國何嵯峨，[1]千歲髑髏生齒牙。”又曰：“城東馬子莫嚨哅，[2]比至來年纏汝鬘。”[3]南風，賈后字也。白，晋行也。沙門，太子小名也。魯，賈謐國也。[4]言賈后將與謐爲亂，以危太子，而趙王因釁咀嚼豪賢，以成篡奪，不得其死之應也。

[1]嵯峨：高聳貌。

[2]嚨哅：馬嘶鳴。

[3]鬘：假髮髻。

[4]賈謐：字長深，本書卷四〇有傳。

元康中，天下商農通著大鄣日。[1]時童謡曰："屠蘇鄣日覆兩耳，[2]當見瞎兒作天子。"及趙王倫篡位，其目實眇焉。趙王倫既篡，洛中童謡曰："獸從北來鼻頭汗，龍從南來登城看，水從西來河灌灌。"數月而齊王、成都、河間義兵同會誅倫。[3]案成都西藩而在鄴，[4]故曰"獸從北來"。齊東藩而在許，故曰"龍從南來"。河間水源而在關中，故曰"水從西來"。齊留輔政，居於宫西，又有無君心，故言"登城看"也。

[1]大鄣日：大帽檐。

[2]屠蘇：有帽檐的帽子，形狀似屋子。

[3]齊王：齊王司馬冏，字景治，本書卷五九有傳。　河間：河間王司馬顒，字文載，本書卷五九有傳。

[4]鄴：曹魏五都之一，十六國後趙亦都於此。治所在今河北省臨漳縣西南。

太安中，童謡曰："五馬游渡江，一馬化爲龍。"後中原大亂，宗藩多絶，唯琅邪、汝南、西陽、南頓、彭城同至江東，[1]而元帝嗣統矣。

[1]琅邪：琅邪王，晋元帝司馬睿，本書卷六有紀。　汝南：汝南王，司馬祐，字永猷，本書卷五九有傳。　西陽：西陽王，司馬羕，字延年，本書卷五九有傳。　南頓：南頓王，司馬宗，字延祚，本書卷五九有傳。　彭城：彭城王，司馬紘，字偉德，本書卷三七有傳。

司馬越還洛，有童謡曰："洛中大鼠長尺二，若不早去大狗至。”及苟晞將破汲桑，[1]又謡曰：“元超兄弟大落度，[2]上桑打椹爲苟作。”由是越惡晞，奪其兗州，隙難遂構焉。

[1]苟晞：字道將，本書卷六一有傳。苟，宋本作“狗”。汲桑：西晋魏郡（今河北省臨漳縣西南）人，一説平陽（今山西省臨汾市西南）人。與石勒從成都王司馬穎故將公師藩，後自稱大將軍，爲石勒前驅，被乞活田甄攻殺。

[2]元超：司馬越，字元超。　大落度：極度潦倒失意。落，原本、宋本作“洛”，殿本作“落”，據殿本改。

愍帝初，有童謡曰：“天子何在豆田中。”[1]至建興四年，帝降劉曜，[2]在城東豆田壁中。

[1]天子何在豆田中：中華本校勘記：“《類聚》八五、《御覽》八四一引王隱《晋書》作‘天子在何許？近在豆田中’。”

[2]劉曜：字永明，本書卷一〇三有載記。

建興中，江南謡歌曰：“訇如白坑破，[1]合集持作甒。[2]揚州破换敗，[3]吴興覆瓿甊。”[4]案白者，晋行。坑器有口屬瓮，瓦瓮質剛，亦金之類也。“訇如白坑破”者，言二都傾覆，王室大壞也。“合集持作甒”者，元帝鳩集遺餘，以主社稷，未能克復中原，但偏王江南，故其諭也。及石頭之事，六軍大潰，兵人抄掠京邑，爰及二宫。其後三年，錢鳳復攻京邑，阻水而守，相持月餘日，焚燒城邑，井堙木刊矣。鳳等敗退，沈充將其黨還吴興，官軍踵之，蹈籍郡縣，充父子授首，黨與誅者以百數。所謂“揚州破换敗，吴興覆瓿甊”，瓿甊瓦器，又小於瓿也。

[1]訇：象聲詞，巨大的聲音。

[2]甒（wǔ）：盛酒的陶器，

[3]揚州：揚，原本、宋本作“楊”，殿本作“揚”，據殿本改。本卷下文“揚州”同此類者不再出注。　破换敗：宋本作“破换毁敗”。

[4]瓿（bù）甊（lǒu）：小罌（yīng）。《爾雅・釋器》“甌瓿謂之瓵”郭璞注：“瓿甊，小罌。”

明帝太寧初，童謡曰：“惻惻力力，[1]放馬山側。大馬死，小馬餓。高山崩，石自破。”及明帝崩，成帝幼，爲蘇峻所逼，遷於石頭，御膳不足，此“大馬死，小馬餓”也。高山，峻也，又言峻尋死。石，峻弟蘇石也。峻死後，石據石頭，尋爲諸公所破，復是崩山石破之應也。

[1]惻惻力力：古詩謡諺開首語。

成帝之末，又有童謡曰：“磕磕何隆隆，[1]駕車入梓宫。”少日而宫車晏駕。

[1]磕磕何隆隆：車輪滚動的聲音。

咸康二年十二月，河北謡云：[1]“麥入土，殺石武。”[2]後如謡言。

[1]云：殿本作“曰”。

[2]殺石武：中華本校勘記：“‘武’，《宋志》二作‘虎’。‘石虎’爲原名，《宋志》爲河北謡原文，唐人避諱改‘虎’爲‘武’。”

庾亮初鎮武昌，[1]出至石頭，百姓於岸上歌曰：“庾公上武昌，翩翩如飛鳥。庾公還楊州，白馬牽旒旐。”[2]又曰：“庾公初上時，翩翩如飛鳥。庾公還揚州，白馬牽流蘇。”後連徵不入，及薨於鎮，以喪還都葬，皆如謡言。

[1]庾亮：字元規，本書卷七三有傳。

[2]旒旐：標志死者官職和姓名的旗幡。《世説新語·排調》：“顧愷之曰：‘火燒平原無遺燎。’桓曰：‘白布纏棺豎旒旐。’”

穆帝升平中，童兒輩忽歌於道曰《阿子聞》，[1]曲終輒云“阿子汝聞不”？無幾而帝崩，太后哭之曰：“阿子汝聞不？”

[1]阿子：魏晋南北朝喜歡在名字前加“阿”字。三國時魯肅稱吕蒙爲“阿蒙”，西晋韓壽呼賈后“阿后”，阮籍稱王戎爲“阿戎”。

升平末，[1]俗間忽作《廉歌》，有扈謙者聞之曰：

“廉者，臨也。歌云‘白門廉，宮庭廉’，内外悉臨，國家其大諱乎！”少時而穆帝晏駕。

[1]升平末：末，宋本作“永”。

哀帝隆和初，童謡曰：“升平不滿斗，隆和那得久！桓公入石頭，陛下徒跣走。”朝廷聞而惡之，改年曰興寧。人復歌曰：“雖復改興寧，亦復無聊生。”哀帝尋崩。升平五年而穆帝崩，“不滿斗”，升平不至十年也。[1]

[1]“不滿斗”，升平不至十年也：中華本校勘記：“《册府》八九四此下有‘無聊生，謂哀帝尋晏駕也。後桓温入朝廢海西公’十九字。‘不滿斗’，釋上隆和初一謡；‘無聊生’，釋改年後一謡。本志及《宋志》二疑有脱文。”

海西公太和中，百姓歌曰：“青青御路楊，白馬紫游韁。汝非皇太子，那得甘露漿？”識者曰：“白者，金行。馬者，國族。紫爲奪正之色，明以紫間朱也。”[1]海西公尋廢，其三子並非海西公之子，縊以馬韁。死之明日，南方獻甘露焉。

[1]明以紫間朱也：間，原本、宋本作“聞”，殿本作“間”，據殿本改。

太和末，童謡曰：“犁牛耕御路，白門種小麥。”及海西公被廢，百姓耕其門以種小麥，遂如謡言。

海西公初生皇子，百姓歌云：[1]"鳳皇生一雛，天下莫不喜。本言是馬駒，今定成龍子。"其歌甚美，其旨甚微，海西公不男，使左右向龍與内侍接，生子，以爲己子。

[1]云：殿本作"曰"。

桓石民爲荆州，[1]鎮上明，[2]百姓忽歌曰"黄曇子"。曲中又曰：[3]"黄曇英，揚州大佛來上明。"頃之而桓石民死，王忱爲荆州。[4]黄曇子乃是王忱字也。忱小字佛大，是"大佛來上明"也。

[1]桓石民：桓彝孫，本書卷七四有傳。

[2]上明：即上明城，東晋太元二年（377）以後爲荆州州治。位於今湖北省宿松縣西北長江南岸。

[3]曲中：中華本校勘記："《校文》：'中'當從《宋志》作'終'。"

[4]王忱：字元達，本書卷七五有傳。

孝武帝太元末，[1]京口謡曰：[2]"黄雌鷄，莫作雄父啼。一旦去毛衣，衣被拉颯栖。"尋而王恭起兵誅王國寶，旋爲劉牢之所敗，[3]故言"拉颯栖"也。

[1]太元末：末，宋本作"未"。

[2]曰：殿本無此字。

[3]劉牢之：字道堅，本書卷八四有傳。

會稽王道子於東府造土山，名曰靈秀山。無幾而孫恩作亂，再踐會稽。[1]會稽，道子所封；靈秀，孫恩之字也。

[1]會稽：郡名，治所在山陰縣（今浙江省紹興市）。

庾楷鎮歷陽，[1]百姓歌曰："重羅黎，[2]重羅黎，使君南上無還時。"後楷南奔桓玄，爲玄所誅。

[1]庾楷：庾亮之孫，本書卷八四有傳。　歷陽：縣名，治所在今安徽省和縣。

[2]重羅黎：重重羅網。

殷仲堪在荊州，童謠曰："芒籠目，繩縛腹。殷當敗，桓當復。"未幾而仲堪敗，桓玄遂有荊州。

王恭鎮京口，[1]舉兵誅王國寶。百姓謠云："昔年食白飯，今年食麥麰。天公誅讁汝，教汝捻嚨喉。嚨喉喝復喝，京口敗復敗。"識者曰：昔年食白飯，言得志也。今年食麥麰，麰粗穢，其精已去，明將敗也。天公將加譴讁而誅之也。捻嚨喉，氣不通，死之祥也。敗復敗，丁寧之辭也。[2]恭尋死，京都又大行欬疾，[3]而喉並喝焉。

[1]京口：地名，即今江蘇省鎮江市。京，原本、宋本作

“荆”，殿本作“京”，據殿本改。

［2］丁寧：叮嚀。

［3］欬：咳嗽。

王恭在京口，百姓間忽云：“黄頭小兒欲作賊，阿公在城，下指縛得。”又云：“黄頭小人欲作亂，賴得金刀作藩扞。”黄字上恭字頭也，小人恭字下也，尋如謡言者焉。

安帝隆安中，百姓忽作《懊憹》之歌，其曲曰：“草生可攬結，女兒可攬擷。”[1]尋而桓玄篡位，義旗以三月二日掃定京都，[2]誅之。玄之宫女及逆黨之家子女妓妾悉爲軍賞，東及甌越，[3]北流淮泗，皆人有所獲。故言時則草可結，事則女可擷也。

［1］攬擷：采摘。

［2］掃定：掃，原本、宋本、殿本作“埽”，據中華本改。

［3］甌越：百越的一支。分佈在今浙江省甌江流域。

桓玄既篡，童謡曰：“草生及馬腹，烏啄桓玄目。”及玄敗，走至江陵，[1]時正五月中，誅如其期焉。

［1］江陵：縣名，治所在今湖北省江陵縣。

安帝義熙初，童謡曰：“官家養蘆化成荻，[1]蘆生不止自成積。”其時官養盧龍，[2]寵以金紫，奉以名州，養之極也。而龍不能懷我好音，舉兵内伐，遂成仇敵也。

“蘆生不止自成積”，及盧龍之敗，斬伐其黨，猶如草木以成積也。

[1]官家養蘆化成荻：“官家養盧化成敵”之意。

[2]盧龍：中華本校勘記：“《御覽》卷一〇〇〇引《中興書》作‘盧循’。循小字元龍，盧龍蓋‘盧元龍’之省。”

盧龍據廣州，[1]人爲之謡曰：“蘆生漫漫竟天半。”後擁上流數州之地。内逼京輦，應“天半”之言。

[1]廣州：治所在番禺縣（今廣東省廣州市）。

義熙二年，小兒相逢於道，輒舉其兩手曰“盧健健”，次曰“鬥嘆鬥嘆”，末曰“翁年老翁年老”。當時莫知所謂。其後盧龍内逼，舟艦蓋川，“健健”之謂也。既至查浦，[1]屢克期欲與官鬥，“鬥嘆”之應也。“翁年老”，群公有期頤之慶，[2]知妖逆之徒自然消殄也。其時復有謡言曰：“盧橙橙，逐水流，東風忽如起，那得入石頭！”盧龍果敗，不得入石頭也。[3]

[1]查浦：即柤浦。位於今江蘇省南京市西清涼山南。

[2]期頤：一百歲。

[3]“翁年老”至“不得入石頭也”：宋本此段文置於下文“於是協同討滅王敦”下。

昔温嶠令郭景純卜己與庾亮吉凶，[1]景純云：“元吉。”嶠語亮曰：“景純每筮是，不敢盡言。吾等與國家同安危，而曰‘元吉’，是事有成也。”於是協同討滅王敦。

[1]温嶠：字太真，本書卷六七有傳。　郭景純：即郭璞，字景純，本書卷七二有傳。

苻堅初，童謡曰：“阿堅連牽三十年，後若欲敗時，當在江湖邊。”及堅在位凡三十年，敗於淝水，[1]是其應也。又謡語云：“河水清復清，苻堅死新城。”[2]及堅爲姚萇所殺，[3]死於新城。復謡歌云：“魚羊田升當滅秦。”[4]識者以爲“魚羊，鮮也；田升，卑也，堅自號秦，言滅之者鮮卑也。”[5]其群臣諫堅，令盡誅鮮卑，堅不從。及淮南敗還，初爲慕容沖所攻，[6]又爲姚萇所殺，身死國滅。

[1]淝水：源出今安徽省肥西縣西北，北流至壽縣城東，復折西北入淮河。今名東淝河。

[2]苻堅：堅，宋本作“詔”。　新城：地名，在今陝西省澄城縣東北。

[3]姚萇：字景茂，本書卷一一六有載記。

[4]田升：原本、宋本、殿本作“田斗”，據中華本改。本卷下文“田升”同。

[5]鮮卑：我國古代北方少數民族，有拓拔、宇文、慕容、秃髮、乞伏、段諸部。此指慕容部。

[6]慕容沖：小字鳳凰，昌黎棘城縣（今遼寧省義縣西）人，慕容儁之子。西燕國主。

毛蟲之孽[1]

武帝太康六年，南陽獻兩足猛獸，此毛蟲之孽也。識者爲其文曰："武形有虧，金獸失儀，聖主應天，斯異何爲！"言兆亂也。京房《易傳》曰："足少者，下不勝任也。"干寶以爲："獸者陰精，居於陽，金獸也。南陽，火名也。金精入火而失其形，王室亂之妖也。"六，水數，言水數既極，火慝得作，[2]而金受其敗也。至元康九年，始殺太子，距此十四年。二七十四，火始終相乘之數也。自帝受命，至愍懷之廢，[3]凡三十五年焉。

[1]孽：灾禍。

[2]慝：灾禍。

[3]愍懷：即愍懷太子司馬遹，字熙祖，本書卷五三有傳。

太康七年十一月丙辰，[1]四角獸見於河間，[2]河間王顒獲以獻。天戒若曰，角，兵象也，四者，四方之象，當有兵亂起於四方。後河間王遂連四方之兵，作爲亂階，殆其應也。

[1]丙辰：丙，原本、宋本、殿本作"景"，"景"爲"丙"的避諱用字，本卷以下凡遇以"景"諱"丙"，均徑改，不再出注。

[2]河間：郡名，西漢高帝置，文帝時改爲國，治所在樂成縣（今河北省獻縣東南）。

懷帝永嘉五年，蝘鼠出延陵。[1]郭景純筮之曰："此郡東之縣，當有妖人欲稱制者，亦尋自死矣。"其後吴興徐馥作亂，[2]殺太守袁琇，馥亦時滅，是其應也。

[1]延陵：縣名，治所在今江蘇省丹陽市延陵鎮。

[2]徐馥：東晋吴興（治今浙江省湖州市南）人，地方豪族，家有部曲。與周勰以討王導、刁協爲名起兵，殺吴興太守袁琇，有衆數千。後被同黨所殺。

成帝咸和六年正月丁巳，會州郡秀孝於樂賢堂，[1]有麏見於前，[2]獲之。孫盛以爲吉祥。[3]夫秀孝，[4]天下之彦士；樂賢堂，所以樂養賢也。自喪亂以後，風教陵夷，秀孝策試，乏四科之實。[5]麏興於前，或斯故乎？

[1]樂賢堂：《景定建康志》卷二一《堂館》："樂賢堂舊在臺城内。"考證："宫城西南角外有清游池，通城中樂賢堂。"

[2]麏：獐子。

[3]孫盛：字安國，本書卷八二有傳。

[4]"孫盛"至"夫秀孝"：中華本校勘記："李校：《宋志》作'孫盛曰：夫秀孝'云云，無'以爲吉祥'四字。玩下文義，盛固不以爲吉祥也。疑此處'以爲吉祥'四字本在'孫盛'上，而'盛'下脱一'曰'字。"

[5]四科：漢代選拔人才的四個科目：賢良、方正、秀才、孝廉。

哀帝隆和元年十月甲申，有麏入東海第。[1]百姓歡言曰："主入東海第"，[2]識者怪之。及海西廢爲東海王，乃入其第。

[1]麈：駝鹿。

[2]主入東海第：主，殿本作“麈”。

孝武太元十三年四月癸巳，祠廟畢，有兔行廟堂上。天戒若曰，兔，野物也，而集宗廟之堂，不祥莫之甚焉。

犬禍

公孫文懿家有犬，[1]冠幘絳衣上屋，此犬禍也。屋上，亢陽高危之地。天戒若曰，亢陽無上，偷自尊高，狗而冠者也。及文懿自立爲燕王，果爲魏所滅。京房《易傳》曰：“君不正，臣欲篡，厥妖狗出朝門。”

[1]公孫文懿：即公孫淵。三國時遼東襄平（今遼寧省遼陽市）人，字文懿，公孫康子，公孫康死後，奪弟公孫恭之權，自立爲燕王。後被司馬懿征討攻殺。

魏侍中應璩在直廬，[1]欻見一白狗出門，問衆人，無見者。逾年卒，近犬禍也。

[1]侍中：官名，東漢建安中與給事黄門侍郎出入禁中，省尚書事。曹魏時爲門下之侍中省長官，常侍衛皇帝左右，掌顧問應對、諫諍糾察、平議奏事、駁奏異議等，權力甚重。三品。　應璩：三國時汝南南頓（今河南省項城市西南），字休璉，應瑒弟。博學好屬文，善爲書記。歷任曹魏散騎常侍、侍中、大將軍長史等職。曾作“百一詩”，以諷曹爽秉政，爲當世所傳。　直廬：侍臣夜裏值班的地方。

吴諸葛恪征淮南歸，將朝會，犬銜引其衣。恪曰："犬不欲我行乎？"還坐。有頃復起，犬又銜衣，乃令逐犬，遂升車，入而被害。

武帝太康九年，幽州有犬，鼻行地三百餘步。天戒若曰，是時帝不思和嶠之言，[1]卒立惠帝，以致衰亂，是言不從之罰也。

[1]和嶠：字長輿，本書卷四五有傳。

惠帝元康中，吴郡婁縣人家聞地中有犬子聲，[1]掘之，得雌雄各一。還置窟中，覆以磨石，經宿失所在。天戒若曰，帝既衰弱，藩王相譖，故有犬禍。

[1]婁縣：治所在今江蘇省昆山市東北。

永興元年，丹楊内史朱逵家犬生三子，[1]皆無頭。後逵爲揚州刺史曹武所殺。

[1]丹楊：郡名，治所在建鄴縣（今江蘇省南京市）。楊，殿本作"陽"。本卷下文"丹楊"同。

孝懷帝永嘉五年，吴郡嘉興張林家狗人言云：[1]"天下人餓死。"於是果有二胡之亂，天下饑荒焉。

[1]嘉興：縣名，治所在今浙江省嘉興市南。

愍帝建興元年，狗與猪交。案《漢書》，景帝時有此，以爲悖亂之氣，亦犬豕禍也。犬，兵革之占也。豕，北方匈奴之象。逆言失聽，異類相交，必生害也。俄而帝没於胡，是其應也。

元帝太興中，吴郡太守張懋聞齋内床下犬聲，[1]求而不得。既而地自坼，[2]見有二犬子，取而養之，皆死。尋而懋爲沈充所害。京房《易傳》曰："讒臣在側，則犬生妖。"

［1］張懋：中華本校勘記："《元紀》、《宋志》二作'張茂'，但《占經》一一九引《中興書》亦作'張懋'。"

［2］自坼：自己裂開。

太興四年，廬江灊縣何旭家忽聞地中有犬子聲，[1]掘之得一母犬，青蒼色，狀甚羸瘦，走入草中，不知所在。視其處有二犬子，一雄一雌，哺而養之，雌死雄活。及長爲犬，善噬獸。其後旭里中爲蠻所没。

［1］灊縣：治所在今安徽省霍山縣東北。

安帝隆安初，吴郡治下狗恒夜吠，聚高橋上，人家狗有限而吠聲甚衆。或有夜覘視之云：[1]"一狗假有兩三頭，[2]皆前向亂吠。"無幾，孫恩亂於吴會焉。是時輔國將軍孫無終家於既陽，[3]地中聞犬子聲，尋而地坼，有二犬子，皆白色，一雄一雌，取而養之，皆死。後無終爲桓玄所誅滅。案《尸子》曰：[4]"地中有犬，名曰地狼。”《夏鼎志》曰：“掘地得犬，名曰賈。”[5]此蓋自然之物也，[6]不應出而出，爲犬禍也。

［1］云：宋本作“玄”。

［2］一狗：宋本無“一”字。

［3］輔國將軍：官名，屬將軍名號，三國兩晋皆置。三品。孫無終：東晋晋陵（今江蘇省常州市）人，北府兵將領，以驍猛稱。任輔國將軍、冀州刺史等職，後爲桓玄所害。　既陽：縣名，治所在今江蘇省江陰市長壽村。既，宋本作“暨”。

［4］《尸子》：戰國晋（一説魯）人尸佼撰。《漢書》卷三〇《藝文志》著録二十篇，列於雜家。

［5］《夏鼎志》：古書，已亡佚，干寶《搜神記》及《宋書》中有零星片段。

［6］此蓋自然之物也：殿本無“也”字。

桓玄將拜楚王，已設拜席，群官陪位。玄未及出，有狗來便其席，莫不驚怪。玄性猜暴，竟無言者，逐狗改席而已。天戒若曰，桓玄無德而叨竊大位，故犬便其席，示其妄據之甚也。八十日玄敗亡焉。[1]

［1］八十日玄敗亡焉：中華本校勘記：“據《安紀》，桓玄以元興二年八月稱楚王，三年三月己未潰敗。相距約百八十日，疑此‘八十日’上脱‘百’字。”

白眚白祥

魏明帝青龍三年正月乙亥，[1]隕石於壽光。[2]案《左氏傳》“隕石，星也”，劉歆説曰：“庶衆惟星隕於宋者，象宋襄公將得諸侯而不終也。”[3]秦始皇時有隕石，班固以爲：[4]“石，陰類也。又白祥，臣將危君。”是後宣帝得政云。

[1]正月乙亥：是年正月辛巳朔，月内無乙亥。

[2]壽光：縣名，治所在今山東省壽光市東北。

[3]宋襄公：春秋時宋國國君，名慈父，宋桓公之子。公元前650至前637年在位。齊桓公死後與楚國争霸，在弘之戰中受傷，因傷重而死。

[4]班固：東漢扶風安陵（今陝西省咸陽市東北）人，字孟堅，班彪子。任蘭臺令史，奉命撰寫漢以來史事，寫成《漢書》。和帝時隨竇憲出擊匈奴。後因竇憲失勢，受牽連入獄，死於獄中。

武帝太康五年五月丁巳，隕石於温及河陽，[1]各二。六年正月，隕石於温，三。成帝咸和八年五月，星隕於肥鄉，[2]一。九年正月，隕石於涼州，二。吴孫亮五鳳二年五月，陽羨縣離里山大石自立。[3]案京房《易傳》曰“庶士爲天子之祥也”，其説曰：“石立於山同姓，平地異姓。”干寶以爲“孫皓承廢故之家得位，其應也”。或曰孫休見立之祥也。武帝太康十年，洛陽宫西宜秋里石生地中，始高三尺，如香鑪形，後如偪人，[4]槃薄不可掘。[5]案劉向説，此白眚也。明年宫車晏駕，[6]王室始騷，卒以亂亡。京房《易傳》曰：“石立如人，庶士爲天下雄。”此近之矣。惠帝元康五年十二月，有石生於宜年里。永康元年，襄陽郡上言，[7]得鳴石，撞之，聲聞七八里。太安元年，丹楊湖熟縣夏架湖有大石，[8]浮二百步而登岸，民驚噪相告曰“石來”。干寶曰：“尋有石冰入建鄴。”[9]車騎大將軍、東嬴王騰自并州遷鎮鄴，[10]行次真定。[11]時久積雪，而當門前方數丈獨消釋，騰怪而掘之，得玉馬，高尺許，口齒缺。騰以馬者國姓，上送之，以爲瑞。然馬無齒則不得食，妖祥之兆，衰亡之徵。案占，此白祥也。是後騰爲汲桑所殺，而天下遂亂。

[1]河陽：縣名，治所在今河南省孟州市西南。

[2]肥鄉：縣名，治所在今河北省邯鄲市肥鄉區西南。

[3]陽羨縣：治所在今江蘇省宜興市南。羨，殿本作“美”。　離里山：位於今江蘇省宜興市西南。三國時稱國山。

[4]傴人：駝背人。

[5]槃薄：盤踞在地上。

[6]宮車晏駕：指皇帝死亡。

[7]襄陽郡：東漢建安十三年（208）置，治所在襄陽縣（今湖北省襄陽市），西晋移治宜城縣（今湖北省宜城市南）。

[8]湖熟縣：治所在今江蘇省南京市江寧區。　夏架湖：位於今江蘇省蘇州市西。

[9]建鄴：地名，即今江蘇省南京市。

[10]車騎大將軍：官名，西晋置，位在車騎將軍之上，多授予元老重臣，以示尊崇。開府置僚屬，一般不領兵。二品，開府位從公者一品。　東嬴王騰：司馬騰，字元邁，本書卷三七有傳。

[11]真定：縣名，治所在今河北省石家莊市。

武帝泰始八年五月，蜀地雨白毛，此白祥也。時益州刺史皇甫晏伐汶山胡，[1]從事何旅固諫，[2]不從，牙門張弘等因衆之怨，[3]誣晏謀逆，害之。京房《易傳》曰："前樂後憂，厥妖天雨羽。"又曰："邪人進，賢人逃，天雨毛。"其《易妖》曰：[4]"天雨毛羽，貴人出走。"三占皆應。

[1]益州：西漢武帝十三部刺史之一。治所在成都縣（今四川省成都市）。 汶山：郡名，治所在汶山縣（今四川省茂縣北）。

[2]從事：官名，州部屬吏。東漢稱從事史，由州部長官自己選拔任命。

[3]牙門：官名，牙門將省稱，三國魏晋南北朝皆置，統兵武職，位在裨將軍下、郡守上。五品。

[4]《易妖》：漢京房撰，已佚，《隋書・經籍志》著録。

惠帝永寧元年，齊王冏舉義軍。軍中有小兒，出於襄城繁昌縣，[1]年八歲，髮體悉白，頗能卜，於《洪範》，白祥也。

[1]繁昌縣：治所在今河南省臨潁縣西北。

成帝咸康初，地生毛，近白祥也。孫盛以爲人勞之異也。是後石季龍滅而中原向化，將相皆甘心焉。於是方鎮屢革，邊戍仍遷，皆擁帶部曲，動有萬數。其間征伐徵賦，役無寧歲，天下勞擾，百姓疲怨。

咸康三年六月，地生毛。孝武太元二年五月，京都地生毛，至四年而氐賊次襄國，[1]圍彭城，向廣陵，征戍仍出，兵連年不解。太元十四年四月，京都地生毛。

是時苻堅滅後，經略多事，人勞之應也。十七年四月，地生毛。安帝隆安四年四月乙未，地生毛，或白或黑。元興三年五月，江陵地生毛。是後江陵見襲，交戰者數矣。義熙三年三月，地生白毛。十年三月，[2]地生毛。明年，王旅西討司馬休之。[3]又明年，北掃關洛。[4]

[1]襄國：縣名，治所在今河北省邢臺市。

[2]十年三月：十年，原本、宋本、殿本作“十三年”，據中華本校勘記改。

[3]司馬休之：晋宗室，字季豫，譙王司馬恬子。任襄城太守，鎮歷陽。受桓玄圍攻，投奔南燕。桓玄敗後南歸，又與劉裕交惡，投奔後秦。劉裕滅後秦，又投奔北魏。

[4]掃：原本、宋本作“埽”，殿本作“掃”，據殿本改。

木沴金[1]

魏齊王正始末，河南尹李勝治聽事，[2]有小材激墮，檛受符吏石虎頭，[3]斷之，此木沴金也。勝後旬日而敗。

[1]木沴金：木氣傷金氣。

[2]李勝：三國時南陽（今河南省南陽市）人，字公昭。歷任曹魏滎陽太守、河南尹等職。曹爽親信，司馬懿政變後被殺。　聽事：廳堂。

[3]檛受符吏石虎頭：吏，原本、宋本無此字，殿本有，據殿本、中華本校勘記補。

惠帝元康八年五月，郊禖壇石中破爲二，此木沴金也。郊禖壇者，求子之神位，無故自毁，太子將危之妖也。[1]明年，愍懷廢死。

[1]太子將危之妖也：妖，原本、宋本作“妖”，殿本作“疾”，中華本作“象”。

孝武帝太元十年四月，謝安出鎮廣陵，始發石頭，金鼓無故自破。此木沴金之異也，天意也。天戒若曰，安徒揚經略之聲，終無其實，鉦鼓不用之象也。月餘，以疾還而薨。

《傳》曰：“視之不明，是謂不哲，厥咎舒，厥罰恒燠，厥極疾。時則有草妖，時則有贏蟲之孽，時則有羊禍，時則有目痾，[1]時則有赤眚赤祥。惟水沴火。”視之不明，是謂不哲。哲，知也。《詩》云：“爾德不明，以亡陪亡卿。不明爾德，以亡背亡側。”[2]言上不明，暗昧蔽惑，則不能知善惡，親近習，長同類，亡功者受賞，有罪者不殺，百官廢亂，失在舒緩，故其咎舒也。盛夏日長，暑以養物，政弛緩，故其罰常燠也。燠則冬温，春夏不和，傷病疾人，其極病疾也。誅不行則霜不殺草，繇臣下則殺不以時，故有草妖。

[1]目痾：眼疾。
[2]“爾德不明”句：語出《詩·大雅·蕩》。

凡妖，貌則以服，言則以詩，聽則以聲。視不以色者，五色，物之大分也，在於眚祥，故聖人以爲草妖，失物柄之明者也。温燠生蟲，故有贏蟲之孽，謂螟螣之類當死不死，當生而不生，或多於故而爲灾也。劉歆以爲屬思心不容。於《易》，剛而苞柔爲《離》，[1]《離》爲火，爲目。羊上角下蹄，剛而苞柔，羊大目而不精明，視氣毁，故有羊禍。一曰，暑歲羊多疫死，及爲怪，亦是也。及人，則多病目者，故有目痾。火色赤，故有赤眚赤祥。[2]凡視傷者，病火氣；火氣傷，則水沴之。其極疾者順之，其福曰壽。劉歆《視傳》曰有羽蟲之孽，鷄禍。説以爲於天文南方朱張爲鳥星，[3]故爲羽蟲。禍亦從羽，故爲鷄。鷄於《易》自在《巽》，[4]説非是。

[1]《離》：《易經》八卦之一，代表南方，代表火。

[2]故有赤眚赤祥：赤眚，原本、宋本、殿本無此二字，據中華本校勘記補。

[3]南方朱張爲鳥星：南方朱雀七宿分佈爲鳥星。

[4]《巽》：《易經》八卦之一，代表東南方，代表風。

庶徵之恒燠，劉向以爲《春秋》無冰也。小燠不書，無冰然後書，舉其大者也。京房《易傳》曰："禄不遂行兹謂欺，厥咎燠。其燠，雨雲四至而温。臣安禄樂逸兹謂亂，燠而生蟲。知罪不誅兹謂舒，其燠，夏則暑殺人，冬則物華實。重過不誅兹謂亡徵，其咎當寒而燠盡六日也。"

吴孫亮建興元年九月，桃李華。孫權世政煩賦重，人凋於役。是時諸葛恪始輔政，息校官，[1]原逋責，除關梁，崇寬厚，此舒緩之應也。一説桃李寒華爲草妖，或屬華孽。[2]

[1]校官：官名，即校事。掌偵察刺探官民情事。《三國志》卷六一《陸凱傳》載陸凱言："夫校事，吏民之仇也。"故諸葛恪輔政"息校官"，大得人心。

[2]或屬華孽：原本、宋本、殿本無"華"字，據中華本補。

魏少帝景元三年十月，[1]桃李華。時少帝深樹恩德，事崇優緩，此其應也。

[1]魏少帝景元三年：少帝，原本、宋本、殿本作"文帝"，據中華本校勘記改。下文"時少帝深樹恩德"同。

惠帝元康二年二月，巴西郡界草皆生華，[1]結子如麥，可食。時帝初即位，楚王瑋矯詔誅汝南王亮及太保衛瓘，[2]帝不能察。今非時草結實，此恒燠寬舒之罰。

[1]巴西郡：治所在閬中縣（今四川省閬中市）。

[2]汝南王亮：司馬亮，字子翼，本書卷五九有傳。　衛瓘：字伯玉，本書卷三六有傳。

穆帝永和九年十二月，桃李華。是時簡文輔政，事多弛略，舒緩之應也。

草妖

漢獻帝建安二十五年春正月，魏武帝在洛陽起建始殿，伐濯龍樹而血出，[1]又掘徙梨，根傷亦血出。帝惡之，遂寢疾，是月崩。蓋草妖，又赤祥，是歲魏文帝黄初元年也。

[1]濯龍：中華本校勘記："《校文》二：'龍'下脱'祠'字。"

吴孫亮五鳳元年六月，交阯稗草化爲稻。昔三苗將亡，五穀變種，此草妖也。其後亮廢。

蜀劉禪景耀五年，宫中大樹無故自折。譙周憂之，無所與言，乃書柱曰："衆而大，其之會。[1]具而授，若何復。"言曹者衆也，魏者大也，衆而大，天下其當會也。具而授，如何復有立者乎？蜀果亡，如周言，此草妖也。

[1]其之會：其，殿本作"期"。

吴孫晧天璽元年，吴郡臨平湖自漢末穢塞，是時一夕忽開除無草。長老相傳：此湖塞，天下亂；此湖開，天下平。吴尋亡而九服爲一。

天紀三年八月，建鄴有鬼目菜於工黄狗家生，[1]依緣棗樹，長丈餘，莖廣四寸，厚二分。又有蕒菜生工吴平家，高四尺，如枇杷形，上圓，徑一尺八寸，[2]莖廣五寸，兩邊生葉，緑色。東觀案圖，名鬼目作芝草，蕒菜作平慮，[3]遂以狗爲侍芝郎，平爲平慮郎，皆銀印青綬。干寶曰：明年平吴，王濬止船正得平渚，姓名顯然，指事之徵也。黄狗者，吴以土運承漢，故初有黄龍之瑞。及其季年，而有鬼目之妖託黄狗之家。黄稱不改，而貴賤大殊，天道精微之應也。

[1]建鄴有鬼目菜於工黄狗家生：殿本作"建鄴有鬼目菜生於工黄狗家"。

[2]徑一尺八寸：徑，原本、宋本作"莖"，殿本作"徑"，據殿本改。

[3]蕒菜：菜，原本、宋本、殿本作"葉"，據中華本改。

惠帝元康二年春，巴西郡界竹生花，紫色，結實如麥，外皮青，中赤白，味甘。

元康九年六月庚子，有桑生東宫西廂，日長尺餘，甲辰枯死。此與殷太戊同妖，[1]太子不能悟，故至廢戮也。班固稱"野木生朝而暴長，小人將暴居大臣之位，危國亡家之象，朝將爲墟也"。是後孫秀、張林用事，[2]遂至大亂。

[1]殷太戊：殷商王，名密，太庚之子。太戊是廟號。在位期間以伊陟爲相，使殷商振興。太，宋本作"大"。

[2]孫秀：西晋琅邪臨沂（今山東省臨沂市）人，趙王倫心腹。趙王倫執政後任中書令，威震朝廷。趙王倫稱帝，任侍中、中書監、驃騎將軍等職。趙王倫失敗後被殺。　張林：趙王司馬倫黨羽，與孫秀均爲司馬倫所重用。後因與孫秀不和，孫秀乃勸司馬倫將其誅殺。

永康元年四月，立皇孫臧爲皇太孫。五月甲子，就東宫，桑又生於西厢。明年，趙王倫簒位，鴆殺臧，此與愍懷同妖也。是月，壯武國有桑化爲柏，[1]而張華遇害。[2]壯武，華之封邑也。

[1]壯武：縣國名，治所在今山東省即墨市西。
[2]張華：字茂先，本書卷三六有傳。

孝懷帝永嘉二年冬，項縣桑樹有聲如解材，[1]人謂之桑樹哭。案劉向説，“桑者喪也”，又爲哭聲，不祥之甚。是時京師虚弱，胡寇交侵，東海王越無衛國之心，四年冬季而南出，[2]五年春薨於此城。石勒邀其衆，圍而射之，王公以下至衆庶，死者十餘萬人。又剖越棺，焚其屍。是敗也，中原無所請命，洛京亦尋覆没，桑哭之應也。

[1]項縣：治所在今河南省沈丘縣。
[2]四年冬季而南出：中華本校勘記：“《斠注》：‘季’當從《宋志》作‘委’。”

六年五月，無錫縣有四株茱萸樹，[1]相樛而生，[2]狀若連理。先是，郭景純筮延陵蝘鼠，遇《臨》之《益》，[3]曰：“後當復有妖樹生，若瑞而非，辛螫之木也。[4]儻有此，東南數百里必有作逆者。”[5]及此木生，其後徐馥果作亂，亦草妖也。郭又以爲“木不曲直”。其七月，豫章郡有樟樹久枯，[6]是月忽更榮茂，與漢昌邑枯社復生同占。[7]是懷愍淪陷之徵，元帝中興之應也。

[1]無錫縣：治所在今江蘇省無錫市。

[2]相樛而生：糾結纏繞生長在一起。

[3]《臨》之《益》：《臨》《益》均爲《易經》六四卦中的卦名。

[4]辛螫之木：預兆世間將遭遇荼毒的樹木。

[5]東南數百里：南，原本、宋本、殿本作“西”。《晋書》卷七二《郭璞傳》：“時有鼷鼠出延陵，璞占之曰：‘此郡東當有妖人欲稱制者，尋亦自死矣。後當有妖樹生，然若瑞而非瑞，辛螫之木也。儻有此者，東南數百里必有作逆者，期明年矣。’”《宋書》卷三二《五行志》：“先是，郭景純筮延陵偃鼠，遇《臨》之《益》，曰：‘後當復有妖樹生，若瑞而非，辛螫之木也。儻有此，東南數百里必有作逆者。’其後徐馥作亂。此草妖也，郭以爲木不曲直。”“徐馥作亂”指吴興徐馥殺其太守袁琇。吴興正是在延陵的東南方向。據改。

[6]豫章郡：治所在南昌縣（今江西省南昌市）。

[7]漢昌邑枯社復生：《漢書》卷二七《五行志中》載：“昌邑王國社有枯樹復生枝葉。眭孟以爲木陰類，下民象，當有故廢之家公孫氏從民間受命爲天子者。昭帝富於春秋，霍光秉政，以孟妖言，誅之。後昭帝崩，無子，徵昌邑王劉賀嗣位。狂亂失道，光廢之，更立昭帝兄衛太子之孫，是爲宣帝。”

明帝太寧元年九月，會稽剡縣木生如人面。[1]是後王敦稱兵作逆，禍敗無成。昔漢哀成之世並有此妖，[2]而人貌備具，故其禍亦大。今此但如人面而已，故其變也輕矣。

[1]剡縣：治所在今浙江省嵊州市西南曹娥江北岸。

[2]漢哀成之世：西漢皇帝順序應成帝在前，哀帝在後，疑當

爲“成哀之世”。

成帝咸和六年五月癸亥，曲阿有柳樹枯倒六載，[1]是日忽復起生，至九年五月甲戌，吴縣吴雄家有死榆樹，[2]是日因風雨起生，與漢上林斷柳起生同象。[3]初，康帝爲吴王，於時雖改封琅邪，而猶食吴郡爲邑，是帝越正體饗國之象也。曲阿先亦吴地，象見吴邑雄之舍，又天意乎！

[1]曲阿：縣名，治所在今江蘇省丹陽市。

[2]吴縣：治所在今江蘇省蘇州市。

[3]漢上林斷柳起生：《漢書》卷二七《五行志中》載："昭帝時，上林苑中大柳樹斷仆地，一朝起立，生枝葉，有蟲食其葉，成文字，曰'公孫病已立'。"

哀帝興寧三年五月癸卯，[1]廬陵西昌縣脩明家有僵栗樹，[2]是日忽復起生。時孝武年始四歲，俄而哀帝崩，海西即位，未幾而廢，簡文越自藩王，入纂大業，登阼享國，又不逾二年，而孝武嗣統。帝諱昌明，識者竊謂西昌脩明之祥，帝諱實應焉。是亦與漢宣帝同象也。

[1]三年：殿本作"二年"。

[2]西昌縣：治所在今江西省泰和縣西。

海西太和元年，[1]凉州楊樹生松。天戒若曰，松者不改柯易葉，楊者柔脆之木，今松生於楊，豈非永久之業將集危亡之地邪？[2]是時張天錫稱雄於涼州，[3]尋而降苻堅。

[1]元年：殿本作“九年”。

[2]永久之業：業，原本、宋本作“葉”，殿本作“業”，據殿本改。

[3]張天錫：字純嘏，本書卷八六有傳。

孝武太元十四年六月，建寧郡銅樂縣枯樹斷折，[1]忽然自立相屬。京房《易傳》曰：“棄正作淫，厥妖木斷自屬。妃后有專，木仆反立。”是時正道多僻，其後張夫人專寵，及帝崩，兆庶歸咎張氏焉。

[1]建寧郡：治所在味縣（今雲南省曲靖市西）。

安帝元興三年，荆、江二州界竹生實，如麥。

義熙二年九月，揚武將軍營士陳蓋家有苦蕒菜，[1]莖高四尺六寸，廣三尺二寸，厚三寸，[2]亦草妖也。此殆與吴終同象。識者以爲苦蕒者，買勤苦也。自後歲歲征討，百姓勞苦，是買苦也。十餘年中，姚泓滅，[3]兵始戢，是苦蕒之應也。

[1]揚武將軍：官名，統兵出征。四品。

[2]厚三寸：三，殿本作“二”。

[3]姚泓：字元子，本書卷一一九有載記。

義熙中，宫城上及御道左右皆生蒺藜，亦草妖也。蒺藜有刺，不可踐而行。生宫墻及馳道，天戒若曰，人君不聽政，雖有宫室馳道，若空廢也，故生蒺藜。

羽蟲之孽

魏文帝黄初四年五月，有鵜鶘鳥集靈芝池。[1]案劉向説，此羽蟲之孽，又青祥也。詔曰："此詩人所謂污澤者也。《曹詩》'刺共公遠君子近小人'，今豈有賢智之士處於下位，否則斯鳥胡爲而至哉![2]其博舉天下俊德茂才獨行君子，[3]以答曹人之刺。"於是楊彪、管寧之徒咸見薦舉，[4]此所謂睹妖知懼者也。雖然猶不能優容亮直而多溺偏私矣。京房《易傳》曰"辟退有德，厥妖水鳥集於國中"。[5]

[1]靈芝池：洛陽皇宫内池塘，曹魏文帝黄初三年（222）所挖建。

[2]胡爲：胡，殿本作"何"。

[3]俊德：俊，殿本作"雋"。

[4]楊彪：東漢弘農華陰（今陝西省華陰市東）人，字文先，楊震曾孫。靈帝時任京兆尹，後歷任司空、司徒、太尉、尚書令等職。曹魏建立後，任光禄大夫。　管寧：三國時北海朱虚（今山東省臨朐縣東南）人，字幼安。早年游學四方，後避亂遼東三十餘年。曹魏建立後，文帝徵之爲太中大夫，明帝時任爲光禄勛，皆固辭不受。

[5]集於國中：中，原本、宋本、殿本作"井"，據中華本改。

黄初元年，未央宫中又有燕生鷹，口爪俱赤，此與商紂、宋隱同象。

景初元年，又有燕生巨鷇於衛國李蓋家，形若鷹，吻似燕，此羽蟲之孽，又赤眚也。高堂隆曰："此魏室之大異，宜防鷹揚之臣於蕭墻之内。"其後宣帝起誅曹爽，遂有魏室。

漢獻帝建安二十三年，禿鶖鳥集鄴宫文昌殿後池。[1]明年，魏武王薨。魏文帝黄初三年，又集雒陽芳林園池。[2]七年，又集。其夏，文帝崩。景初末，又集芳林園池。已前再至，輒有大喪，帝惡之。其年，明帝崩。[3]

[1]鄴宫文昌殿：《水經注·濁漳水》："魏武封於鄴，爲北宫，宫有文昌殿。"據清《河南通志》載，"文昌殿在曹魏鄴北城，銅雀園西"。

[2]雒陽芳林園：魏正始初因避齊王芳諱改稱華林園。故址在今河南省洛陽市東洛陽故城内。有瑶華宫、景陽山、天淵池諸勝。

[3]其年，明帝崩：殿本作"其明年帝崩"。

蜀劉禪建興九年十月，江陽至江州有鳥從江南飛渡江北，[1]不能達墮水死者以千數。是時諸葛亮連年動衆，志吞中夏，而終死渭南，所圖不遂。又諸將分争，頗喪徒旅，鳥北飛不能達墮水死者，皆有其象也。亮竟不能過渭，又其應乎！此與漢時楚國烏鬥墮泗水粗類矣。

[1]江陽：郡名，治所在江陽縣（今四川省瀘州市）。　江州：縣名，治所在今重慶市。

景初元年，陵霄闕始構，[1]有鵲巢其上。鵲體白黑雜色，此羽蟲之孽，又白黑祥也。帝以問高堂隆，對曰："《詩》云'惟鵲有巢，惟鳩居之'，[2]今興起宫室而鵲來巢，此宫室未成身不得居之象也。天戒若曰，宫室未成，將有他姓制御之，不可不深慮。"於是帝改容動色。[3]

[1]陵霄闕：中華本校勘記："《搜神記》作'凌霄閣'。"
[2]"惟鵲有巢"句：語見《詩·國風·召南》。
[3]改容動色：容，殿本作"顔"。

吴孫權赤烏十二年四月，有兩烏銜鵲墮東館，權使領丞相朱據燎鵲以祭。[1]案劉歆説，此羽蟲之孽，又黑祥也。視不明、聽不聰之罰也。是時權意溢德衰，信讒好殺，二子將危，將相俱殆，睹妖不悟，加之以燎，昧道之甚者也。明年，太子和廢，魯王霸賜死，[2]朱據左遷，陸議憂卒，[3]是其應也。東館，典教之府；鵲墮東館，[4]又天意乎？

[1]朱據：三國吴吴郡吴縣（今江蘇省蘇州市）人，字子範。歷任孫吴五官郎中、侍御史、左將軍、驃騎將軍、丞相等職。孫權晚期太子孫和與魯王孫霸因繼位問題産生争鬥，朱據因站在太子一邊，受到有意讓孫霸代替孫和的孫權冷遇，左遷新都郡丞，未至官又被賜死。

[2]魯王霸：三國時吴郡富春（今浙江省杭州市富陽區）人，字子威，孫權謝姬所生。被封爲魯王。孫權晚期，與太子孫和各樹朋黨，朝臣們也因此分爲兩派。孫權先支持孫霸，廢掉孫和太子

位，旋又發現孫霸結黨陰謀將其賜死。

［3］陸議：即陸遜，三國時吴郡吴縣（今江蘇省蘇州市）人，本名議，字伯言，孫策女婿。早年爲孫權幕僚，後歷任屯田都尉、定威校尉等職。吴蜀夷陵之戰中任大都督，大敗蜀軍於猇亭，因功加拜輔國將軍，領荆州牧。後見孫權寵魯王孫霸，疏太子，便上書勸諫，反被孫權斥責，憤恚而死。

［4］鵲墮東館：殿本無“鵲”字。

吴孫權太元二年正月，封前太子和爲南陽王，遣之長沙，有鵲巢其帆檣。和故官僚聞之，皆憂慘，以爲檣末傾危，非久安之象。是後不得其死。[1]

［1］不得其死：死，殿本作“免”。

孫亮建興二年十一月，有大鳥五見於春申，[1]吴人以爲鳳皇。明年，改元爲五鳳。漢桓帝時有五色大鳥，司馬彪云：“政道衰缺，無以致鳳，乃羽蟲孽耳。”孫亮未有德政，孫峻驕暴方甚，此與桓帝同事也。案《瑞應圖》，大鳥似鳳而爲孽者非一，宜皆是也。

［1］春申：春申江，即今上海市内黄浦江。

孫皓建衡三年，西苑言鳳皇集，以之改元，義同於亮。

武帝泰始四年八月，有翟雉飛上閶闔門。天戒若曰，閶闔門非雉所止，猶殷宗雉登鼎耳之戒也。[1]

［1］殷宗雉登鼎耳：殷帝武丁祭成湯，有雉飛落在鼎耳，武丁懼，因此修政行德，殷道復興。事見《史記》卷三《殷本紀》。

惠帝永康元年，趙王倫既篡，京師得異鳥，莫能名。倫使人持出，周旋城邑市以問人。積日，宫西有小兒見之，逆自言曰："服留鳥翳。"持者即還白倫，倫使更求，又見之，乃將入宫，密籠鳥，并閉小兒户中，明日視之，悉不見。此羽蟲之孽。時趙王倫有目瘤之疾，言服留者，謂倫留將服其罪也。尋而倫誅。

趙王倫篡位，有鶉入大極殿，[1]雉集東堂。天戒若曰，太極東堂皆朝享聽政之所，而鶉雉同日集之者，趙王倫不當居此位也。《詩》云："鵲之强强，鶉之奔奔，人之無良，我以爲君。"[2]其此之謂乎！尋而倫滅。

［1］大極殿：即太極殿。2014 至 2016 年，中國社會科學院考古研究所漢魏洛陽城考古隊在太極殿宫院西南角進行發掘，一方面，確定了太極殿宫院西南角的位置、建築形式與特徵；另一方面，結合以往勘察發現的三號宫門、太極殿主殿及東西堂遺址，將太極殿所處宫院的空間架構和基本平面佈局初步呈現出來，顯示了太極殿居中、居高、居前的重要地位，彰顯了太極殿"建中立極"的建築理念。被評爲 2016 年度河南省五大考古新發現之一。（參見《華夏考古》2017 年第 2 期）大，殿本作"太"。

［2］"鵲之强强"句：語出《詩・國風・鄘風》，意爲無良之人鵲鶉不如。

孝懷帝永嘉元年二月，洛陽東北步廣里地陷，有蒼白二色鵝出，蒼者飛翔冲天，白者止焉。此羽蟲之孽，又黑白祥也。陳留董養曰：[1]“步廣，周之狄泉，盟會地也。白者，金色，國之行也。蒼爲胡象，其可盡言乎？”是後，劉元海、石勒相繼亂華。

[1]陳留：郡國名，治所在小黄縣（今河南省開封市東）。

明帝太寧三年八月庚戌，有大鳥二，蒼黑色，翼廣一丈四尺，其一集司徒府，射而殺之，其一集市北家人舍，亦獲焉。此羽蟲之孽，[1]又黑祥也。及閏月戊子而帝崩，後遂有蘇峻、祖約之亂。[2]

[1]羽蟲之孽：殿本於“孽”後有“也”字。

[2]祖約：字士少，祖逖同母弟，本書卷一〇〇有傳。

成帝咸和二年正月，有五鷗鳥集殿庭，此又白祥也。是時庾亮苟違衆謀，將召蘇峻，有言不從之咎，故白祥先見也。三年二月，峻果作亂，宫掖焚毁，化爲污萊，此其應也。

咸康八年七月，有白鷺集殿屋。是時康帝始即位，[1]不永之祥也。後涉再期而帝崩。案劉向曰：“野鳥入處，宫室將空。”此其應也。

[1]始即位：始，殿本作“初”。

海西初以興寧三年二月即位，有野雉集於相風。[1]此羽蟲之孽也。尋爲桓温所廢也。

[1]相風：古代風向標。

孝武帝太元十六年六月，鵲巢太極東頭鴟尾，又巢國子學堂西頭。[1]十八年東宫始成，十九年正月鵲又巢其西門。此殆與魏景初同占。[2]學堂，風教之所聚；西頭，又金行之祥。及帝崩後，安皇嗣位，桓玄遂篡，風教乃頽，金行不競之象也。

[1]國子學：中央立最高儒學學府，隸屬太常，設國子祭酒、博士、助教。收納貴族子弟。

[2]此殆與魏景初同占：殿本無“初”字。

安帝義熙三年，龍驤將軍朱猗戍壽陽。婢炊飯，忽有群烏集竈，[1]競來啄啖，婢驅逐不去。有獵狗咋殺兩烏，餘烏因共啄殺狗，又啖其肉，唯餘骨存。此亦羽蟲之孽，又黑祥也。明年六月，猗死，此其應也。

[1]群烏：烏，原本、宋本作“鳥”，殿本作“烏”，據殿本改。

羊禍

成帝咸和二年五月，司徒王導廄羊生無後足，此羊禍也。京房《易傳》曰：“足少者，下不勝任也。”明年，蘇峻破京都，導與帝俱幽石頭，僅乃得免，是其應也。

赤眚赤祥

公孫文懿時，襄平北市生肉，[1]長圍各數尺，有頭目口喙，無手足而動摇，此赤祥也。占曰："有形不成，有體不聲，其國滅亡。"文懿尋爲魏所誅。

[1]襄平：縣名，遼東郡治所在地，治所在今遼寧省遼陽市。

吴戍將鄧喜殺猪祠神，治畢懸之，忽見一人頭往食肉，喜引弓射中之，咋咋作聲，繞屋三日，近赤祥也。後人白喜謀北叛，闔門被誅。京房《易妖》曰：[1]"山見葆，[2]江於邑，[3]邑有兵，狀如人頭，赤色。"

[1]《易妖》：妖，殿本作"傳"。

[2]山見葆：山上建築城堡。"葆"通"堡"。

[3]江於邑：江邊修築城邑。

武帝太康五年四月壬子，[1]魯國池水變赤如血。七年十月，河陰有赤雪二頃。[2]此赤祥也。是後四載而帝崩，王室遂亂。

[1]四月壬子：是年四月甲子朔，月内無壬子。

[2]頃：殿本作"項"。

惠帝元康五年三月，吕縣有流血，[1]東西百餘步，此赤祥也。至元康末，窮凶極亂，僵屍流血之應也。干寶以爲"後八載而封雲亂徐州，[2]殺傷數萬人"，是其應也。

［1］吕縣：治所在今江蘇省徐州市銅山區。

［2］封雲：西晋臨淮（今江蘇省盱眙縣東北）人，太安二年（303）起兵響應張昌，後爲部將張統所殺。

永康元年三月，尉氏雨血。[1]夫政刑舒緩，則有常燠赤祥之妖。此歲正月，送愍懷太子幽於許宫。天戒若曰，不宜緩恣奸人，將使太子冤死。惠帝愚眊不寤，是月愍懷遂斃。於是王室成釁，禍流天下。淖齒殺齊湣王日，[2]天雨血霑衣，天以告也，此之謂乎？京房《易傳》曰："歸獄不解，[3]兹謂追非，厥咎天雨血，兹謂不親，下有惡心，不出三年，無其宗。"又曰："佞人禄，功臣戮，天雨血也。"

［1］尉氏：縣名，治所在今河南省尉氏縣。

［2］淖齒：戰國時人，又作卓齒、悼齒、踔齒。先爲楚將，楚頃襄王十五年（前284）燕將樂毅伐齊，淖齒奉命救齊，深受齊湣王信任，拜之爲齊相。後欲與燕國分齊，殺齊湣王於鼓里。　殺齊湣王日：日，原本、宋本、殿本作"曰"，據中華本改。

［3］歸獄不解：有罪之人被釋放，無辜之人被下獄。

愍帝建興元年十二月，河東地震，[1]雨肉。四年十二月丙寅，丞相府斬督運令史淳于伯，血逆流上柱二丈三尺，此赤祥也。是時，後將軍褚裒鎮廣陵，[2]丞相揚聲北伐，伯以督運稽留及役使臧罪，[3]依軍法戮之。其息訴稱：[4]“督運事訖，無所稽乏，受賕役使，罪不及死。兵家之勢，先聲後實，實是屯戍，非爲征軍。自四年已來，運漕稽停，皆不以軍興法論。”僚佐莫之理。及有變，司直彈劾衆官，元帝不問，遂頻旱三年。干寶以爲冤氣之應也。郭景純曰：“血者水類，同屬於《坎》。[5]《坎》爲法像，[6]水平潤下，不宜逆流。此政有咎失之徵也。”

[1]河東：郡名，治所在安邑縣（今山西省夏縣西北）。

[2]後將軍：官名，漢代爲重號將軍，與前、左、右將軍並爲上卿。魏晋以後權位漸低，僅爲將軍名號，略高於一般雜號將軍。三品。　褚裒：字季野，本書卷九三有傳。

[3]伯：指淳于伯。

[4]息：兒子。

[5]《坎》：八卦之一。代表水，爲北方之卦。

[6]《坎》爲法像：宋本無“坎”字。

劉聰僞建元元年正月，[1]平陽地震，其崇明觀陷爲池，水赤如血，赤氣至天，有赤龍奮迅而去。流星起於牽牛，[2]入紫微，[3]龍形委蛇，其光照地，落於平陽北十里。視之則肉，臭聞於平陽，長三十步，廣二十七步。肉旁常有哭聲，晝夜不止。數日，聰后劉氏産一蛇一獸，各害人而走。尋之不得，頃之見於隕肉之旁。是時，劉聰納劉殷三女，並爲其后。天戒若曰，聰既自稱劉姓，三后又俱劉氏，逆骨肉之綱，亂人倫之則。隕肉諸妖，其眚亦大。俄而劉氏死，哭聲自絶。[4]

［1］劉聰：字玄明，一名載，本書卷一〇二有載記。

［2］牽牛：星宿名。二十八宿之一，玄武七宿的第二宿。有星六顆。

［3］紫微：星宫名，三垣之一。有星十五顆，分兩列，以北極爲中樞，成屏藩狀。

［4］哭聲自絶：殿本“絶”下有“矣”字。

晋書　卷二九

志第十九

五行下

《傳》曰：[1]“聽之不聰，是謂不謀，厥咎急，厥罰恒寒，厥極貧。時則有鼓妖，時則有魚孽，時則有豕禍，時則有耳痾，時則有黑眚黑祥。惟火沴水。”[2]聽之不聰，是謂不謀，言上偏聽不聰，下情隔塞，則謀慮利害，失在嚴急，故其咎急也。盛冬日短，寒以殺物，政促迫，故其罰常寒也。寒則不生百穀，上下俱貧，故其極貧也。君嚴猛而閉下，臣戰慄而塞耳，則妄聞之氣發於音聲，故有鼓妖。寒氣動，故有魚孽。而黿能爲孽，黿能陸處，非極陰也，魚去水而死，極陰之孽也。於《易》，《坎》爲水，爲豕，豕大耳而不聰察，聽氣毀，故有豕禍也。一曰，寒歲豕多死及爲怪，亦是也。及人，則多病耳者，故有耳痾。水色黑，故有黑眚黑祥。凡聽傷者，病水氣；水氣病，則火沴之。其極貧者，順之，其福曰富。劉歆《聽傳》曰有介蟲之孽也。[3]

[1]《傳》：此指《尚書大傳》。

[2]火沴（lì）水：火傷水。

[3]劉歆：沛郡豐（今江蘇省豐縣）人，後改名劉秀，劉向之子。漢成帝至平帝時歷任黄門郎、中壘校尉、侍中、太中大夫、騎都尉、五原太守、涿郡太守、右曹太中大夫、京兆尹等職。新莽朝被拜爲國師。因謀殺王莽失敗自殺。

庶徵之恒寒，劉歆以爲大雨雪，及未當雨雪而雨雪，及大雨雹，隕霜殺菽草，皆常寒之罰也。[1]京房《易傳》曰：[2]“有德遭險兹謂逆命，厥異寒。誅罰過深，當燠而寒，盡六日，亦爲雹。害正不誅兹謂養賊，寒七十二日，殺飛禽。道人始去兹謂傷，[3]其寒，物無霜而死，涌水而出。戰不量敵兹謂辱命，其寒，雖雨物不茂。聞善不予，厥咎聾。”

[1]常：殿本作“恒”。

[2]京房：西漢東郡頓丘（今河南省清豐縣西南）人，字君明。本始李。善治《易》。元帝時多次以灾異推論時政。後被中書令石顯告以誹謗政治罪，下獄死。著作甚多，《漢書》卷三〇《藝文志》著録其《孟氏京房》十一篇、《灾異孟氏京房》六十六篇、《京氏段嘉》十二篇。

[3]道人：有道之人。

吴孫權嘉禾三年九月朔，[1]隕霜傷穀。案劉向説，[2]“誅罰不由君，出在臣下之象也”。是時，校事吕壹專作威福，[3]與漢元帝時石顯用事隕霜同應。[4]班固書九月二日，[5]陳壽言朔，[6]皆明未可以傷穀也。壹後亦伏誅。京房《易傳》曰：“興兵妄誅兹謂亡法，厥灾霜，夏殺五穀，冬殺麥。誅不原情兹謂不仁，其霜，夏先大雷風，冬先雨，乃隕霜，有芒角。[7]賢聖遭害，[8]其霜附木不下地。[9]佞人依刑兹謂私賊，其霜在草根土隙間。[10]不教而誅兹謂虐，其霜反在草下。”

[1]嘉禾：禾，宋本作“未”。

[2]劉向：西漢沛郡豐（今江蘇省豐縣）人，字子政，楚元王四世孫。曾任諫大夫、散騎宗正給事、光禄大夫等職。撰有《五經通義》《洪範五行傳》等，均已佚。另撰有《列女傳》《説苑》《新序》等存世。

[3]校事：官名，漢末及三國魏、吴均置。負責監察百官及吏民，通常以身邊地位較低的親信充任。孫吴尤甚，陸凱有“夫校事，吏民之仇也”之語。見《三國志》卷六一《陸凱傳》。　吕壹：三國吴人，孫權時任中書郎、校事，毁短才臣，陷害無辜，誣告將相大臣。後被孫權治罪誅殺。

[4]石顯：西漢濟南（今山東省濟南市章丘區西）人，字君房。受腐刑，爲中黄門、中尚書。宣帝時人中書僕射。元帝時被委以朝政，大小事皆由其所決。乃結黨營私，收受賄賂。成帝即位後失勢，被免官，回鄉途中病死。

[5]班固：東漢扶風安陵（今陝西省咸陽市東北）人，字孟堅，班彪子。任蘭臺令史，奉命撰寫漢以來史事，寫成《漢書》。和帝時隨竇憲出擊匈奴。後因竇憲失勢，受牽連入獄，死於獄中。

[6]陳壽：字承祚，本書卷八二有傳。

[7]芒角：棱角。

[8]遭害：殿本無“遭”字。

[9]附木不下地：木，宋本作“天”。

[10]土隙：土地縫隙。

四年七月，雨雹，又隕霜。案劉向説，“雹者，陰脅陽也”。是時，吕壹作威用事，詆毀重臣，排陷無辜。自太子登以下咸患毒之，而壹反獲封侯寵異，與春秋時公子遂專任雨雹同應也。[1]漢安帝信讒，多殺無辜，亦雨雹。董仲舒曰：[2]“凡雹皆爲有所脅，行專壹之政故也。”

［1］春秋時公子遂專任雨雹：《左傳》記載，僖公二十九年“秋，大雨雹”。僖公末年，信用公子遂襄仲。導致襄仲專權，後殺文公長子惡，立庶子倭。事見《左傳・僖公二十九年》及《史記》卷三三《魯周公世家》。

［2］董仲舒：西漢廣川（今河北省景縣廣川鎮）人，少治《春秋》。景帝時任博士，武帝時任江都王相、中大夫。提出“罷黜百家，獨尊儒術”，被武帝采納。主治《公羊春秋》學，宣傳天人感應。

赤烏四年正月，大雪，平地深三尺，鳥獸死者太半。[1]是年夏，全琮等四將軍攻略淮南、襄陽，[2]戰死者千餘人。其後，權以讒邪數責讓陸議，[3]議憤恚致卒，與漢景、武大雪同事。

［1］死者太半：太，殿本作“大”。

［2］全琮：三國時吴郡錢塘（今浙江省杭州市）人，字子璜。歷任孫吴奮威校尉、東安郡太守、衛將軍、徐州牧等職。　淮南：郡名，治所在壽春縣（今安徽省壽縣）。　襄陽：郡名，東漢建安十三年（208）置，治所在襄陽縣（今湖北省襄陽市），西晋時移治宜城縣（今湖北省宜城市南）。

[3]陸議：即陸遜，三國時吴郡吴縣（今江蘇省蘇州市）人，本名議，字伯言，孫策女婿。早年爲孫權幕僚，後歷任屯田都尉、定威校尉。吴蜀夷陵之戰中任大都督，大敗蜀軍於猇亭，因功加拜輔國將軍，領荆州牧。後見孫權寵魯王孫霸，疏太子，便上書勸諫，反被孫權斥責，憤恚而死。

十一年四月，雨雹。是時，權聽讒，將危太子。其後，朱據、屈晃以迕意黜辱，[1]陳正、陳象以忠諫族誅，[2]而太子終廢。此有德遭險、誅罰過深之應也。

[1]朱據：三國吴吴郡吴縣（今江蘇省蘇州市）人，字子範。歷任孫吴五官郎中、侍御史、左將軍、驃騎將軍、丞相等職。孫權晚期太子孫和與魯王孫霸因繼位問題産生争鬥，朱據因站在太子一邊，受到有意讓孫霸代替孫和的孫權冷遇，左遷新都郡丞，未至官又被賜死。　屈晃：三國時汝南（今河南省平輿縣北）人，任孫吴尚書僕射，因勸諫孫權幽閉太子孫和，被罷官還鄉。

[2]陳正：三國時孫吴人，任無難督，因反對孫權廢嫡立庶被殺。　陳象：三國時孫吴人，任五營督，因反對孫權廢嫡立庶被殺。

武帝泰始六年冬，[1]大雪。七年十二月，又大雪。明年，有步闡、楊肇之敗，[2]死傷甚衆，不聰之罰也。

[1]泰始：泰，殿本作“太”。

[2]步闡：三國時臨淮淮陰（今江蘇省淮安市淮陰區西南）人，孫吴將領步騭之子，歷任昭武將軍、繞帳督、西陵督等職。　楊肇：西晋人，任荆州刺史。孫吴西陵督步闡據城降魏，被陸抗征

討。楊肇因營救步闡不利，被免爲庶人。

九年四月辛未，隕霜。是時，賈充親黨比周用事，[1]與魯定公、漢元帝時隕霜同應也。[2]

[1]賈充：字公閭，本書卷四〇有傳。

[2]魯定公：春秋時魯國國君，名宋，魯襄公之子，魯昭公之弟，一説魯昭公之子。公元前509至前495年在位。

咸寧三年八月，平原、安平、上黨、泰山四郡霜，[1]害三豆。是月，河間暴風寒冰，[2]郡國五隕霜傷穀。是後大舉征吴，馬隆又帥精勇討凉州。[3]五年五月丁亥，鉅鹿、魏郡雨雹，[4]傷禾麥。辛卯，雁門雨雹，[5]傷秋稼。六月庚戌，汲郡、廣平、陳留、滎陽雨雹。[6]丙辰，[7]又雨雹，隕霜，傷秋麥千三百餘頃，壞屋百二十餘間。癸亥，[8]安定雨雹。[9]七月庚申，[10]魏郡又雨雹。[11]閏月壬子，新興又雨雹。[12]八月庚子，[13]河南、河東、弘農又雨雹，[14]兼傷秋稼三豆。

[1]平原：郡國名，治所在平原縣（今山東省平原縣西南）。　安平：縣名，治所在今河北省安平縣。　上黨：郡名，治所在潞縣（今山西省黎城縣南）。　泰山：郡名，治所在奉高縣（今山東省泰安市東）。

[2]河間：郡國名，西漢高帝置，文帝時改爲國，治所在樂成縣（今河北省獻縣東南）。

[3]馬隆：字孝興，本書卷五七有傳。　凉州：東漢治所在隴縣（今甘肅省張家川回族自治縣），三國魏移治姑臧縣（今甘肅省

武威市)。

[4]鉅鹿:郡名,治所在巨鹿縣(今河北省平鄉縣西南)。

[5]雁門:郡名,治所在廣武縣(今山西省代縣西南)。

[6]汲郡:治所在汲縣(今河南衛輝市西南)。　廣平:郡名,治所在曲梁侯國(今河北省邯鄲市永年區東南)。　陳留:郡國名,治所在小黄縣(今河南省開封市東)。　滎陽:郡名,治所在滎陽縣(今河南省滎陽市東北)。

[7]丙辰:丙,原本、宋本、殿本作“景”,“景”爲“丙”的避諱用字,本卷以下凡遇此種情况,均徑改回本字“丙”,不再出注。

[8]癸亥:是年六月壬辰朔,月内無癸亥。

[9]安定:郡名,西漢置,治所在高平縣(今寧夏回族自治區固原市),東漢治所在臨涇縣(今甘肅省鎮原縣東南),東晋改治安定縣(今甘肅省涇川縣北)。

[10]庚申:是年七月壬戌朔,月内無庚申。殿本作“景申”,即“丙申”。

[11]魏郡:治所在鄴縣(今河北省臨漳縣西南)。

[12]新興:郡名,治所在九原縣(今山西省忻州市)。

[13]庚子:是年八月辛酉朔,月内無庚子。

[14]河南:郡名,治所在洛陽縣(今河南省洛陽市東北)。　河東:郡名,治所在安邑縣(今山西省夏縣西北)。　弘農:郡名,治所在弘農縣(今河南省靈寶市)。

太康元年三月,河東、高平霜雹,[1]傷桑麥。四月,河南、河内、河東、魏郡、弘農雨雹,[2]傷麥豆。是月庚午,畿内縣二及東平、范陽雨雹。[3]癸酉,畿内縣五又雨雹。五月,東平、平陽、上黨、雁門、濟南雨雹,[4]傷禾麥三豆。是時王濬有大功,[5]而權戚互加陷抑，帝從容不斷，陰脅陽之應也。

[1]高平：郡國名，治所在昌邑縣（今山東省巨野縣南）。

[2]河内：郡名，治所在野王縣（今河南省沁陽市）。

[3]東平：郡國名，治所在須昌縣（今山東省東平縣西北）。　范陽：郡名，治所在涿縣（今河北省涿州市）。

[4]平陽：郡名，治所在平陽縣（今山西省臨汾市西南）。　濟南：郡名，治所在歷城縣（今山東省濟南市）。

[5]王濬：字士治，本書卷四二有傳。

二年二月辛酉，隕霜於濟南、琅邪，[1]傷麥。壬申，琅邪雨雹，傷麥。三月甲午，河東隕霜，害桑。五月丙戌，城陽、章武、琅邪傷麥。[2]庚寅，河東、樂安、東平、濟陰、弘農、濮陽、齊國、頓丘、魏郡、河内、汲郡、上黨雨雹，[3]傷禾稼。六月，郡國十七雨雹。七月，上黨雨雹。三年十二月，大雪。

[1]琅邪：郡國名，治所在今開陽縣（今山東省臨沂市）。

[2]城陽：郡國名，治所在莒縣（今山東省莒縣）。　章武：郡國名，治所在東平舒縣（今河北省大城縣）。

[3]樂安：郡名，治所在高苑縣（今山東省鄒平市長山鎮）。　濟陰：郡名，治所在定陶縣（今山東省菏澤市定陶區）。　濮陽：郡名，治所在濮陽縣（今河南省濮陽市西南）。　齊國：治所在臨淄縣（今山東省淄博市東北）。　頓丘：郡名，治所在頓丘縣（今河南省浚縣北）。

五年七月乙卯，中山、東平雨雹，[1]傷秋稼。甲辰，[2]中山雨雹。九月，南安大雪，[3]折木。

[1]中山：郡名，治所在盧奴縣（今河北省定州市）。

[2]甲辰：是年七月癸巳朔，乙卯二十三日，甲辰十二日，不當在乙卯後，失序。

[3]南安：郡名，治所在獂道縣（今甘肅省隴西縣東南）。

六年二月，東海隕霜，[1]傷桑麥。三月戊辰，齊郡臨淄、長廣、不其等四縣，[2]樂安梁鄒等八縣，[2]琅邪臨沂等八縣，[4]河間易城等六縣，[5]高陽北新城等四縣隕霜，[6]傷桑麥。六月，滎陽、汲郡、雁門雨雹。[7]

[1]東海：郡名，治所在郯縣（今山東省郯城縣北）。

[2]臨淄：縣名，治所在今山東省淄博市東北。　長廣：縣名，治所在今山東省萊陽市東。　不其：縣名，治所在今山東省即墨市西南。

[3]梁鄒：縣名，治所在今山東省鄒平市東北。

[4]臨沂：縣名，治所在今山東省費縣東。

[5]易城：縣名，治所在今河北省雄安新區西北古縣。

[6]高陽：郡國名，治所在博陸縣（今河北省蠡縣南）。　北新城：縣名，治所在今河北省保定市徐永區西南。原本、宋本、殿本作“北陽新城”，據中華本校勘記删“陽”字。

[7]滎陽：滎，原本、宋本作“熒”，殿本作“滎”，據殿本改。下文“滎陽”同。

八年四月，齊國、天水二郡隕霜。[1]十二月，大雪。九年正月，京都大風雨雹，發屋拔木。四月，隴西隕霜。[2]十年四月，郡國八隕霜。

[1]天水：郡名，東漢及三國魏治所在冀縣（今甘肅省甘谷縣東南），西晋治所在上邽縣（今甘肅省天水市）。

[2]隴西：郡名，治所原在狄道縣（今甘肅省臨洮縣），曹魏時徙治襄武縣（今甘肅省隴西縣東南）。

惠帝元康二年八月，沛及蕩陰雨雹。[1]三年四月，滎陽雨雹。六月，弘農、湖、華陰又雨雹，[2]深三尺。是時，[3]賈后凶淫專恣，[4]與春秋魯桓夫人同事，[5]陰氣盛也。

[1]沛：縣名，治所在今江蘇省沛縣。　蕩陰：縣名，治所在今河南省湯陰縣。

[2]湖：即湖縣，治所在今河南省靈寶市西北。原本、宋本、殿本作"湖城"，衍"城"字，據中華本校勘記删。　華陰：縣名，治所在今陝西省華陰市東南。

[3]是時：時，殿本作"年"。

[4]賈后：惠帝皇后賈南風，本書卷三二有傳。

[5]魯桓夫人：春秋時魯桓公的夫人，齊國人，姜姓。嫁給魯桓公之前，就與其兄齊襄公私通。桓公死後，姜氏協助其子魯莊公治理魯國。

五年六月，東海雨雹，深五寸。十二月，[1]丹楊建鄴雨雹。[2]是月，丹楊建鄴大雪。六年三月，東海隕雪，殺桑麥。七年五月，魯國雨雹。七月，秦、雍二州隕霜，[3]殺稼也。

[1]十二月：殿本無“十”字。

[2]丹楊：楊，殿本作“陽”，本卷下文“丹楊”同。　建鄴：縣名，治所在今江蘇省南京市。

[3]秦：秦州，治所在翼縣（今甘肅省甘谷縣東）。　二州：二，殿本作“三”。

九年三月旬有八日，河南、滎陽、潁川隕霜，[1]傷禾。五月，雨雹。是時，賈后凶躁滋甚，及冬，遂廢愍懷。[2]

[1]潁川：郡名，治所在許昌縣（今河南省許昌市東）。

[2]愍懷：即愍懷太子司馬遹，字熙祖，本書卷五三有傳。

永寧元年七月，襄城、河南雨雹。十月，襄城、河南、高平、平陽又風雹，折木傷稼。

光熙元年閏八月甲申朔，霰雪。劉向曰：“盛陽，雨水傷熱，[1]陰氣脅之，則轉而爲雹。盛陰，雨雪凝滯，陽氣薄之，則散而爲霰。”[2]今雪非其時，此聽不聰之應。是年，帝崩。

[1]傷：原本、宋本、殿本作“湯”，據中華本改。

[2]中華書局本此處將此句引至“此聽不聰之應”後。而“今雪非其時，此聽不聰之應”非劉向所言，應移出引號之外。

孝懷帝永嘉元年十二月冬，雪，平地三尺。七年十月庚午，大雪。

元帝太興二年三月丁未，成都風雹，[1]殺人。三年三月，海鹽雨雹。[2]是時，[3]王敦陵上。[4]

[1]成都：縣名，治所在今四川省成都市。

[2]海鹽：縣名，治所在今上海市松江區南拓山。

[3]是時：時，宋本作“帝”。

[4]王敦：字處仲，本書卷九八有傳。

永昌二年十二月，幽、冀、并三州大雨。[1]

[1]幽：幽州，治所在薊縣（今北京市西南）。　冀：冀州，古九州之一。西漢武帝十三部刺史之一。三國魏治信都縣（今河北省衡水市冀州區），西晋移治房子縣（今河北省高邑縣西南）。并：并州，治所在晋陽縣（今山西省太原市西南）。

明帝太寧元年十二月，幽、冀、并三州大雪。[1]二年四月庚子，京都大雨雹，燕雀死。三年三月丁丑，雨雪。癸巳，隕霜。四月，大雨雹。是年，帝崩，尋有蘇峻之亂。[2]

[1]永昌二年十二月，幽、冀、并三州大雨。明帝太寧元年十二月，幽、冀、并三州大雪：中華本校勘記：“《校文》：此本一事，誤複爲二。永昌僅一年，所云‘二年’，即太寧元年。上條‘大雨’乃‘大雪’之訛。”

[2]蘇峻：字子高，本書卷一〇〇有傳。

成帝咸和六年三月癸未，雨雹。是時，帝幼弱，政在大臣。咸和九年八月，[1]成都大雪。是歲，李雄死。[2]

[1]咸和：殿本無此二字。

[2]李雄：字仲儁，本書卷一二一有載記。

咸康二年正月丁巳，[1]皇后見於太廟，[2]其夕雨雹。

[1]咸康二年正月丁巳：牛繼清先生考證，正月甲子朔，無丁巳。《晋書·成帝紀》該事係夏四月，四月壬辰朔，丁巳二十六日，當是。（參見牛繼清《〈晋書〉時誤補校舉例》，《固原師專學報》1997 年第 4 期）

[2]太廟：皇家祭祀祖先之廟宇。

康帝建元元年八月，大雪。是時，政在將相，陰氣盛也。劉向曰："凡雨陰也，雪又雨之陰也。出非其時，迫近象也。"

穆帝永和三年八月，冀方大雪，人馬多凍死。五年六月，臨漳暴風震電，[1]雨雹，大如升。

[1]臨漳：縣名，西晋建興初改鄴縣置，治所在今河北省臨漳縣鄴鎮。

十年五月，涼州雪。明年八月，張祚枹罕護軍張瓘帥宋混等攻滅祚，[1]更立張曜靈弟玄靚。[2]京房《易傳》曰："夏雪，戒臣爲亂。"此其亂之應也。

[1]張祚：字太伯，本書卷八六有傳。　枹罕：縣名，治所在今甘肅省臨夏縣西南。枹，宋本作“抱”。　護軍：官名，鎮守軍事要鎮的長官，管理轄區軍事民政，職掌與郡守相類。此爲鎮守枹罕的軍事長官。四品。　張瓘：十六國時前涼人，任河州刺史。與宋混起兵殺張祚。後欲殺宋混篡立，失敗被殺。　宋混：十六國時敦煌（今甘肅省敦煌市西南）人，任前涼驍騎將軍。起兵殺張祚，立張玄靚，官至尚書僕射、輔國將軍。

[2]張曜靈：字元舒，本書卷八六有傳。　玄靚：張玄靚，字元安，本書卷八六有傳。

十一年四月壬申朔，霜。十二月戊午，雷。己未，雪。是時帝幼，母后稱制，政在大臣，陰盛故也。

升平二年正月，大雪。

海西太和三年四月，雨雹，折木。[1]

[1]折木：中華本校勘記：“《海西公紀》作‘大風折木’。”

孝武太元二年四月己酉，雨雹。十二月，大雪。是時帝幼，政在將相，陰之盛也。

十二年四月己丑，雨雹。二十年五月癸卯，上虞雨雹。[1]

[1]上虞：縣名，治所在今浙江省紹興市上虞區。

二十一年四月丁亥，雨雹。是時，張夫人專幸，及帝暴崩，兆庶尤之。[1]十二月，連雪二十三日。是時嗣主幼冲，冢宰專政。

[1]兆庶尤之：萬民責怪。

安帝隆安二年三月乙卯，雨雹。是秋，王恭、殷仲堪稱兵内侮，[1]終皆誅之也。

[1]王恭：字孝伯，本書卷八四有傳。　殷仲堪：本書卷八四有傳。

元興二年十二月，酷寒過甚。是時，桓玄篡位，[1]政事煩苛。識者以爲朝政失在舒緩，玄則反之以酷。案劉向曰："周衰無寒歲，秦滅無燠年。"此之謂也。

[1]桓玄：字敬道，本書卷九九有傳。

三年正月甲申，霰雪又雷。雷霰同時，皆失節之應也。四月丙午，江陵雨雹。[1]是時，安帝蒙塵。

[1]江陵：縣名，治所在今湖北省江陵縣。

義熙元年四月壬申，雨雹。是時，四方未一，鉦鼓日戒。

五年三月己亥，雪，深數尺。五月癸巳，溧陽雨雹。[1]九月己丑，廣陵雨雹。[2]明年，盧循至蔡洲。[3]

[1]溧陽：縣名，治所在今江蘇省溧陽市西北。陽，原本、宋本作"揚"，殿本作"陽"，據殿本改。

［2］廣陵：郡名，治所在廣陵縣（今江蘇省揚州市西北蜀岡上）。

［3］盧循：字于先，小名元龍，本書卷一〇〇有傳。　蔡洲：位於今江蘇省南京市西南原長江中，現已併入南岸大陸。

六年正月丙寅，[1]雪又雷。五月壬申，雨雹。八年四月辛未朔，雨雹。六月癸亥，[2]雨雹，大風發屋。是秋，誅劉蕃等。[3]

［1］六年：六，宋本作“八”。

［2］六月癸亥：是年六月庚午朔，月内無癸亥。

［3］劉蕃：中華本校勘記：“《斠注》：《安紀》‘蕃’作‘藩’。”

十年四月辛卯，雨雹。

雷震

魏明帝景初中，洛陽城東橋、城西洛水浮橋桓楹同日三處俱時震。[1]尋又震西城上候風木飛鳥。[2]時勞役大起，帝尋晏駕。

［1］桓楹：兩岸支撑浮橋的大柱子。　同日三處俱時震：中華本校勘記：“《宋志》四無‘時’字，此‘時’字疑衍。”

［2］木飛鳥：中華本校勘記：“李校：《宋志》‘鳥’作‘烏’，是也，此即相風烏。”

吴孫權赤烏八年夏，震宫門柱，又擊南津大橋桓楹。

孫亮建興元年十二月朔，大風震電。是月，又雷雨。義同前説，亮終廢。

武帝太康六年十二月甲申朔，淮南郡震電。七年十二月己亥，毗陵雷電，[1]南沙司鹽都尉戴亮以聞。[2]十年十二月癸卯，廬江、建安雷電大雨。[3]

[1]毗陵：郡名，治所在丹徒縣（今江蘇省鎮江市丹徒鎮）。

[2]南沙：縣名，治所在今江蘇省常熟市西北。清洪亮吉《東晋疆域志》："南沙，《沈志》本吴縣司鹽都尉署，吴時名沙中，吴平後立暨陽縣割屬之。晋成帝咸康七年罷鹽署立以爲南沙縣。" 司鹽都尉：官名，掌鹽政，於産鹽地方設置。六品。

[3]廬江：郡名，三國魏、吴於境内各置廬江郡，魏治所在六安縣（今安徽省六安市北），吴治所在皖縣（今安徽省潛山市）。西晋合爲一，治舒縣（今安徽省廬江縣西南）。　建安：郡名，治所在建安縣（今福建省建甌市南松溪南岸）。

惠帝永康元年六月癸卯，震崇陽陵標，[1]西南五百步標破爲七十片。是時，賈后陷害鼎輔，寵樹私戚，與漢桓帝時震憲陵寢同事也。后終誅滅。

[1]崇陽陵標：標，旗幟，原本、宋本作"摽"。殿本作"標"，據殿本改。本卷下文"標破爲七十片"同。

永興二年十月丁丑，雷震。

懷帝永嘉四年十月，震電。

愍帝建興元年十月戊午，[1]會稽大雨震電。己巳夜，赤氣曜於西北。是夕，大雨震電。庚午，大雪。案劉向説，“雷以二月出，八月入”。今此月震電者，陽不閉藏也。既發泄而明日便大雪，皆失節之異也。是時，劉載僭號平陽，[2]李雄稱制於蜀，九州幅裂，西京孤微，爲君失時之象也。赤氣，赤祥也。

[1]建興元年十月戊午：十月，原本、宋本、殿本作“十一月”。牛繼清先生考證，建興元年十一月壬申朔，無戊午、己巳、庚午三日。《晋書·天文志》將己巳條係於十月，庚午條本志及《宋書·五行志》又别係於“永嘉七年十月”下。懷帝永嘉七年四月壬申改元建興，即建興元年，該年十月癸亥朔，戊午十六日，己巳二十七日，庚午二十八日，則此“十一月”當爲“十月”之誤。據改。（參見牛繼清《〈晋書〉時誤補校舉例》，《固原師專學報》1997年第4期）

[2]劉載：即劉聰，字玄明，一名載，本書卷一〇二有載記。載，殿本作“聰”。

元帝太興元年十一月乙卯，暴雨雷電。

永昌二年七月丙子朔，[1]雷震太極殿柱。[2]十二月，會稽、吴郡雷震電。[3]

[1]丙子：殿本作“庚子”。

[2]太極殿：2014至2016年，中國社會科學院考古研究所漢魏洛陽城考古隊在太極殿宫院西南角進行發掘，一方面，確定了太極殿宫院西南角的位置、建築形式與特徵；另一方面，結合以往勘察發現的三號宫門、太極殿主殿及東西堂遺址，將太極殿所處宫院的空間架構和基本平面佈局初步呈現出來，顯示了太極殿居中、居高、居前的重要地位，彰顯了太極殿“建中立極”的建築理念。被

評爲2016年度河南省五大考古新發現之一。（參見《華夏考古》2017年第2期）

[3]會稽：郡名，治所在山陰縣（今浙江省紹興市）。

成帝咸和元年十月己巳，會稽郡大雨震電。三年六月辛卯，臨海大雷，破郡府内小屋柱十枚，殺人。九月二日壬午立冬，[1]會稽雷電。四年十一月，吴郡、會稽又震電。[2]

[1]九月二日壬午立冬：是年九月丙午朔，二日當爲丁未日。牛繼清先生認爲，“壬午立冬”四字，當屬《晋志》編撰者所加，承諸本“二年”之誤。（參見牛繼清、張林祥《十七史疑年録》，黄山書社2007年版，第59頁）

[2]又：殿本作“大”。

穆帝永和七年十月壬午，雷雨震電。升平元年十一月庚戌，[1]雷。乙丑，又雷。五年十月庚午，雷發東南方。

[1]十一月庚戌：是年十一月丁巳朔，月内無庚戌。

孝武帝太元五年六月甲寅，雷震含章殿四柱，[1]并殺内侍二人。十年十二月，雷聲在南方。十四年七月甲寅，雷震，燒宣陽門西柱。[2]

[1]含章殿：《太平御覽》卷一七五《居處部・殿》引山謙之《丹陽記》：“皇后正殿曰顯陽，東曰含章，西曰徽音，又洛宫之

舊也。”

［2］宣陽門：南朝都城建康南面正門，約在今南京市中山路以南的淮海路一帶。又稱白門。《資治通鑑》卷九三《晋紀》明帝太寧二年：“充、鳳至宣陽門。”胡三省注：“晋都建康外城，環之以籬。諸門皆用洛城門名，宣陽門在城南面。”

安帝隆安二年九月壬辰，雷雨。

元興三年，永安皇后至自巴陵，[1]將設儀導入宫，天雷震，人馬各一俱殪焉。

［1］永安皇后：指穆帝皇后何法倪，因居永安宫，遂稱“永安皇后”，本書卷三二有傳。　巴陵：縣名，治所在今湖南省岳陽市。

義熙四年十一月辛卯朔，西北方疾風發。癸丑，雷。五年六月丙寅，[1]雷震太廟，破東鴟尾，[2]徹柱，又震太子西池合堂。是時，帝不親蒸嘗，[3]故天震之，明簡宗廟也。西池是明帝爲太子時所造次，故號太子池。及安帝多病，患無嗣，故天震之，明無後也。六年正月丙寅，雷，又雪。十二月壬辰，大雷。九年十一月甲戌，雷。乙亥，又雷。

［1］五年六月丙寅：五年，原本、宋本、殿本無此二字，據中華本校勘記補。

［2］鴟尾：古代宫殿屋脊兩端瓦製的獸形裝飾。喻避水患。形似鴟尾，故稱。

［3］蒸嘗：本指秋冬二祭。後亦泛稱祭祀。

鼓妖

惠帝元康九年三月，有聲若牛，出許昌城。十二月，廢愍懷太子，幽於許宫。明年，賈后遣黄門孫慮殺太子，[1]擊以藥杵，聲聞於外，是其應也。

[1]黄門：官名，宫中小黄門、中黄門、黄門令統稱，均爲宦官。

蘇峻在歷陽外營，將軍鼓自鳴，如人弄鼓者。峻手自破之，曰："我鄉土時有此，則城空矣。"俄而作亂夷滅，此聽不聰之罰也。

石季龍末，[1]洛陽城西北九里，石牛在青石趺上，[2]忽鳴，聲聞四十里。季龍遣人打落兩耳及尾，鐵釘釘四脚。尋而季龍死。

[1]石季龍：即石虎，字季龍，本書卷一〇六有載記。

[2]青石趺（fū）：青石座。趺，石座。原本、宋本作"趺"，殿本作"趺"，據殿本改。

孝武太元十五年三月己酉朔，東北方有聲如雷。案劉向説，以爲"雷當託於雲，猶君託於臣。無雲而雷，此君不恤於下，下人將叛之象也"。及帝崩而天下漸亂，孫恩、桓玄交陵京邑。[1]

[1]孫恩：字靈秀，本書卷一〇〇有傳。

吴興長城夏架山有石鼓，[1]長丈餘，面逕三尺所，[2]下有盤石爲足，[3]鳴則聲如金鼓，三吴有兵。至安帝隆安中大鳴，[4]後有孫恩之亂。

[1]長城：縣名，治所在今浙江省長興縣東。　夏架山：又名石鼓山，位於今浙江省長興縣東南。

[2]三尺所：所，殿本作“許”。

[3]爲足：爲，宋本作“平”。

[4]隆安中：中，宋本作“四”。

魚孽

魏齊王嘉平四年五月，有二魚集於武庫屋上，此魚孽也。王肅曰：[1]“魚生於水，而亢於屋，介鱗之物，失其所也。邊將其殆有棄甲之變乎！”後果有東關之敗。干寶又以爲高貴鄉公兵禍之應。[2]二説皆與班固旨同。

[1]王肅：三國魏東海郯（今山東省郯城縣北）人，字子雍。著名經學家，司馬昭岳父。歷任散騎黄門侍郎、散騎常侍、領秘書監、崇文觀祭酒、廣平太守等職。

[2]干寶：字令升，本書卷八二有傳。

武帝太康中，有鯉魚二見武庫屋上。[1]干寶以爲：“武庫兵府，魚有鱗甲，亦兵類也。魚既極陰，屋上太陽，魚見屋上，象至陰以兵革之禍干太陽也。至惠帝初，誅楊駿，[2]廢太后，矢交館閣。元康末，賈后謗殺太子，尋亦誅廢。十年之間，母后之難再興，是其應也，自是禍亂搆矣。”京房《易妖》曰：[3]“魚去水，飛入道路，兵且作。”

[1]二：宋本作“一”。

[2]楊駿：字文長，本書卷四〇有傳。

[3]《易妖》：漢京房撰，已佚，《隋書·經籍志》著録。

蝗蟲

《春秋》，螽。劉歆從介蟲之孽，與魚同占。

魏文帝黄初三年七月，冀州大蝗，人飢。案蔡邕説，[1]“蝗者，在上貪苛之所致也”。是時，孫權歸順，帝因其有西陵之役，[2]舉大衆襲之，權遂背叛也。

[1]蔡邕：東漢陳留圉（今河南省杞縣西南）人，字伯喈。通天文、數術、音律、辭章。董卓專擅朝政，任蔡邕爲祭酒、尚書、中郎將。董卓被誅後，王允將蔡邕收付廷尉治罪，死於獄中。

[2]西陵之役：即發生於公元 221 年吴蜀之間的戰爭。歷史上稱“夷陵之戰”，亦稱“猇亭之戰”。

武帝泰始十年六月，蝗。是時，荀賈任政，[1]疾害公直。

[1]荀：荀勖。　賈：賈充。

惠帝永寧元年，郡國六蝗。

懷帝永嘉四年五月，大蝗，自幽、并、司、冀至於秦、雍，草木牛馬毛鬣皆盡。是時，天下兵亂，漁獵黔黎，存亡所繼，惟司馬越、荀晞而已。[1]競爲暴刻，經略無章，故有此孽。

[1]司馬越：字元超，本書卷五九有傳。　荀晞：字道將，本書卷六一有傳。

愍帝建興四年六月，大蝗。去歲劉曜頻攻北地、馮翊，[1]麴允等悉衆御之，[2]卒爲劉曜所破，西京遂潰。五年，帝在平陽，司、冀、青、雍螽。

[1]劉曜：字永明，本書卷一〇三有載記。　北地：郡名，三國魏治所在祋祤城（今陝西省銅川市耀州區東），西晋移治泥陽縣（今甘肅省寧縣東南）。　馮翊：郡名，三國魏以左馮翊改置，治所在臨晋縣（今陝西省大荔縣）。

[2]麴允：本書卷八九有傳。

元帝太興元年六月，蘭陵合鄉蝗，[1]害禾稼。乙未，東莞蝗蟲縱廣三百里，[2]害苗稼。七月，東海、彭城、下邳、臨淮四郡蝗蟲害禾豆。[3]八月，冀、青、徐三州蝗，食生草盡，至於二年。是時，中州淪喪，暴亂滋甚也。

[1]蘭陵：郡名，治所在承縣（今山東省棗莊市嶧城區）。　合鄉：縣名，治所在今山東省滕州市東北。

[2]東莞：郡名，西晋置，治所在莒縣（今山東省莒縣）。

[3]彭城：縣名，治所在今江蘇省徐州市。　下邳：郡國名，

治所在下邳縣（今江蘇省睢寧縣古邳鎮東）。　臨淮：郡國名，治所在盱眙縣（今江蘇省盱眙縣東北）。

二年五月，淮陵、臨淮、淮南、安豐、廬江等五郡蝗蟲食秋麥。[1]是月癸丑，徐州及揚州江西諸郡蝗，[2]吴郡百姓多餓死。去年，王敦并領荆州，[3]苛暴之釁自此興矣。

[1]安豐：郡名，治所在安風縣（今安徽省霍邱縣西南）。

[2]揚州：三國魏、吴各置揚州，魏治所在壽春縣（今安徽省壽縣），吴治所在建業縣（今江蘇省南京市）。西晋統一後復合，治所在建鄴縣（今江蘇省南京市）。揚，原本、宋本作“楊”，殿本作“揚”，據殿本改。本卷下文涉揚州文同。

[3]荆州：三國時曹魏治所在新野縣（今河南省新野縣），孫吴治所在江陵縣（今湖北省江陵縣），西晋統一後治所在江陵縣（今湖北省江陵縣）。

孝武帝太元十五年八月，兖州蝗。[1]是時，慕容氏逼河南，征戍不已，故有斯孽。十六年五月，飛蝗從南來，集堂邑縣界，[2]害苗稼。[3]是年春，發江州兵營甲士二千人，家口六七千，配護軍及東宫，後尋散亡殆盡。又邊將連有征役，故有斯孽。

[1]兖州：古九州之一。西漢武帝十三部刺史之一。三國魏治所在廩丘縣（今山東省鄆城縣西北）。惠帝末，兖州闔境淪没於石勒。東晋元帝僑置兖州，治京口（今江蘇省鎮江市）。

[2]堂邑縣：東晋咸康四年（338）僑置，治所在今江蘇省南

京市。

[3]苗稼：苗，殿本作“禾”。

豕禍

吴孫皓寶鼎元年，野豕入右大司馬丁奉營，[1]此豕禍也。後奉見遣攻穀陽，[2]無功而反。皓怒，斬其導軍。及舉大衆北出，奉及萬彧等相謂曰：[3]“若至華里，不得不各自還也。”此謀泄，奉時雖已死，皓追討穀陽事，殺其子温，家屬皆遠徙，豕禍之應也。龔遂曰，[4]“山野之獸，來入宫室，宫室將空”，又其象也。

[1]右大司馬：高級將帥，三國孫權赤烏九年（246）分置左右。　丁奉：三國時廬江安豐（今河南省固始縣東南）人，字承淵。歷任孫吴偏將軍、冠軍將軍、左將軍、大將軍等職。官至右大司馬左軍師。

[2]穀陽：縣名，治所在今安徽省固鎮縣西北。

[3]萬彧：三國時孫吴人，歷任烏程令、左典軍、常侍、右丞相等職，力主孫皓即位。

[4]龔遂：西漢山陽南平陽（今山東省鄒城市）人，字少卿。初以明經爲官，宣帝時任北海太守。在郡鼓勵農桑，百姓富實。後徵入京師，任水衡都尉。

懷帝永嘉中，壽春城内有豕生兩頭而不活，周馥取而觀之。[1]時識者云：“豕，北方畜，胡狄象。兩頭者，無上也。生而死，不遂也。天戒若曰，勿生專利之謀，將自致傾覆也。”周馥不寤，遂欲迎天子令諸侯，俄爲元帝所敗，是其應也。石勒亦尋渡淮，[2]百姓死者十有其九。[3]

[1]周馥：字祖宣，本書卷六一有傳。

[2]石勒：字世龍，本書卷一〇四有載記。

[3]百姓死者十有其九：《宋書》卷三三《五行志》作“百姓死者十八九”。吴金華等先生認爲，“十八九”是大約數，也是常用語；“十有其九”的説法很可疑，這種精確數用在這裏也不合事理。（參見吴金華、吴新江《〈晋書〉辨疑》，《古籍整理研究學刊》2000年第4期）

元帝建武元年，有豕生八足，此聽不聰之罰，又所任邪也。是後有劉隗之變。[1]

[1]劉隗：字大連，本書卷六九有傳。

成帝咸和六年六月，錢唐人家猳豕産兩子，[1]而皆人面，如胡人狀，其身猶豕。京房《易妖》曰：“豕生人頭豕身者，危且亂。”今此猳豕而産，異之甚者也。[2]

[1]錢唐：縣名，治所在今浙江省杭州市西靈隱山下。　猳（jiā）豕：公猪。

[2]中華本將引號點至“異之甚者也”。吴金華等先生認爲引號應止於“危且亂”，甚是。（參見吴金華、吴新江《〈晋書〉辨疑》，《古籍整理研究學刊》2000年第4期）

孝武帝太元十年四月，京都有豚一頭二脊八足。[1]十三年，京都人家豕産子，一頭二身八足，並與建武同妖也。是後，宰相沉酗，[2]不恤朝政，近習用事，漸亂國綱，至於大壞也。

[1]豚：小猪。

[2]宰相：此指司馬道子。　沉酗：沉湎於酒。

黑眚黑祥

孝懷帝永嘉五年十二月，黑氣四塞，近黑祥也。帝尋淪陷，王室丘墟，是其應也。

愍帝建興二年正月己巳朔，黑霧著人如墨，連夜，五日乃止，此近黑祥也。其四年，帝降劉曜。

元帝永昌元年十月，京師大霧，黑氣蔽天，日月無光。十一月，帝崩。

火沴水

武帝太康五年六月，任城、魯國池水皆赤如血。案劉向説，近火沴水，聽之不聰之罰也。京房《易傳》曰："君淫於色，賢人潛，[1]國家危，厥異水流赤。"

[1]賢人潛：潛，原本、宋本作"僣"，殿本作"潛"，據殿本改。

穆帝升平三年二月，涼州城東池中有火。四年四月，姑臧澤水中又有火。[1]此火沴水之妖也。明年，張天錫殺中護軍張邕。[2]邕，執政之人也。

[1]姑臧：縣名，治所在今甘肅省武威市。

[2]張天錫：字純嘏，本書卷八六有傳。　中護軍：官名，掌武官選舉，與中領軍同掌禁軍。曹魏四品，晋三品。

安帝元興二年十月，錢唐臨平湖水赤，[1]桓玄諷吴郡使言開除以爲己瑞，俄而桓玄敗。

[1]臨平湖：位於今浙江省杭州市餘杭區臨平鎮南。

《傳》曰："思心之不容，是謂不聖，厥咎霿，厥罰恒風，厥極凶短折。時則有脂夜之妖，時則有華孽，時則有牛禍，時則有心腹之痾，時則有黄眚黄祥，時則有金木水火沴土。"思心不容，是謂不聖。思心者，心思慮也。容，寬也。孔子曰："居上不寬，吾何以觀之哉！"[1]言上不寬大包容，臣下則不能居聖位。貌言視聽，以心爲主，四者皆失，則區霿無識，[2]故其咎霿也。雨旱寒燠，亦以風爲本，四氣皆亂，故其罰常風也。[3]常風傷物，故其極凶短折也。傷人曰凶，禽獸曰短，草木曰折。一曰，凶，夭也；兄喪弟曰短，父喪子曰折。在人，腹中肥而包裹心者，脂也。心區霿則冥晦，故有脂夜之妖。一曰，有脂物而夜爲妖，若脂夜污人衣，淫之象也。一曰，夜妖者，雲風並起而杳冥，故與常風同象也。温而風則生螟螣，[4]有裸蟲之孽。劉向以爲："於《易》，《巽》爲風，爲木。卦在三月四月，繼陽而治，主木之華實。風氣盛至，秋冬木復華，故有華孽。"一曰，地氣盛則秋冬復華。一曰，華者色也，土爲内事，謂女孽也。於《易》，《坤》爲土，爲牛。牛大心而不能思慮，心氣毀，故有牛禍。一曰，牛多死及爲怪，亦是也。及人，則多病心腹者，故有心腹之痾。土色黄，故有黄眚黄祥。凡思心傷者，病土氣；土氣病，則金木水火沴之，故曰時則有金木水火沴土。不言“惟”而獨曰“時則有”者，非一衝氣所沴，明其異大也。其極凶短折者，順之，其福曰考終命。[5]劉歆《思心傳》曰："時有贏蟲之孽，[6]謂螟螣之屬也。"

[1]“居上不寬”句：語見《論語·八佾》：“子曰：居上不寬，爲禮不敬，臨喪不哀，吾何以觀之哉！”

[2]區霿：昏昧不明。

[3]常風：常，殿本作“恒”，本卷下文“常風”同。

[4]螟螣：分别是兩種農作物害蟲。《詩·小雅·大田》：“去其螟螣，及其蟊賊。”毛亨傳：“食心曰螟，食葉曰螣。”

[5]福：殿本作“逼”。

[6]贏：殿本作“羸”。

庶徵恒風

魏齊王正始九年十一月，大風數十日，發屋折樹。十二月戊子，[1]晦尤甚，動太極東閣。嘉平元年正月壬辰朔，西北大風，發屋折樹木，昏塵蔽天。案管輅説，此爲時刑大臣，[2]執政之憂也。是時，曹爽區霿自專，[3]驕僭過度，天戒數見，終不改革，此思心不睿，[4]恒風之罰也。後逾旬而爽等誅滅。京房《易傳》曰：“衆逆同志，至德乃潜，厥異風。其風也，行不解，物不長，雨小而傷。政悖德隱茲謂亂，厥風先風不雨，大風暴起，發屋折木。守義不進茲謂耗，[5]厥風與雲俱起，折五穀莖。臣易上政茲謂不順，厥風大焱發屋。賦斂不理茲謂禍，厥風絶經紀，正即温，[6]温即蟲。侯專封茲謂不統，[7]厥風疾而樹不摇，穀不成。辟不思道利茲謂無澤，[8]厥風不摇木，旱無雲傷禾。[9]公常於利茲謂亂，厥風微而温，生蟲蝗，害五穀。棄正作淫茲謂惑，[10]厥風温，螟蟲起，害有益人之物。諸侯不朝茲謂畔，厥風無恒，地變赤，雨殺人。"

[1]十二月戊子：子，原本、宋本、殿本作"午"。是年十二月己未朔，無戊午。《宋書》卷三四《五行志》："十二月戊子晦，尤甚，動太極東閣。"據改。

[2]大臣：臣，宋本作"風"。

[3]曹爽：三國時沛國譙縣（今安徽省亳州市）人，字昭伯。曹真子。明帝死，受遺詔與司馬懿共同輔政。後與司馬懿争權，爲司馬懿所殺。

[4]思心不睿：睿，宋本作"容"。

[5]守義不進：守著信義之人而不進用。

[6]正：殿本作"止"。

[7]侯專封：專斷封侯之事。殿本"封"下有"利"字。

[8]辟不思道利：選拔人不考慮道與利。殿本無"利"字。

[9]厥風不摇木，旱無雲傷禾：原本、宋本作"厥風不摇水旱無雲傷禾"，"木"作"水"，殿本作"木"，據殿本、《漢志》、《宋志》改。

[10]棄正：正，殿本作"政"。

吴孫權太元元年八月朔，大風，江海涌溢，平地水深八尺，拔高陵樹二千株，石碑蹉動，吴城兩門飛落。[1]案華覈對，[2]役繁賦重、區霿不容之罰也。明年，權薨。

[1]吴城兩門飛落：中華本校勘記："《吴志孫權傳》'兩門'作'南門'。《御覽》八七六引本志'飛落'上有'瓦'字。"

[2]華覈：三國孫吴吴郡武進（今江蘇省丹陽市東）人，字永先。始任上虞尉、典農都尉，又以文學入爲秘府郎，遷中書丞。後遷東觀令，領右國史。終被孫皓譴免，數歲卒。覈，殿本作"覆"。

孫亮建興元年十二月丙申，大風震電。是歲，魏遣大衆三道來攻，諸葛恪破其東興軍，[1]二軍亦退。明年，恪又攻新城，喪衆太半，[2]還，伏誅。

[1]諸葛恪：三國時琅邪陽都（今山東省沂南縣南）人，字元遜，諸葛瑾長子，少有才名。歷任孫吴騎都尉、撫越將軍、領丹楊太守、威北將軍、大將軍等職。孫權卒後，輔立孫亮，拜太傅，改善國政，頗得人心。建興二年（253）伐魏失敗，損兵折將，國内怨聲載道。後爲孫峻所殺。

[2]太半：太，殿本作"大"。

孫休永安元年十一月甲午，風四轉五復，蒙霧連日。是時，孫綝一門五侯，[1]權傾吴主，風霧之灾，與漢五侯丁、傅同應也。[2]十二月丁卯夜，有大風，發木揚沙。明日，綝誅。

[1]孫綝：三國時吴郡富春（今浙江省杭州市富陽區）人，字子通，孫峻從弟。孫峻死後，代爲侍中、武衛將軍，領中外諸軍事、大將軍。廢孫亮立孫休，自爲丞相，一門五侯，權傾人主。後被丁奉、張布所殺。

[2]漢五侯：西漢元帝皇后王政君之兄王鳳，專擅朝政。兄弟五人同日封侯，世稱“五侯”。　丁：漢哀帝母丁姬，爲皇后以後，丁氏封侯者凡二人，大司馬一人，將軍、九卿、二千石六人，等中諸曹亦十餘人。　傅：傅太后，漢元帝昭儀，哀帝祖母。以此關係，傅氏侯者凡六人，大司馬二人，九卿、二千石六人，侍中、諸曹十餘人。史稱丁、傅以一二年間暴興尤盛。

武帝泰始五年五月辛卯朔，廣平大風，折木。

咸寧元年五月，下邳、廣陵大風，壞千餘家，折樹木。其月甲申，廣陵、司吾、下邳大風，[1]折木。[2]三年八月，河間大風，折木。

[1]司吾：縣名，治所在今江蘇省新沂市南。

[2]“其月甲申”至“折木”：中華本校勘記：“與上條同，疑一事複出。”

太康二年五月，濟南暴風，折木，傷麥。六月，高平大風，折木，發壞邸閣四十餘區。[1]七月，上黨又大風，傷秋稼。八年六月，郡國八大風。九年正月，京都風雹，發屋拔樹。後二年，宫車晏駕。

[1]邸閣：倉儲治所。

惠帝元康四年六月，大風雨，拔樹。五年四月庚寅夜，[1]暴風，城東渠波浪殺人。七月，下邳大風，壞廬舍。九月，雁門、新興、太原、上黨灾風傷稼。[2]明年，氐羌反叛，大兵西討。

[1]四月庚寅夜：是年四月庚申朔，月内無庚寅。《晉書》卷四《惠帝紀》元康六年“夏四月，大風”，六年四月甲申朔庚寅初七日。牛繼清先生認爲，此“五年”爲“六年”之誤。（參見牛繼清、張林祥《十七史疑年録》，黄山書社 2007 年版，第 59 頁）

[2]太原：郡名，治所在晉陽縣（今山西省太原市西南）。

九年六月，飆風吹賈謐朝服飛數百丈。[1]明年，謐誅。十一月甲子朔，京都連大風，發屋折木。十二月，愍懷太子廢，幽於許昌。

[1]賈謐：字長深，本書卷四〇有傳。

永康元年二月，大風拔木。三月，愍懷被害。己卯，[1]喪柩發許昌還洛。是日，又大風雷電，幃蓋飛裂。四月，張華第舍飆風起，[2]折木飛繒，折軸六七。是月，華遇害。十一月戊午朔，大風從西北來，折木飛沙石，六日止。明年正月，趙王倫簒位。[3]

[1]己卯：牛繼清先生考證，《晉書》卷四《惠帝紀》：三月“癸未，賈后矯詔害庶人遹於許昌”，《資治通鑑》卷八三“晉紀五”同。三月壬戌朔，己卯十八日，癸未二十二日，顯然有誤。

《資治通鑑》又有五月"己卯，謚故太子曰愍懷；六月，壬寅，葬於顯平陵"。則發葬還洛在五月，下葬在六月。五月辛酉朔，己卯十九日。此"己卯"上脱"五月"二字。（參見牛繼清、張林祥《十七史疑年録》，第 60 頁）但補上"五月"二字，又有失序之誤。

[2]張華：守茂先，本書卷三六有傳。

[3]趙王倫：司馬倫，字子彝，本書卷五九有傳。

永寧元年八月，郡國三大風。

永寧元年正月乙丑，[1]西北大風。趙王倫建始元年正月癸酉，趙王倫祠太廟，灾風暴起，塵四合。其年四月，倫伏辜。

[1]永寧元年正月：永寧，原本、宋本、殿本作"永興"。牛繼清先生考證，《晋書·惠帝紀》載，永康二年正月趙王倫篡帝位，改元建始。四月癸亥惠帝復改元永寧，齊王冏誅趙王倫。則趙王倫建始元年當惠帝永寧元年，永興在三年之後，此處"永興"當爲"永寧"之誤。據改。（參見牛繼清《〈晋書〉時誤補校舉例》，《固原師專學報》1997 年第 4 期）

元帝永昌元年七月丙寅，大風拔木，屋瓦皆飛。八月，暴風壞屋，拔御道柳樹百餘株。其風縱横無常，若風自八方來者。是時，王敦專權，害尚書令刁協、僕射周顗等，[1]故風縱横若非一處也。此臣易上政，諸侯不朝之罰也。十一月，宫車晏駕。

[1]尚書令：官名，秦漢時爲尚書署長官。秩位雖低，權力甚

重。魏晋時沿置，爲尚書省長官，綜理全國政務，參議大政，爲高級政務長官。三品。　刁協：字玄亮，本書卷六九有傳。刁，原本、宋本作“刀”，殿本作“刁”，據殿本改。　僕射：官名，即尚書僕射。秦漢爲尚書令副貳，東漢建安四年（199）分置左、右，爲尚書省次官。三品。　周顗：字伯仁，本書卷六九有傳。

成帝咸康四年三月壬辰，成都大風，發屋折木。四月，李壽襲殺李期，[1]自立。

[1]李壽：字武考，本書卷一二一有載記。　李期：字世運，本書卷一二一有載記。

康帝建元元年七月庚申，[1]晋陵、吴郡灾，[2]風。

[1]康帝建元元年七月庚申：庚申，原本、宋本、殿本作“庚寅”，據中華本校勘記改。

[2]晋陵：郡名，治所在京口（今江蘇省鎮江市）。

穆帝升平元年八月丁未，策立皇后何氏。[1]是日，疾風。後桓玄篡位，乃降后爲零陵縣君，不睿之罰也。[2]五年正月戊戌朔，[3]疾風。

[1]皇后何氏：名法倪，本書卷三二有傳。

[2]不睿：睿，宋本作“肖”。

[3]五年正月戊戌朔：戊戌，原本、宋本、殿本作“戊午”，據中華本校勘記改。

海西公太和六年二月，[1]大風迅急，是年被廢。

[1]海西公：即廢帝司馬奕，字延齡，本書卷八有紀。

孝武帝寧康元年三月，京都大風，火大起。[1]是時，桓温入朝，[2]志在陵上，帝又幼少，人懷憂恐，斯不睿之徵也。三年三月戊申朔，[3]暴風迅起，從丑上來，須臾逆轉，從子上來，飛沙揚礫。

[1]火大起：宋本作“火火起”。

[2]桓温：字元子，本書卷九八有傳。

[3]三年三月戊申朔：三年，《宋書》卷三四《五行志五》作“元年”，元年三月戊子朔，三年三月丙午朔，均非戊申朔。牛繼清懷疑《宋志》誤“戊子”爲“戊申”，《晋志》抄録時又誤“元年”爲“三年”。此當和《宋志》《晋志》“元年三月，京都大風，火大起”爲一事兩係。（參見牛繼清、張林祥《十七史疑年録》，第60頁）

太元二年二月乙丑朔，暴風折木。閏三月甲子朔，暴風疾雨俱至，發屋折木。三年六月，長安大風，拔苻堅宫中樹。[1]其後，堅再南伐，遂有肥水之敗，[2]身戮國亡。四年八月乙未，暴風揚沙石。

[1]苻堅：字永固，本書卷一一三有載記。苻，原本、宋本作“符”，殿本作“苻”，據其載記、殿本改。

[2]肥水：即淝水，源出今安徽省肥西縣西北，北流至壽縣城東，復折西北入淮河。今名東淝河。肥，宋本、殿本作“淝”。

十二年正月壬子夜，[1]暴風。七月甲辰，大風折木。十三年十二月乙未，[2]大風，晝晦。其後帝崩而諸侯違命，權奪於元顯，[3]禍成於桓玄，是其應也。十七年六月乙卯，[4]大風折木。

[1]十二年正月壬子夜：壬子，原本、宋本、殿本作“壬午”，據中華本校勘記改。

[2]十三年十二月乙未：乙未，原本、宋本、殿本作“己未”，據中華本校勘記改。

[3]元顯：司馬元顯，司馬道子之子，本書卷六四有傳。

[4]十七年六月乙卯：乙卯，原本、宋本、殿本作“乙未”，據中華本校勘記改。

安帝元興二年二月甲辰夜，[1]大風雨，大航門屋瓦飛落。明年，桓玄篡位，由此門入。

[1]安帝元興二年二月甲辰夜：甲辰，原本、宋本、殿本無此二字，據中華本校勘記增。

三年正月，桓玄出游大航南，飄風飛其轉輗蓋，[1]經三月而玄敗歸江陵。五月，江陵又大風折木。是月，桓玄敗於崢嶸洲，[2]身亦屠裂。[3]十一月丁酉，[4]大風，江陵多死者。

[1]轉（pì）輗蓋：車傘蓋。崔豹《古今注·輿服》：“武王伐紂，大風折蓋，太公因折蓋之形而制曲蓋焉。戰國常以賜將帥。自漢朝乘輿用四，謂爲轉輗蓋，有軍號者賜其一也。”

[2]峥嶸洲：位於今湖北省黄岡市西北長江中。

[3]身亦屠裂：亦，殿本作“以”。

[4]十一月：一，殿本作“二”。

義熙四年十一月辛卯朔，西北疾風起。五年閏十月丁亥，[1]大風發屋。明年，盧循至蔡洲。六年五月壬申，大風拔北郊樹，樹幾百年也。并吹琅邪、揚州二射堂倒壞。是日，盧循大艦漂没。甲戌，又風，發屋折木。是冬，王師南討。

[1]五年閏十月丁亥：十月，原本、宋本、殿本作“十一月”，據中華本校勘記改。

九年正月，大風，白馬寺浮圖剎柱折壞。十年四月己丑朔，大風拔木。六月辛亥，大風拔木。七月，淮北大風，壞廬舍。明年，西討司馬休之應。[1]

[1]司馬休之：晋宗室，字季豫，譙王司馬恬子。任襄城太守，鎮歷陽。受桓玄圍攻，投奔南燕。桓玄敗後南歸，又與劉裕交惡，投奔後秦。劉裕滅後秦，又投奔北魏。

夜妖

魏高貴鄉公正元二年正月戊戌，[1]景帝討毌丘儉，[2]大風晦暝，行者皆頓伏，近夜妖也。劉向曰：“正晝而暝，陰爲陽，臣制君也。”

[1]高貴鄉公：曹髦，字彦士，曹丕孫。曹芳被廢後立爲帝。後爲司馬昭部下成濟所殺。　正元二年正月戊戌：是年正月甲寅朔，無戊戌。正月前疑脱"閏"字。

[2]毌丘儉：三國時河東聞喜（今山西省聞喜縣東北）人，字仲恭。歷任曹魏尚書郎、羽林監、洛陽典農、荆州刺史、幽州刺史等職。後舉兵反司馬師，兵敗被殺。

元帝景元三年十月，京都大震，晝晦，此夜妖也。班固曰："夜妖者，雲風並起而杳冥，故與常風同象也。"劉向《春秋説》云："天戒若曰，勿使大夫世官，將令專事。瞑晦，公室卑矣。"魏見此妖，晋有天下之應也。

懷帝永嘉四年十月辛卯，[1]晝昏，至於庚子，此夜妖也。後年，劉曜寇洛川，[2]王師頻爲賊所敗，帝蒙塵於平陽。

[1]懷帝永嘉四年十月辛卯：十月，原本、宋本、殿本作"十一月"，據中華本校勘記改。

[2]洛川：縣名，治所在今陝西省洛川縣舊縣北。

孝武帝太元十三年十二月乙未，大風晦暝。其後帝崩，而諸侯違命，干戈内侮，權奪於元顯，禍成於桓玄。

蠃蟲之孽

京房《易傳》曰："臣安禄位兹謂貪，厥灾蟲食根。

德無常兹謂煩，蟲食葉。不絀無德，蟲食本。與東作争兹謂不時，蟲食莖。蔽惡生孽，蟲食心。”

武帝咸寧元年七月，郡國螟。九月，青州又螟。是月，郡國有青蟲食其禾稼。四年，司、冀、兖、豫、荆、揚郡國二十螟。

太康四年，會稽彭蜞及蟹皆化爲鼠，[1]甚衆，復大食稻爲灾。九年八月，郡國二十四螟。九月，蟲又傷秋稼。是時，帝聽讒諛，寵任賈充、楊駿，故有蟲蝗之灾，不絀無德之罰。

[1]彭蜞：一種小螃蟹。穴居海邊或江河泥岸，對農作物有害。《世説新語·紕漏》劉孝標注：“《爾雅》曰：‘螖蠌小者蟧，即彭蜞也，似蟹而小。’今彭蜞小於蟹，而大於彭螖，即《爾雅》所謂螖蠌也。”蜞，原本、宋本作“螟”，殿本作“蜞”，據殿本改。

惠帝元康三年九月，帶方等六縣螟，[1]食禾葉盡。

[1]帶方：縣名，治所在今朝鮮民主主義人民共和國文石井土城。

永寧元年七月，梁、益、涼三州螟。[1]是時，齊王冏執政，[2]貪苛之應也。十月，[3]南安、巴西、江陽、太原、新興、北海青蟲食禾葉，[4]甚者十傷五六。十二月，郡國六螟。

[1]梁：梁州，古九州之一。三國曹魏治所在沔陽縣（今陝西

省勉縣東)，西晋移治南鄭縣（今陝西省漢中市）。　益：州名，西漢武帝十三部刺史之一。治所在成都縣（今四川省成都市）。

[2]齊王冏：司馬冏，字景治，本書卷五九有傳。

[3]十月：原本、宋本、殿本“十月”上有“永寧元年”四字，據中華本校勘記删。

[4]巴西：郡名，治所在閬中縣（今四川省閬中市）。　江陽：郡名，治所在江陽縣（今四川省瀘州市）。

牛禍

武帝太康九年，幽州塞北有死牛頭語，近牛禍也。是時，帝多疾病，深以後事爲念，而託付不以至公，思瞀亂之應也。案師曠曰：[1]“怨讟動於人，[2]則有非言之物而言。”又其義也。京房《易傳》曰：“殺無罪，牛生妖。”

[1]師曠：春秋時樂師，晋國人，善於辨音。《荀子·大略》：“言味者予易牙，言音者予師曠，言治者予三王。”

[2]怨讟：怨恨誹謗。

惠帝太安中，江夏張騁所乘牛言曰：[1]“天下亂，乘我何之！”騁懼而還，犬又言曰：[2]“歸何早也？”尋後牛又人立而行。騁使善卜者卦之，謂曰：“天下將有兵亂，爲禍非止一家。”其年，張昌反，[3]先略江夏，騁爲將帥，於是五州殘亂，騁亦族滅。京房《易妖》曰：[4]“牛能言，如其言占吉凶。”《易萌氣樞》曰：[5]“人君不好士，走馬被文綉，犬狼食人食，則有六畜談言。”

時天子諸侯不以惠下爲務，又其應也。

［1］江夏：郡名，三國魏治所在上昶城（今湖北省雲夢縣），西晋移治安陸縣（今湖北省安陸市西南）。

［2］犬：宋本作“大”。

［3］張昌：西晋人，少爲平氏縣吏，有武力，好論戰。太安二年（303），更名李辰，聚衆立山都縣吏丘沉爲天子，建元神鳳，自任相國。後失敗被殺。

［4］《易妖》：妖，殿本作“數”。

［5］《易萌氣樞》：古代緯書，已佚。在《古微書》《開元占經》《經義考》《文獻通考》《駢志》《晋書》《宋書》等書中有零星片段。

元帝建武元年七月，晋陵陳門才牛生犢，[1]一體兩頭。案京房《易傳》言：“牛生子二首一身，天下將分之象也。”是時，愍帝蒙塵於平陽，尋爲逆胡所殺。元帝即位江東，天下分爲二，是其應也。

［1］晋陵陳門才牛生犢：中華本校勘記：“‘陳門才’不知何義，亦不知是否人名。《搜神記》七作‘晋陵東門有牛生犢’，疑此‘陳’爲‘東’、‘才’爲‘有’之誤。《宋志》五‘陳門才’則作‘曲阿門’。”

太興元年，武昌太守王諒牛生子，[1]兩頭八足，兩尾共一腹，三年後死，又有牛一足三尾，皆生而死。案司馬彪説，“兩頭者，政在私門，上下無别之象也”。京房《易傳》曰：“足多者，所任邪也；足少者，不勝任也。”其後王敦等亂政，此其祥也。

［1］武昌：郡名，治所在武昌縣（今湖北省鄂州市鄂城區）。

四年十二月，郊牛死。案劉向説《春秋》郊牛死曰：“宣公區霿昏亂，[1]故天不饗其祀。”今元帝中興之業，實王導之謀也。[2]劉隗探會上意，以得親幸，導見疏外，此區霿不睿之禍。

［1］宣公：魯宣公，春秋時期魯國國君，名俀，一作倭。公元前608至前591年在位。魯文公庶子，一説魯文公之弟。曾實行“初税畝”，即田税改革。

［2］王導：字茂弘，本書卷六五有傳。

成帝咸和二年五月，護軍牛生犢，兩頭六足。是冬，蘇峻作亂。七年，九德人袁榮家牛産犢，[1]兩頭八足，二尾共身。

［1］九德：郡名，三國孫吴置，治所在九德縣（今越南社會主義共和國義安省榮市）。

桓玄之國，在荆州詣刺史殷仲堪，行至鶴穴，[1]逢一老公驅青牛，形色瑰異，桓玄即以所乘牛易取。乘至零陵涇溪，[2]駿駛非常，息駕飲牛，牛逕入江水不出。玄遣人覘守，經日無所見。於後玄敗被誅。

[1]鶴穴：即鶴穴口，位於今湖北江陵縣郝穴鎮，當長江東北岸。

[2]零陵：郡名，西漢置，治所在零陵縣（今廣西壯族自治區全州縣西南），東漢至晋治所在泉陵縣（今湖南省永州市）。　涇溪：又稱涇水、賞溪。位於今安徽省涇縣西南一里青弋江與涇水合流口。

黄眚黄祥

蜀劉備章武二年，東伐。二月，自秭歸進屯夷道。[1]六月，秭歸有黄氣見，長十餘里，廣數十丈。後逾旬，備爲陸議所破，[2]近黄祥也。

[1]秭歸：縣名，治所在今湖北省秭歸縣。

[2]陸議：議，殿本作“遜”。

魏齊王正始中，中山王周南爲襄邑長。[1]有鼠從穴出，語曰：“王周南，[2]爾以某日死。”周南不應，鼠還穴。後至期，更冠幘皂衣出，[3]語曰：“周南，汝日中當死。”[4]又不應，鼠復入穴。斯須臾出，[5]語如向。日適欲中，鼠入須臾復出，出復入，轉更數，語如前。日適中，鼠曰：“周南，汝不應，我復何道！”言絶，顛蹶而死，即失衣冠。取視，俱如常鼠。案班固説，此黄祥也。是時，曹爽專政，競爲比周，[6]故鼠作變也。

[1]襄邑：縣名，治所在今河南省睢縣。

[2]王周南：王，宋本作“二”。

[3]冠幘皂衣：頭戴頭巾，身穿黑衣。

[4]日中當死：殿本無“當”字。

[5]斯須臾出：臾，殿本作“更”。

[6]比周：結黨。

惠帝元康四年十二月，[1]大霧。帝時昏眊，政非己出，故有區霧之妖。

[1]十二月：原本、宋本作“正月”，殿本作“十二月”，據殿本改。

元帝太興四年八月，黄霧四塞，埃氛蔽天。

永昌元年十月，京師大霧，黑氣貫天，日無光。

明帝太寧元年正月癸巳，黄霧四塞。二月，又黄霧四塞。是時王敦擅權，謀逆愈甚。

穆帝永和七年三月，凉州大風拔木，黄霧下塵。是時，張重華納譖，[1]出謝艾爲酒泉太守，[2]而所任非其人，至九年死，嗣子見殺，是其應也。京房《易傳》曰：“聞善不予兹謂不知，[3]厥異黄，厥咎聾，厥灾不嗣。黄者，有黄濁氣四塞天下。蔽賢絶道，故灾至絶世也。”

[1]張重華：字泰臨，本書卷八六有傳。

[2]酒泉：郡名，西漢武帝置，治所在福禄縣（今甘肅省酒泉市）。

[3]謂不知：不，原本、宋本作“有”，殿本作“不”，據殿本改。

孝武太元八年二月癸未，[1]黄霧四塞。是時，道子專政，[2]親近佞人，朝綱方替。

[1]太元：原本、宋本作“泰元”，殿本作“太元”，據《孝武帝紀》、殿本改。

[2]道子：司馬道子，字道子，本書卷六四有傳。

安帝元興元年十月丙申朔，黄霧昏濁不雨。是時桓玄謀逆之應。

義熙五年十一月，大霧。十年十一月，又大霧。是時，帝室衰微，臣下權盛，兵及土地，略非君有，此其應也。

地震

劉向曰：“地震，金木水火沴土者也。”伯陽甫曰：[1]“天地之氣，不過其序；若過其序，人之亂也。陽伏而不能出，陰迫而不能升，於是有地震。”

[1]伯陽甫：《史記》卷四《周本紀》：“伯陽甫曰：‘周將亡矣。’”裴駰《集解》：“韋昭曰：‘伯陽父，周大夫也。’唐固曰：‘伯陽父，周柱下史老子也。’”

吴孫權黄武四年，江東地連震。是時，權受魏爵命爲大將軍、吴王，改元專制，不修臣迹。京房《易傳》曰：“臣事雖正，專必震。其震，於水則波，於木則摇，於屋則瓦落。大經在辟而易臣兹謂陰動，[1]厥震摇政宫。

大經搖政兹謂不陰，厥震搖山，出涌水。嗣子無德專禄兹謂不順，厥震動丘陵，涌水出。”劉向並云：[2]“臣下强盛，將動而爲害之應也。”

［1］大經在辟：治理國家的常規、常道。

［2］劉向並云：中華本校勘記：“《斠注》：《宋志》‘劉向’上有‘董仲舒’三字，本志誤脱。”

魏明帝青龍二年十一月，京都地震，從東來，隱隱有聲，搖屋瓦。

景初元年六月戊申，京都地震。是秋，吴將朱然圍江夏，[1]荆州刺史胡質擊退之。[2]又，公孫文懿叛，自立爲燕王，改年，置百官。明年，討平之。

［1］朱然：三國吴丹楊故鄣（今浙江省安吉西縣北）人，字義封。歷任孫吴餘姚長、山陰令、臨川太守、征北將軍、車騎將軍、右護軍等職。官至左大司馬、右軍師。

［2］胡質：字文德，三國時楚國壽春（今安徽省壽縣）人。歷任曹魏頓丘令、丞相東曹議令史、吏部郎、常山太守、東莞太守、荆州刺史、振威將軍等職。

吴孫權嘉禾六年五月，江東地震。

赤烏二年正月，地再震。是時，吕壹專事，步騭上疏曰：[1]“伏聞校事吹毛求瑕，趣欲陷人，成其威福，無罪無辜，横受重刑，雖有大臣，不見信任，如此，天地焉得無變！故地連震動，臣下專政之應也。冀所以警悟人主，可不深思其意哉！”壹後卒敗。

［1］步騭：三國時臨淮淮陰（今江蘇省淮安市淮陰區西南）人，字子山。歷任孫吴交州刺史、征南中郎將、平戎將軍、丞相等職。

魏齊王正始二年十一月，南安郡地震。三年七月甲申，南安郡地震。十二月，魏郡地震。六年二月丁卯，南安郡地震。是時，曹爽專政，遷太后於永寧宫，太后與帝相泣而别。連年地震，是其應也。

吴孫權赤烏十一年二月，江東地仍震。是時，權聽讒，尋黜朱據，廢太子。

蜀劉禪炎興元年，蜀地震。是時宦人黄晧專權。[1]案司馬彪説，“閹官無陽施，[2]猶婦人也”。[3]晧見任之應。與漢和帝時同事也。是冬，蜀亡。

［1］黄晧：三國蜀漢宦官，善奉迎弄權，深得後主寵幸。陳袛任侍中時，與之勾結，使之預朝政。累遷至中常侍、奉車都尉。

［2］陽施：男子的亢陽之氣。

［3］猶婦人也：猶，原本、宋本作“遊”，殿本作“猶”，據殿本改。

武帝泰始五年四月辛酉，地震。是年冬，新平氐羌叛。[1]明年，孫晧遣大衆入渦口。[2]七年六月丙申，地震。

[1]新平：郡名，治所在漆縣（今陝西省彬州市）。

[2]渦口：即今安徽省懷遠縣東南渦河入淮河之口。

咸寧二年八月庚辰，河南、河東、平陽地震。四年六月丁未，陰平、廣武地震，[1]甲子又震。

[1]陰平：郡名，治所在陰平縣（今甘肅省文縣西白龍江北岸）。　廣武：縣名，治所在今山西省代縣西南。

太康二年二月庚申，淮南、丹楊地震。五年正月朔壬辰，[1]京師地震。六年七月己丑，地震。[2]七年七月，南安、犍爲地震。[3]八月，京兆地震。[4]八年五月壬子，建安地震。七月，陰平地震。八月，丹楊地震。九年正月，會稽、丹楊、吴興地震。四月辛酉，長沙、南海等郡國八地震。[5]七月至於八月，地又四震，其三有聲如雷。九月，臨賀地震，[6]十二月又震。十年十二月己亥，丹楊地震。

[1]五年正月朔壬辰：中華本校勘記："周校：'正月朔壬辰'，文理不明，《武紀》在二月壬辰。"

[2]六年七月己丑，地震：中華本校勘記："據《帝紀》，此巴西震。七月無己丑，疑'己丑'乃'巴西'二字之形訛。"

[3]犍爲：郡名，治所在武陽縣（今四川省眉山市彭山區東）。

[4]京兆：郡名，治所在長安縣（今陝西省西安市西北）。

[5]長沙：郡名，治所在臨湘縣（今湖南省長沙市）。

[6]臨賀：郡名，治所在臨賀縣（今廣西壯族自治區賀州市八步區）。

太熙元年正月，地又震。武帝世，始於賈充，終於楊駿，阿黨昧利，苟竊朝權。至於末年，所任轉弊，故頻年地震，過其序也，終喪天下。

惠帝元康元年十二月辛酉，京都地震。此夏，賈后使楚王瑋殺汝南王亮及太保衛瓘，[1]此陰道盛、陽道微故也。

[1]楚王瑋：司馬瑋，字彥度，本書卷五九有傳。　汝南王亮：司馬亮，字子翼，本書卷五九有傳。　衛瓘：字伯玉，本書卷三六有傳。

四年二月，上谷、上庸、遼東地震。[1]五月，蜀郡山移；[2]淮南壽春洪水出，山崩地陷，壞城府。八月，上谷地震，水出，殺百餘人。十月，京都地震。十一月，滎陽、襄城、汝陰、梁國、南陽地皆震。[3]十二月，京都又震。是時，賈后亂朝，終至禍敗之應也。漢鄧太后攝政時，[4]郡國地震。李固以爲：[5]"地，陰也，法當安靜。今乃越陰之職，專陽之政，故應以震。"此同事也。京房《易傳》曰："小人剥廬，[6]厥妖山崩，兹謂陰乘陽，弱勝强。"又曰："陰背陽則地裂，父子分離，夷羌叛去。"

[1]上谷：郡名，三國魏治所在居庸縣（今北京市延慶區），西晋移治沮陽縣（今河北省懷來縣東南）。　上庸：郡名，治所在上庸縣（今湖北省竹山縣西南四十里堵水北岸）。

[2]蜀郡：治所在成都縣（今四川省成都市）。

［3］汝陰：郡名，治所在汝陰縣（今安徽省阜陽市）。

［4］鄧太后：東漢和帝皇后，名綏，鄧禹之孫。永元八年（96）入掖庭爲貴人，十四年立爲皇后。殤帝即位尊爲皇太后，臨朝稱制。在位二十年，終身稱制。爲東漢六后臨朝者之一。

［5］李固：東漢漢中南鄭（今陝西省漢中市）人，字子堅。初任議郎、從事中郎。順帝時任荆州刺史、泰山太守，後歷任將作大匠、大司農、太尉等職。冲帝時與大將軍梁冀共參録尚書事。冲帝死後，因立何人即位與梁冀相忤。桓帝時被梁冀所誣下獄死。

［6］小人剥廬：語出《易·剥》："上九，碩果不食。君子得輿，小人剥廬。"意爲君子居高位則益民，小人居高位則害人。

元康五年五月丁丑，[1]地震。六月，金城地震。[2]六年正月丁丑，地震。八年正月丙辰，地震。

［1］五年五月丁丑：是年五月庚寅朔，月内無丁丑。

［2］金城：郡名，治所原來在允吾縣（今甘肅省永靖縣西北），曹魏時移治榆中縣（今甘肅省榆中縣西北黄河南岸）。

太安元年十月，[1]地震。時齊王冏專政之應。二年十二月丙辰，地震。是時，長沙王乂專政之應也。[2]

［1］太安元年十月：十月，原本、宋本、殿本作"十二月"，據中華本校勘記删。

［2］長沙王乂：司馬乂，字士度，本書卷五九有傳。

孝懷帝永嘉三年十月，荆湘二州地震。[1]時司馬越專政。四年四月，兖州地震。五月，石勒寇汲郡，執太守胡寵，遂南濟河，[2]是其應也。

[1]荆湘二州地震：湘，原本、宋本、殿本作“襄”，據中華本校勘記改。

[2]遂南濟河：河，原本、宋本、殿本作“沔”，據中華本校勘記改。

愍帝建興二年四月甲辰，地震。三年六月丁卯，長安又地震。是時主幼，權傾於下，四方雲擾，兵亂不息之應也。

元帝太興元年四月，西平地震，涌水出。十二月，廬陵、豫章、武昌、西陵地震，[1]涌水出，山崩。干寶以爲王敦陵上之應也。

[1]豫章：郡名，治所在南昌縣（今江西省南昌市）。

二年五月癸丑，[1]祁山地震，[2]山崩，殺人。是時，相國南陽王保在祁山，稱晋王不終之象也。三年五月庚寅，[3]丹楊、吴郡、晋陵又地震。

[1]二年五月癸丑：癸丑，原本、宋本、殿本作“己丑”。是月辛丑朔，無己丑。《宋書》卷三四《五行志》：“太興二年五月癸丑，祁山地震，山崩殺人。”十三日癸丑。據改。

[2]祁山：位於今甘肅省禮縣東北。

[3]三年五月庚寅：五月，原本、宋本、殿本作“四月”，據中華本校勘記改。

成帝咸和二年二月，江陵地震。三月，益州地震。四月己未，豫章地震。[1]是年，蘇峻作亂。九年三月丁酉，會稽地震。

[1]豫章地震：章，原本、宋本、殿本作“州”，據中華本校勘記改。

穆帝永和元年六月癸亥，地震。是時，嗣主幼冲，母后稱制，政在臣下，所以連年地震。

二年十月，[1]地震。三年正月丙辰，[2]地震。九月，地又震。四年十月己未，地震。

[1]二年十月：十月，原本、宋本、殿本作“十二月”，據中華本校勘記改。

[2]三年正月丙辰：正月庚申朔，月内無丙辰。《晋書》卷八《穆帝紀》：永和三年“夏四月，地震”，“九月，地震”。牛繼清懷疑此“正月”爲“四月”之誤。四月己丑朔，丙辰二十八日。（參見牛繼清、張林祥《十七史疑年録》，第61頁）

五年正月庚寅，地震。是時，石季龍僭即皇帝位，亦過其序也。

九年八月丁酉，京都地震，有聲如雷。十年正月丁卯，地震，聲如雷，鷄雉皆鳴呴。[1]十一年四月乙酉，地震。五月丁未，地震。

[1]鳴呴（gòu）：鷄禽類的鳴叫。

升平二年十一月辛酉，地震。五年八月，涼州地震。

哀帝隆和元年四月甲戌，地震。是時，政在將相，人主南面而已。

興寧元年四月甲戌，揚州地震，湖瀆溢。二年二月庚寅，[1]江陵地震。是時，桓温專政。

[1]二年二月庚寅：二月，原本、宋本、殿本作“三月”，據中華本校勘記改。

海西公太和元年二月，涼州地震，水涌。是海西將廢之應也。

簡文帝咸安二年十月辛未，安成地震。[1]是年帝崩。

[1]簡文帝咸安二年十月辛未，安成地震：中華本校勘記：“《校文》：此與下文孝武帝寧康元年十月辛未地震，疑一事而歧爲二，故月日俱同。《志》於兩帝死亡新立之際，所記事實，動多複出，此其一也。”

孝武帝寧康元年十月辛未，地震。二年二月丁巳，地震。七月甲午，涼州地又震，山崩。是時，嗣主幼冲，權在將相，陰盛之應也。[1]

[1]陰盛之應也：殿本無“也”字。

太元二年閏三月壬午，地震。五月丁丑，地震。十一年六月己卯，地震。是後緣河諸將連歲兵役，人勞之應也。十五年三月己酉朔夜，[1]地震。八月，京都地震。十二月己未，地震。十七年六月癸卯，地震。十二月己未，地又震。是時，群小弄權，天下側目。十八年正月癸亥朔，地震。二月乙未夜，地震。

[1]三月：殿本作“二月”。

安帝隆安四年四月乙未，地震。九月癸丑，地震。是時，幼主冲昧，政在臣下。

義熙四年正月壬子夜，地震有聲。十月癸亥，地震。五年正月戊戌夜，尋陽地震，有聲如雷。明年，盧循下。八年，自正月至四月，南康、廬陵地四震。明年，王旅西討荆益。十年三月戊寅，[1]地震。

[1]十年三月：殿本作“十三年月”。

山崩地陷裂

吴孫權赤烏十三年八月，丹楊、句容及故鄣、寧國諸山崩，[1]鴻水溢。案劉向説：“山，陽，君也。水，陰，百姓也。天戒若曰，君道崩壞，百姓將失其所與！”《春秋》梁山崩，[2]漢齊、楚衆山發水，同事也。夫三代命祀，祭不越望，[3]吉凶禍福，不是過也。吴雖稱帝，其實列國，灾發丹楊，其天意矣。劉歆以爲：“國主山川，山崩川竭，亡之徵也。”後二年而權薨，又二十六年而吴亡。

[1]故鄣：縣名，治所在今浙江省安吉縣安城鎮西北。　寧國：縣名，治所在今安徽省寧國市。

[2]梁山：位於今陝西省韓城市西北。

[3]祭不越望：《孔子家語·正論》："楚昭王有疾，卜曰：'河神爲祟。'王弗祭。大夫請祭諸郊，王曰：'三代命祀，祭不越望，江、漢、沮、漳，楚之望也，禍福之至，不是過乎，不穀雖不德，河非所獲罪也。'遂不祭。"王肅注："天子望祀天地，諸侯祀境内，故曰'祭不越望'也。"

魏元帝咸熙二年二月，太行山崩，此魏亡之徵也。其冬，晋有天下。

武帝泰始三年三月戊子，[1]大石山崩。四年七月，泰山崩墜三里。京房《易傳》曰："自上下者爲崩，厥應泰山之石顛而下，聖王受命人君虜。"及帝晏駕，而禄去王室，惠皇懦弱，懷、愍二帝俱辱虜庭，淪胥於北，元帝中興於南，此其應也。

[1]泰始三年三月戊子：戊子，原本、宋本、殿本作"戊午"，是月癸丑朔，無戊午，據中華本改。

太康五年五月丙午，[1]宣帝廟地陷。六年十月，南安、新興山崩，涌水出。七年二月，朱提之大瀘山崩，[2]震壞郡舍，陰平之仇池崖隕。[3]八年七月，大雨，殿前地陷，方五尺，深數丈，中有破船。

[1]太康五年五月丙午：五月，原本、宋本、殿本無此二字，據中華本校勘記補。

[2]朱提：郡名，治所在朱提縣（今雲南省昭通市）。

[3]仇池：位於今甘肅省西和縣西仇池山上，又名百頃池。

惠帝元康四年，蜀郡山崩，殺人。五月壬子，壽春山崩，洪水出，城壞，地陷方三十丈，殺人。六月，壽春大雷，山崩地坼，人家陷死，上庸郡亦如之。八月，居庸地裂，[1]廣三十六丈，長八十四丈，水出，大饑。上庸四處山崩，地墜廣三十丈，長百三十丈，水出殺人。皆賈后亂朝之應也。

[1]居庸：縣名，治所在今北京市延慶區。

太安元年四月，西墉崩。[1]

[1]西墉：西城墻。

懷帝永嘉元年三月，洛陽東北步廣里地陷。二年八月乙亥，鄄城城無故自壞七十餘丈，[1]司馬越惡之，遷於濮陽，此見沴之異也。越卒以陵上受禍。三年七月戊辰，當陽地裂三所，[2]廣三丈，長三百餘步。京房《易傳》曰："地坼裂者，臣下分離，不肯相從也。"其後司馬越、荀晞交惡，四方牧伯莫不離散，王室遂亡。

[1]鄄城：縣名，治所在今山東省鄄城縣北。

[2]當陽：縣名，治所在今湖北省荆門市南。東晋遷至今湖北省當陽市。

三年十月，宜都夷道山崩。[1]四年四月，湘東酃黑石山崩。[2]

[1]宜都：郡名，治所在夷陵縣（今湖北省宜昌市東南長江北岸）。　夷道：縣名，治所在今湖北省枝江市。

[2]湘東：郡名，三國孫吴置，治所在酃縣（今湖南省衡陽市東）。

元帝太興元年二月，廬陵、豫章、武昌、西陽地震山崩。二年五月，祁山地震，山崩，殺人。三年，南平郡山崩，[1]出雄黄數千斤。時王敦陵傲，帝優容之，示含養禍萌也。四年八月，常山崩，[2]水出，滹沱盈溢，[3]大木傾拔。

[1]南平郡：治所在江安縣（今湖北省公安縣西北）。

[2]常山：郡名，治所在真定縣（今河北省石家莊市）。

[3]滹沱：即滹沱河，源出今山西省五臺山，東南穿太行山脉，入華北平原。

成帝咸和四年十月，柴桑廬山西北崖崩。[1]十二月，劉胤爲郭默所殺。[2]

[1]柴桑：縣名，治所在今江西省九江市西南。

[2]劉胤：字承胤，本書卷八一有傳。　郭默：本書卷六三有傳。

穆帝永和七年九月，峻平、崇陽二陵崩。十二年十一月，遣散騎常侍車灌修峻平陵，[1]開埏道，[2]崩壓，殺數十人。

[1]散騎常侍：官名，三國魏文帝黄初年間置，侍從皇帝左右，諫諍得失，顧問應對，與侍中等共平尚書奏事。也用作宰相、諸公等加官，入宫議政。三品。

[2]埏道：墓道。

升平五年二月，南掖門馬足陷地，得鍾一，有文四字。

哀帝隆和元年四月丁丑，浩亹山崩，[1]張天錫亡徵也。

[1]浩亹：縣名，治所在今甘肅省永登縣西南大通河東岸。

安帝義熙八年三月壬寅，山陰地陷，方四丈，有聲如雷。十年五月戊寅，西明門地穿，[1]涌水出，毁門扇及限，此水沴土也。十一年五月，霍山崩，[2]出銅鍾六枚。十三年七月，漢中成固縣水涯有聲若雷，[3]既而岸崩，出銅鍾十有二枚。

[1]西明門：建康城西門。《景定建康志》卷二〇《今城郭·門闕》："正西曰西明門，門三道，東對建春門，即宫城大司馬門前横街也。"

[2]霍山：即今安徽省霍山縣南天柱山。

[3]成固縣：治所在今陝西省漢中市城固縣東漢江北岸。成，原本、宋本、殿本作"城"，據本書《地理志》及中華本改。

惠帝元康九年六月夜，暴雷雨，賈謐齋屋柱陷入地，壓謐床帳，此木沴土，土失其性，不能載也。明年，謐誅焉。

光熙元年五月，范陽國地燃，可以爨，此火沴土也。是時，禮樂征伐自諸侯出。

《傳》曰："皇之不極，是謂不建，厥咎眊，厥罰恒陰，厥極弱。時則有射妖，時則有龍蛇之孽，時則有馬禍，時則有下人伐上之痾，時則有日月亂行，星辰逆行。"皇之不極，是謂不建。皇，君；極，中；建，立也。人君貌言視聽思心五事皆失，不得其中，不能立萬事，失在眊悖，故其咎眊也。王者自下承天理物。雲起於山，而彌於天；天氣亂，故其罰常陰。[1]一曰，上失中，則下强盛而蔽君明也。《易》曰："亢龍有悔，貴而亡位，高而亡民，賢人在下位而亡輔。"如此，則君有南面之尊，而亡一人之助，故其極弱也。盛陽動進輕疾。禮，春而大射，[2]以順陽氣。上微弱則下奮驚動，故有射妖。《易》曰："雲從龍。"又曰："龍蛇之蟄，以存身也。"陰氣動，[3]故有龍蛇之孽。於《易》，《乾》爲君，爲馬。任用而强力，君氣毁，故有馬禍。一曰，馬多死及爲怪，亦是也。君亂且弱，人之所叛，天之所去，不有明王之誅，則有簒殺之禍，故有下人伐上之痾。凡君道傷者，病天氣。不言五行沴天，而曰"日月亂行，[4]星辰逆行"者，爲若下不敢沴天，猶《春秋》曰"王師敗績於貿戎"，不言敗之者，以自敗爲文，尊尊之意也。劉歆《皇極傳》曰有下體生於上之痾。説以爲下人伐上，天誅已成，不得復爲痾云。

［1］常：殿本作“恒”。

［2］大射：古代禮儀，通過此禮擇士以舉行祭祀。《周禮·天官·司裘》：“王大射，則共虎侯、熊侯、豹侯，設其鵠；諸侯則共熊侯、豹侯；卿大夫則共麋侯，皆設其鵠。”鄭玄注：“大射者，爲祭祀射，王將有郊廟之事，以射擇諸侯及群臣與邦國所貢之士可以與祭者。射者可以觀德行，其容體比於禮，其節比於樂而中多者，得與於祭。”

［3］陰氣動：原本、宋本、殿本“陰”下有“陽”字，據中華本校勘記删。

［4］而曰日月亂行：曰，原本、宋本無此字，殿本有，據殿本、中華本校勘記補。

常陰

吴孫亮太平三年，自八月沉陰不雨，四十餘日。是時，將誅孫綝，謀泄。九月戊午，綝以兵圍宫，廢亮爲會稽王，此常陰之罰也。[1]

［1］常：殿本作“恒”。

吴孫皓寶鼎元年十二月，太史奏久陰不雨，[1]將有陰謀。孫皓驚懼。時陸凱等謀因其謁廟廢之。[2]及出，留平領兵前驅，[3]凱先語平，平不許，是以不果。皓既肆虐，群下多懷異圖，終至降亡。

［1］太史：官名，即太史令，屬太常。掌天時、星曆、歲終奏

新年曆。記録瑞應、灾異等。七品。

[2]陸凱：三國時吴郡吴縣（今江蘇省蘇州市）人，字敬風。陸遜族子。歷任永興長、諸暨長、建武都尉、儋耳太守、鎮西大將軍等職，官至左丞相。

[3]留平：三國孫吴人，任左將軍、征西將軍。後被孫皓忌恨，憂鬱而死。

射妖

蜀車騎將軍鄧芝征涪陵，[1]見玄猿緣山，手射中之。猿拔其箭，卷木葉塞其創。芝曰："嘻！吾違物之性，其將死矣！"俄而卒，此射妖也。一曰，猿母抱子，芝射中之，子爲拔箭，取木葉塞創。芝嘆息，投弩水中，自知當死。

[1]車騎將軍：官名，魏晋南北朝時位次於驃騎將軍，在諸名號將軍之上，多作爲軍府名號，以加授大臣及重要州郡長官。二品，開府位從公者一品。　鄧芝：三國時義陽新野（今河南省新野縣）人，字伯苗。東漢末入蜀，歷任蜀漢郫縣令、廣漢太守、中監軍、揚武將軍、江州督、車騎將軍等職。　涪陵：縣名，治所在今重慶市彭水苗族土家族自治縣。

恭帝爲琅邪王，好奇戲，嘗閉一馬於門内，[1]令人射之，欲觀幾箭死。左右有諫者曰："馬，國姓也。今射之，不祥。"於是乃止，而馬已被十許箭矣。此蓋射妖也。俄而禪位於宋焉。

[1]閉：殿本作"閑"。

龍蛇之孽

魏明帝青龍元年正月甲申，青龍見郟之摩陂井中。[1]凡瑞興非時，則爲妖孽，況困於井，非嘉祥矣。魏以改年，非也。干寶曰："自明帝，終魏世，青龍、黄龍見者，皆其主廢興之應也。魏土運，青木色，而不勝於金。黄得位，青失位之象也。青龍多見者，君德國運内相克伐也。故高貴鄉公卒敗於兵。"案劉向説，龍貴象而困井中，諸侯將有幽執之禍也。魏世，龍莫不在井，此居上者逼制之應。高貴鄉公著《潛龍詩》，即此旨也。

[1]郟：縣名，治所在今河南省郟縣。　摩陂：一名龍陂，位於今河南省郟縣東南。

高貴鄉公正元元年十月戊戌，[1]黄龍見於鄴井中。[2]

[1]十月戊戌：十月，原本、宋本、殿本無此二字，據中華本校勘記補。

[2]鄴：曹魏五都之一，十六國後趙亦都於此，治所在今河北省臨漳縣西南。

甘露元年正月辛丑，青龍見軹縣井中。[1]六月乙丑，青龍見元城縣界井中。[2]二年二月，青龍見温縣井中。[3]三年，黄龍、青龍俱見頓丘、冠軍、陽夏縣界井中。[4]四年正月，黄龍二見寧陵縣界井中。[5]

[1]軹縣：治所在今河南省濟源市軹城鎮。

[2]元城縣：治所在今河北省大名縣東北。

[3]温縣：治所在今河南省温縣西南。

[4]俱見：俱，原本、宋本作“仍”，殿本作“俱”，據殿本改。　冠軍：縣名，治所在今河南省鄧州市西北。　陽夏縣：治所在今河南省太康縣。

[5]寧陵縣：治所在今河南省寧陵縣東南。

元帝景元元年十二月甲申，黄龍見華陰縣井中。[1]三年二月，龍見軹縣井中。

[1]“元帝景元元年”至“華陰縣井中”：華陰，原本、宋本、殿本作“華容”。中華本校勘記：“此陳留王事，陳留王謚元皇帝。‘華陰’原作‘華容’，華容屬吴，誤，今據《魏志·陳留王紀》改。”

吴孫皓天册中，龍乳於長沙人家，啖鷄雛。京房《易妖》曰：“龍乳人家，王者爲庶人。”其後皓降晋。

武帝咸寧二年六月丙午，白龍二見於九原井中。[1]

[1]九原：縣名，治所在今内蒙古包頭市西北。

太康五年正月癸卯，二龍見武庫井中。帝觀之，有喜色。百寮將賀，劉毅獨表曰：[1]“昔龍漦夏庭，禍發周室。[2]龍見鄭門，子産不賀。”[3]帝答曰：“朕德政未修，未有以應受嘉祥。”遂不賀也。孫盛曰：[4]“龍，水物也，何與於人！子産言之當矣。但非其所處，實爲妖灾。夫龍以飛翔顯見爲瑞，今則潜伏幽處，非休祥也。”漢惠帝二年，兩龍見蘭陵井中，本志以爲其後趙王幽死之象。[5]武庫者，帝王威御之器所寶藏也，屋宇邃密，非龍所處。是後七年，藩王相害，二十八年，果有二胡僭竊神器，二逆皆字曰龍，[6]此之表異，爲有證矣。

[1]劉毅：字仲雄，本書卷四五有傳。

[2]“昔龍漦夏庭”句：事見《國語·鄭語》：夏之衰，有二神龍止於王庭。夏后卜，殺之，與去之，與止之，莫吉。卜請其漦而藏之，吉。及周厲王之末，发而觀之，漦流於庭，化爲玄黿。後宫童妾遇之而孕，生褒姒。周幽王寵褒姒，欲殺申后所生太子而立褒姒子伯服，引起申戎之亂，西周因此而亡。

[3]“龍見鄭門”句：事見《左傳·昭公十九年》：“鄭大水，龍鬥於時門之外洧淵。國人請爲禜焉，子産弗許，曰：‘我鬥，龍不我覿也。龍鬥，我獨何覿焉？禳之，則彼其室也。吾無求於龍，龍亦無求於我。’乃止也。”

[4]孫盛曰：中華本校勘記：“孫盛此時（太康五年）猶未生，‘盛’爲‘楚’之誤，《孫楚傳》正載此事。”

[5]趙王：漢高祖劉邦之子，戚夫人所生，名如意，劉邦幾次想立之爲太子。劉邦死後，趙王被吕后毒殺。

[6]二逆皆字曰龍：指石勒、石虎。石勒字世龍，石虎字季龍，故言。

愍帝建興二年十一月，枹罕羌妓産一龍子，色似錦文，常就母乳，遥見神光，少得就視。此亦皇之不建，於是帝竟淪没。

吕纂末，[1]龍出東廂井中，到其殿前蟠卧，比旦失之。[2]俄又有黑龍升其宫門。纂咸以爲美瑞。或曰：“龍者陰類，出入有時，今而屢見，必有下人謀上之變。”後纂果爲吕超所殺。[3]

［1］吕纂：字永緒，本書卷一二二有載記。

［2］比旦：旦，原本、宋本作“且”，殿本作“旦”，據殿本改。

［3］吕超：十六國後凉人，氐族，吕寶子。任驍騎將、番禾太守等職。後擁立吕隆即天王位，自任司隸校尉、録尚書事。後降於後秦，任安定太守。

武帝咸寧中，司徒府有二大蛇，長十許丈，居聽事平橑上而人不知，但數年怪府中數失小兒及猪犬之屬。後有一蛇夜出，被刃傷不能去，乃覺之，發徒攻擊，移時乃死。夫司徒，五教之府；[1]此皇極不建，故蛇孽見之。漢靈帝時，蛇見御座，楊賜云爲帝溺於色之應也。[2]魏代宫人猥多，晋又過之，燕游是湎，此其孽也。詩云“惟虺惟蛇，女子之祥”也。[3]

［1］五教：《尚書·舜典》：“汝作司徒，敬敷五教。”孔安國傳：“布五常之教。”五常之教即父義、母慈、兄友、弟恭、子孝五種倫理道德的教育。

［2］楊賜：東漢弘農華陰（今陝西省華陰市東南）人，楊震之孫，任光禄大夫、司徒、太常、太尉、司空等職。熹平元年（172），青蛇見御坐，楊賜上書，説祇要“抑皇甫之權，割艶妻之愛，則蛇變可消，禎祥立應”。語見《後漢書》卷五四《楊震傳》。

云：原本、宋本作“之”，殿本作“云”，據殿本改。

［3］“惟虺惟蛇”句：語出《詩·小雅·斯干》。

惠帝元康五年三月癸巳，臨淄有大蛇，長十餘丈，負二小蛇入城北門，逕從市入漢城陽景王祠中，[1]不見。天戒若曰，昔漢景王有定傾之功，而不厲節忠慎，以至失職奪功之辱。今齊王冏不寤，雖建興復之功，而驕陵取禍，此其徵也。

［1］漢城陽景王：劉章，漢高祖劉邦之孫，齊悼惠王劉肥之子。娶吕禄女爲妻。吕后死，諸吕謀爲亂，劉章與周勃等共平諸吕，迎立文帝。被封城陽王，卒謚景王。

明帝太寧初，武昌有大蛇，常居故神祠空樹中，每出頭從人受食。京房《易妖》曰：“蛇見於邑，不出三年有大兵，國有大憂。”尋有王敦之逆。

馬禍

武帝太熙元年，遼東有馬生角，在兩耳下，長三寸。案劉向説曰：“此兵象也。”及帝晏駕之後，王室毒於兵禍，是其應也。京房《易傳》曰：“臣易上，政不順，厥妖馬生角，兹謂賢士不足。”又曰：“天子親伐，馬生角。”《吕氏春秋》曰：“人君失道，馬有生角。”及惠帝踐阼，昏愚失道，又親征伐成都，[1]是其應也。

［1］成都：指成都王司馬穎，字章度，本書卷五九有傳。

惠帝元康八年十二月，皇太子將釋奠，[1]太傅趙王倫驂乘，至南城門，馬止，力士推之不能動。倫入軺車，乃進。此馬禍也。天戒若曰，倫不知義方，終爲亂逆，非傅導行禮之人也。

[1]釋奠：古代在學校設置酒食以奠祭先聖先師的典禮。

九年十一月戊寅，忽有牡騮馬驚奔至廷尉訊堂，悲鳴而死。天戒若曰，愍懷冤死之象也。見廷尉訊堂，其天意乎！

懷帝永嘉六年二月，神馬鳴南城門。

愍帝建興二年九月，蒲子縣馬生人。[1]京房《易傳》曰："上亡天子，諸侯相伐，厥妖馬生人。"是時，帝室衰微，不絶如綫，胡狄交侵，兵戈日逼，尋而帝亦淪陷，故此妖見也。

[1]蒲子縣：治所在今山西省隰縣東北。

元帝太興二年，丹楊郡吏濮陽演馬生駒，兩頭，自項前别，生而死。司馬彪説曰："此政在私門，二頭之象也。"其後王敦陵上。

成帝咸康八年五月甲戌，有馬色赤如血，自宣陽門直走入於殿前，盤旋走出，尋逐莫知所在。己卯，[1]帝不豫。六月，崩。此馬禍，又赤祥也。是年，張重華在凉州，將誅其西河相張祚，[2]厩馬數十匹，同時悉無後尾也。

[1]己卯：中華本校勘記："六月丙戌朔，無己卯，《成紀》作'庚寅'。"牛繼清先生認爲，此本五月事，成帝五月己卯病重，六月庚寅遺詔，癸巳崩。《宋書》卷三四《五行志五》亦作"五月己卯"。"校勘記"誤。（參見牛繼清、張林祥《十七史疑年録》，第61頁）

[2]西河：郡名，治所在平定縣（今陝西省府谷縣西北）。

安帝隆安四年十月，梁州有馬生角，刺史郭銓送示桓玄。[1]案劉向説曰："馬不當生角"，猶玄不當舉兵向上也。玄不寤，以至夷滅。

[1]郭銓：東晋人，歷任梁州刺史、南平太守、竟陵太守、益州刺史。桓玄叛亂，任之爲前將軍，後歸降劉裕。

石季龍在鄴，有一馬尾有燒狀，入其中陽門，[1]出顯陽門，[2]東宫皆不得入，走向東北，俄爾不見。術者佛圖澄嘆曰：[3]"灾其及矣！"逾年季龍死，其國遂滅。

[1]中陽門：《水經注·濁漳水》郭守敬注引《鄴中記》："鄴宫南面三門，西鳳陽門。中曰中陽門，次曰廣陽門，東曰建春門。"

[2]顯陽門：《文選〈魏都賦〉》李善注："聽政殿聽政門，聽政門前升賢門，升賢門左崇禮門，崇禮門右順德門，三門並南向。升賢門前宣明門，宣明門前顯陽門，顯陽門前有司馬門。"

[3]佛圖澄：本書卷九五有傳。

人痾

魏文帝黄初初，清河宋士宗母化爲鱉，入水。

明帝太和三年，曹休部曲丘奚農女死復生。[1]時又有開周世冢，得殉葬女子，數日而有氣，數月而能言，郭太后愛養之。又，太原人發冢破棺，棺中有一生婦人，問其本事，不知也，視其墓木，可三十歲。案京房《易傳》曰："至陰爲陽，下人爲上。"宣帝起之象也。漢平帝、獻帝並有此異，占以爲王莽、曹操之徵。

[1]曹休：三國時沛國譙縣（今安徽省亳州市）人，字文烈，曹操族子。歷任中領軍、領軍將軍、鎮南將軍、揚州牧、大司馬等職。明帝太和二年（228），因輕信孫吴鄱陽太守周魴詐降，大敗於石亭。　部曲：帶有人身依附性質的私兵。

孫休永安四年，安吴民陳焦死七日復生，穿冢出。干寶曰："此與漢宣帝同事，烏程侯皓承廢故之家，得位之祥也。"

孫皓寶鼎元年，丹楊宣騫母年八十，因浴化爲黿，兄弟閉户衛之。掘堂上作大坎，實水其中，黿入坎游戲，三日恒延頸外望。[1]伺户小開，便輪轉自躍，入於遠潭，遂不復還。與漢靈帝時黄氏母同事，吴亡之象也。

[1]三日：殿本作"一二日"。

魏元帝咸熙二年八月，襄武縣言有大人見，[1]長三丈餘，迹長三尺二寸，髮白，著黄巾黄單衣，柱杖呼王始語曰："今當太平。"晋尋代魏。

[1]襄武縣：治所在今甘肅省隴西縣東南。

武帝泰始五年，元城人年七十生角。殆趙王倫簒亂之象也。

咸寧二年十二月，琅邪人颜畿病死，棺斂已久，家人咸夢畿謂己曰："我當復生，可急開棺。"遂出之，漸能飲食屈伸視瞻，不能行語，二年復死。京房《易傳》曰："至陰爲陽，下人爲上，厥妖人死復生。"其後劉元海、石勒僭逆，遂亡晋室，下爲上之應也。[1]

[1]殿本於此句下有小字"顔含傳作十有三年不起"。

惠帝元康中，安豐有女子周世寧，年八歲，漸化爲男，至十七八而氣性成。京房《易傳》曰："女子化爲丈夫，兹謂陰昌，賤人爲王。"此亦劉元海、石勒蕩覆天下之妖也。[1]

[1]劉元海：即劉淵，字元海，本書卷一〇一有載記。

永寧初，齊王冏唱義兵，誅除亂逆，乘輿反正。忽有婦人詣大司馬門求寄産，門者詰之，婦曰："我截臍便去耳。"是時，齊王冏匡復王室，天下歸功，識者爲其惡之，後果斬戮。

永寧元年十二月甲子，有白頭公入齊王冏大司馬府，大呼曰："有大兵起，不出甲子旬。"冏殺之。明年十二月戊辰，冏敗，即甲子旬也。

太安元年四月癸酉，有人自雲龍門入殿前，北面再拜曰：“我當作中書監。”[1]即收斬之。干寶以爲“禁庭尊秘之處，今賤人徑入而門衛不覺者，宮室將虚而下人逾上之妖也”。[2]是後帝北遷鄴，又遷長安，宮闕遂空焉。

[1]中書監：官名，中書省長官之一。三國魏文帝初年分秘書置中書省，長官爲中書監、中書令。掌收納奏章，草擬詔令。平常不分高下，入朝時監略高於令。三品。

[2]下人逾上：上，原本、宋本無此字，殿本有，據殿本補。

元康中，梁國女子許嫁，已受禮娉，尋而其夫戍長安，經年不歸，女家更以適人。女不樂行，其父母逼强，不得已而去，尋得病亡。後其夫還，問其女所在，其家具説之。其夫逕至女墓，不勝哀情，便發冢開棺，女遂活，因與俱歸。後婿聞知，詣官争之，所在不能决。秘書郎王導議曰：[1]“此是非常事，不得以常理斷之，宜還前夫。”朝廷從其議。

[1]秘書郎：官名，秘書令屬官，掌管文書機要，亦掌整理典籍、考核舊文。六品。

惠帝世，杜錫家葬而婢誤不得出，後十年開冢祔葬而婢尚生。始如瞑，有頃漸覺，問之，自謂再宿耳。初，婢之埋年十五六，及開冢更生，猶十五六也，嫁之有子。

光熙元年，會稽謝真生子，頭大而有髪，兩蹠反向上，[1]有男女兩體，生便作丈夫聲，經一日死。此皇之不極、下人伐上之痾，於是諸王有僭亂之象也。

[1]蹠：脚掌。

惠帝之世，京洛有人兼男女體，亦能兩用人道，而性尤淫，此亂氣所生。自咸寧、太康之後，男寵大興，甚於女色，士大夫莫不尚之，天下相仿效，或至夫婦離絶，多生怨曠，故男女之氣亂而妖形之作也。

懷帝永嘉元年，吴郡吴縣萬詳婢生子，[1]鳥頭，兩足馬蹄，一手，無毛，尾黄色，大如枕。此亦人妖，亂之象也。

[1]吴郡吴縣萬詳婢生子：中華本校勘記："《斠注》：《宋志》'詳'作'祥'。"

五年五月，枹罕令嚴根妓産一龍，[1]一女，一鵝。京房《易傳》曰："人生他物，非人所見者，皆爲天下大兵。"是時，帝承惠皇之後，四海沸騰，尋而陷於平陽，爲逆胡所害，此其徵也。

[1]枹罕：枹，殿本作"抱"。

愍帝建興四年，新蔡縣吏任僑妻産二女，[1]腹與心相合，自胸以上、臍以下各分，此蓋天下未一之妖也。

時内史吕會上言：[2]“案《瑞應圖》，異根同體謂之連理，異畝同穎謂之嘉禾。[3]草木之異猶以爲瑞，今二人同心，《易》稱‘二人同心，其利斷金’，蓋四海同心之瑞也。”時皆哂之。俄而四海分崩，帝亦淪没。

[1]新蔡縣：治所在今河南省新蔡縣。

[2]内史：官名，西晋武帝太康十年（289）改諸王國相爲内史，掌管民政。五品。周家禄《晋書校勘記》認爲：“晋制，以郡爲國，内史治民事，若郡太守。國除爲郡，復稱太守。然二名往往混淆，史家亦互稱之。”

[3]異畝同穎謂之嘉禾：中華本校勘記：“《斠注》：《宋志》‘異畝’作‘異苗’。”

元帝太興初，有女子其陰在腹，當臍下，自中國來至江東，其性淫而不産。又有女子陰在首，渡在揚州，性亦淫。京房《易妖》曰：“人生子，陰在首，天下大亂；在腹，天下有事；在背，天下無後。”於時王敦據上流，將欲爲亂，是其徵。

三年十二月，尚書騶謝平妻生女，[1]墮地濞濞有聲，須臾便死。鼻目皆在頂上，[2]面處如項，口有齒，[3]都連爲一，胸如鱉，手足爪如鳥爪，皆下勾。此亦人生他物，非人所見者。後二年，有石頭之敗。[4]

[1]尚書騶：爲尚書省長官駕車的人。

[2]頂：殿本作“項”。

[3]口有齒：殿本作“有口齒”。

[4]石頭：石頭城，故址位於今江蘇省南京市清涼山。

明帝太寧二年七月，丹楊江寧侯紀妻死，[1]經三日復生。

［1］江寧：縣名，治所在今江蘇省南京市江寧區。

成帝咸康五年四月，下邳民王和僑居暨陽，[1]息女可年二十，自云上天來還，得徵瑞印綬，當母天下。晋陵太守以爲妖，收付獄。至十一月，有人持柘杖絳衣詣止車門，口列爲聖人使，求見天子。門候受辭，辭稱姓呂名賜，[2]其言王和女可右足下有七星，星皆有毛，長七寸，天今命可爲天下母。奏聞，即伏誅，并下晋陵誅可。

［1］暨陽：縣名，治所在今江蘇省江陰市東南。
［2］賜：中華本校勘記："《斠注》：'賜'《宋志》作'錫'。"

康帝建元二年十月，衛將軍營督過望所領兵陳瀆女臺有文在其足，[1]曰"天下之母"，炙之愈明。京都喧嘩，有司收繫以聞。俄自建康縣獄亡去。明年，帝崩，獻后臨朝，此其祥也。

［1］臺：中華本校勘記："《宋志》五'臺'作'壹'。"

孝武帝寧康初，南郡州陵女唐氏漸化爲丈夫。

安帝義熙七年，[1]無錫人趙未年八歲，[2]一旦暴長八尺，髭鬚蔚然，三日而死。

[1]七年：殿本作“十年”。

[2]趙末：中華本校勘記：“《斠注》：《宋志》‘末’作‘朱’。”

義熙中，東陽人莫氏生女不養，[1]埋之數日，於土中啼，取養遂活。義熙末，豫章吴平人有二陽道，[2]重累生。恭帝元熙元年，建安人陽道無頭，正平，本下作女人形體。

[1]莫氏：中華本校勘記：“《宋志》五作‘黄氏’。”

[2]豫章吴平人：中華本校勘記：“殿本作‘吴豫章人’，似當作‘豫章人吴平’。”